莿桐最後的望族

我這樣探尋家族故事……

林保寶 著

目錄

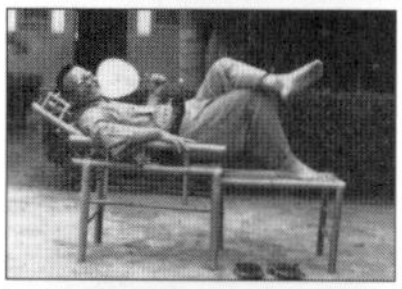

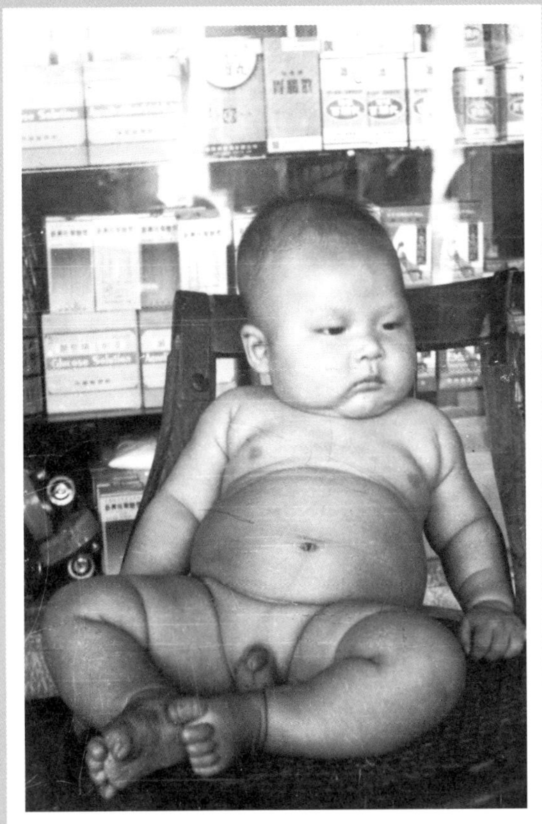

我四個月又十一天時的照片。

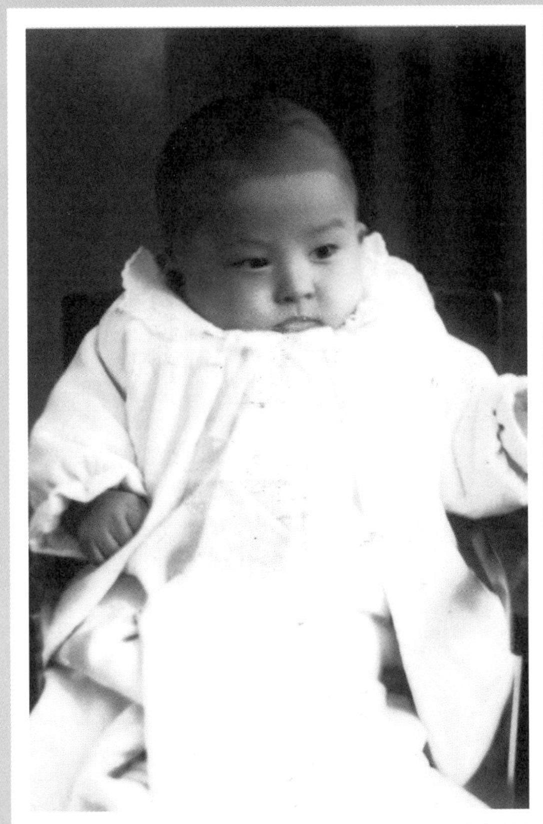

爸爸林英治滿四個月時的照片。

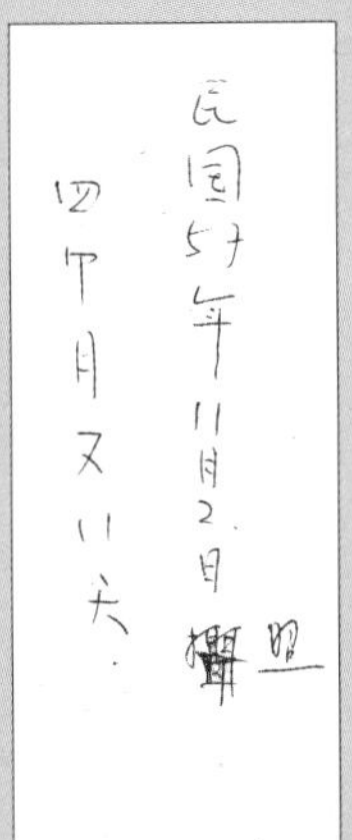

我的第一張照片

您的第一張照片，是什麼時候拍的？
當時多大呢？誰拍的？是不是有段時間覺得這張照片真驢？
懷疑那真的是我嗎？我就有這麼一張光溜溜的照片。
四個月大的我肥嘟嘟地，爸爸特地脫光我的衣服拍照，
媽媽在照片背後註明：四個月又十一天。
更有意思的是在向三伯父借來的舊相簿裡，我翻到爸爸也有張
四個月大時拍攝的照片。人家都說我跟爸爸長得很像。
原來我們在四個月大時就有這樣的巧合。

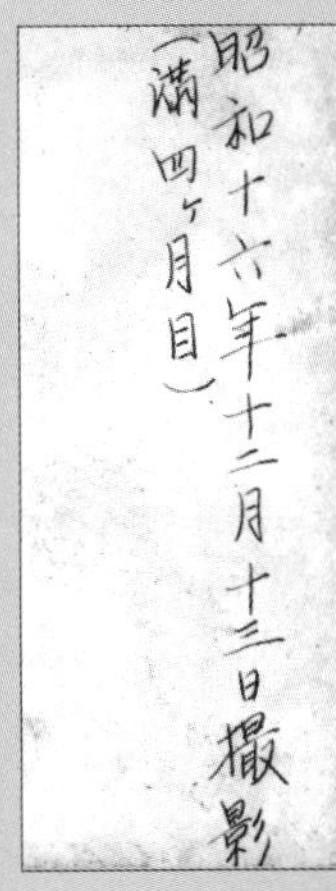

昭和十六年十二月十三日撮影
（滿四ヶ月目）

阿公林波的自拍像，約攝於民國25年。

阿公為什麼這樣拍自己呢？

這張照片一直掛在老家的阿公房門口上。

小時候常回雲林縣莿桐老家過寒暑假或年節，均同阿公睡。一直以為照片中人物是某位祖先呢！

前年回老家，請二伯父打開阿公塵封已久的房門，又看到了這張照片，時間已過二十年。

伯父告訴我：「照片中人正是阿公。」這張阿公林波以重複曝光技巧拍攝自己的相片，

掛在老家牆上穿透六十多年光陰。

阿公當年為什麼會這樣拍自己呢？

讓我很好奇……

六十年前，阿公林波以重複曝光的方法拍自己。
三十年後，三伯父林英勝亦以重複曝光的方法拍自己。

世代的繁衍是不能重複曝光的，只能代代相傳。

民國55年，我的爸爸林英治與媽媽王淑美結婚，婚禮在老家廳堂舉行，眾親友一樣在廳堂前合照了一張相，39年前的新郎、新娘坐在前排右二、右三，因為今天是他們屘子大喜的日子。

少了這張結婚照，哪有我呢？

年輕時的爸爸好英俊、媽媽很美麗。
每次看到爸爸、媽媽結婚時的照片我都這麼覺得，
而且好奇結婚照裡的許多人是誰呢？

昭和二年（民國16年）我的阿公林波與阿媽廖隨，在莿桐老家廳堂門前，與許多的親友、賓客，合照了一張相。裡頭人物有著清裝裹小腳的婦人，穿和服的西城老師是媒人，前排右側第五人，則是林本，穿西裝坐得直挺挺的，坐在前排中央的阿媽穿的是西式新娘禮服，可惜相片裡剝落了，前排右三的小女孩是我的慝姑婆林灼，今年已74歲。照片上頭懸掛萬國旗，是當時流行結婚式場的佈置。這張相片經過了70年，好些地方已剝落，但仍可感受當年婚禮慶祝了七天七夜的盛況。

後來我在老家的倉庫中翻出一張斑駁的結婚照片，

仔細一看新郎與新娘正是我的阿公跟阿媽。更有趣的是

兩相對照，拍照場景均在老家廳堂前，只是時光相隔三十九年，

當年的新郎新娘變公婆。

我在老照片裡發現姑姑、伯父們的童年

在向屘姑婆借來的相本裡，
我發現了這幾張照片，忍不住問屘姑婆：他們是誰？
今年74歲的屘姑婆好像回到少女時代，笑呵呵地說：「他們正是你的姑姑與伯父們。」
讓我驚嘆：歲月飛快，當年調皮的小孩如今都已是花甲之年的人了；
兒時歡樂，照片留下了忠實的記錄。

兩位姑姑與四位伯父們小時候一同吃飯的情景。

兄弟就是小時候一起吃飯，長大後還是要一起吃飯！

我們老家角落的舊照片，深深感動了我……

我的老家在雲林縣莿桐鄉中正路一六0巷一號，老家角落裡原擺放著許多本舊相簿，它們現在在哪裡？

如果不是時代、人事的變動太忽然，那些老照片，應該還安安穩穩躺在老家左側護龍廳堂的櫃子裡的相簿中。

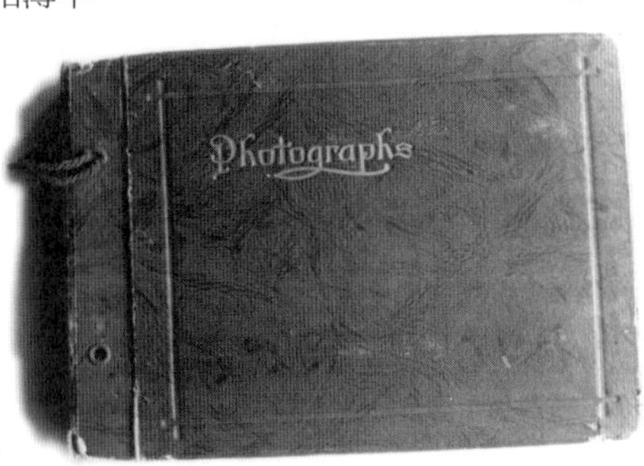

那些相簿都很老舊了，沒有一本的樣式相同，有的封套是繡花的綢緞布，大部份只是厚硬的紙板套上深暗的顏色，顯得肅穆樸雅。好幾本線頭鬆脫掉落了，裡頭的相片褪去了水銀，泛著老照片特有的風華，但也讓人擔心，隨著歲月照片越褪越淡，影像哪天將自然的消失於無形？又有好些本，被蟲蛀蝕，一個洞一個洞的，無可挽回。

這些相本現在沒有一本還在老家。

據爸爸說爺爺過世後，他們兄弟姊妹回老家各帶點東西作紀念，爸爸看相本裡都沒有自己，於

是只挑了爺爺幾件衣服及幾瓶酒當紀念。三伯父一向較懷舊，挑了幾本相本，及一堆明信片。其他雜七雜八的紙張文件，後來全被堆放到雜物間。

我在高中的時候曾拍下老家側廳光景，距阿公過世已近十年。右上角牆上仍掛著阿祖的照片，左上角是一張賞狀，中間是啞巴姑婆的刺繡，兩側牆上還有好幾幅賞狀之類的。又過了十年回去時，裡頭早已面目全非，原來掛在牆上的種種，不知飛到那裡去了？

後來我在院子一角落見到一疊文件、幾張照片，只用塑膠布蓋著，又在雜物間許多紙箱中翻箱倒櫃找出三本舊相本，仍住老家的二伯父又從舊梳妝台拿出數張賞狀。

其後幾個月裡，我到台中三伯父家借了他保存的五、六本相本及數百張日治時期明信片，再到台北、台中拜訪素未謀面的叔公、姑婆們，借來他們手中珍藏的相本……。

於是這些相片像失散多年的兄弟，又重逢。

想到愛拍照的爺爺，當年曾在老家一張張沖放著照片，而後爸爸及伯父們年輕時也都愛拿相機拍照，如今的我回過頭來看這些老照片，總有深深的感動。

石火電光眄便過
人生在世能幾時
傳語風光共流轉
暫時相賞莫相違

因著最初的感動，開始我的尋根之旅……

我不明白這些老照片，
它像個「謎」，引起我的好奇……

老家許多照片裡，特別是這幾張，讓我眼睛一亮。
它們「來路不明」，引發我的遐思：
照片裡的人是誰？為什麼這麼穿？
在哪裡，什麼時候拍的？怎麼都這麼耐看？
這幾張照片充滿「懸疑」，吸引我，
讓我忍不住要去解開這個「謎」。

我想解開這個謎，
因此開始探尋照片裡的人與他們的故事……

除了欣賞老照片獨具的美感，除了心生嚮往，就是從這些老照片開始，
我展開了家族歷史的探尋。才發現，老照片不只是老照片，
認識照片裡人的名字與故事，背後隱藏著明明白白的家族歷史。

《莿桐最後的望族》的完成是民國八十六年四月初至十二月月底，八個月的時間，身為林本家族後代，透過蒐集、整理與研究家族中保留的史料、老照片，開始的家族史尋根之旅，並回到雲林縣莿桐鄉、東勢鄉，進行今昔對照式的田野調查，走過先祖開墾過的土地，腳踏實地認識家鄉的過程。

有位朋友，
這樣看我做的這件事……

我的朋友夏瑞紅說：

很高興林保寶完成了《莿桐最後的望族》這本書。

這本書在歷史學者看來，可能是結合影像史料與地方耆宿口述歷史的民間史觀的抒發；在文化觀察家看來，可能是九0年末期，臺灣年輕一代知識份子本土意識覺醒的一個標記。

而我，一個常聽林保寶「演說」哪條路的油桐樹繁花盛開、那個攤子的小吃風味獨具，也常「被迫」接收他生活修行日記傳真的朋友，卻比較傾向「揣測」，他會寫成這本書，最初只是因為，他很受他發現的那批家族照片感動。

因為感動，所以捨不得那些照片荒廢，所以就認真去研究整理；因為認真研究整理，所以去請教很多鄉親父老、學者專家；因為人家都熱心協助，他又很感動，所以更想盡力把這本書修到最好。

喜歡騎車載嗯妹（他領養的小狗）在山林田野間兜風的林保寶，大概不習慣把所謂「理想」、「使命」扛在筆上。但我想，整理家族遺物、探尋家族故事，是觀照歲月人生的心靈逆旅，是一堂活生生、赤裸裸的生命功課，留下來的集子，對家族和後代子孫來說，這是世間獨一無二的珍貴禮物，這項工作實在有非常可愛的理想與使命呢！

如果，有朋友們讀了林保寶這本書，有所感動，因而仔細去看看、想想那個叫「爸爸」的男人、叫「媽媽」的女人，和悠遠家族一脈相傳而來的自己；甚至，也有興趣參考林保寶的方法，開始來整理家族遺物、探尋家族故事……，那當然更是美事一樁！

最後，我要祝福多年來熱情尋根的林保寶，未來能蓬勃開展、堅定迎向光明的天空。

我出發了……

背個包包，帶著相機、紙筆，心懷老照片給我的最初感動，抱著「追蹤」的熱情與「水落石出」的決心，我出發了……

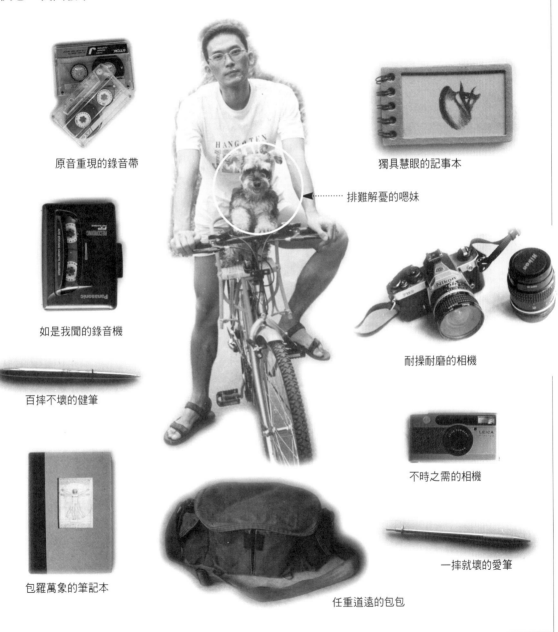

原音重現的錄音帶

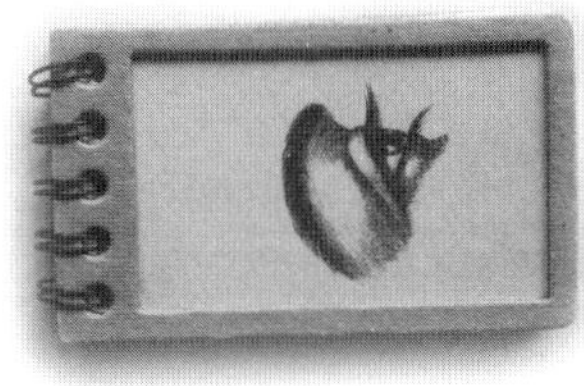

獨具慧眼的記事本

排難解憂的嗯妹

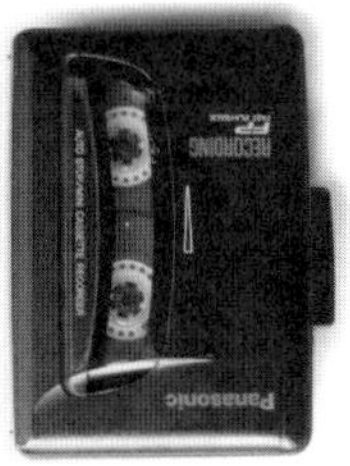

如是我聞的錄音機

耐操耐磨的相機

百摔不壞的健筆

不時之需的相機

包羅萬象的筆記本

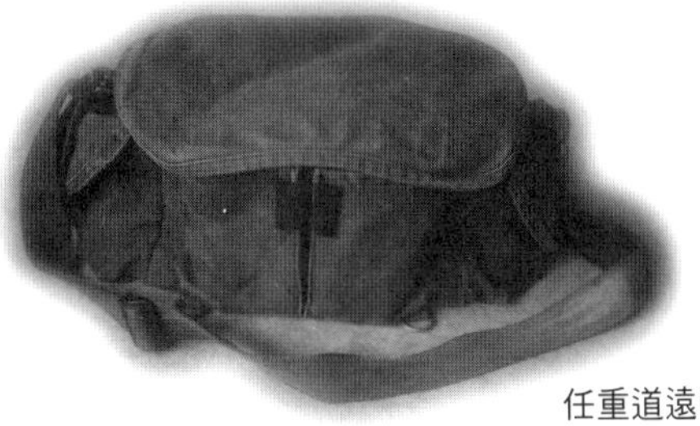

任重道遠的包包

一摔就壞的愛筆

尋根之旅

雲林縣莿桐鄉林本家族史

我們一家人……

林本
（有夠氣派的阿祖）

林波
（愛照相的阿公）

廖隨
（愛漂亮的阿媽）

林木河
（留學日本的叔公）

林枝
（多才多藝又熱情的
四姑婆）

林耀
（沒見過面，
在美國的五姑婆）

林灼
（日本味道的尪姑婆）

林久美
（親切慈愛的大姑姑）

林惠美
（不常聯絡的二姑姑）

林英藏
（胸懷大志的大伯父）

簡秀英
（吃齋唸佛的大伯母）

林英輝
（嚴肅的二伯父）

林菊
（在老家教書的二伯母）

林英勝
（有復古情懷的三伯父）

管勝美
（愛乾淨的三伯母）

林英治
（沒有架子的爸爸）

王淑美
（樸素自然的媽媽）

林志生
（木訥老實的大堂哥）

林志銘
（小時候鬼靈精怪的堂哥）

林純敏
（綽號“梅姑”的堂姐）

林建能
（豪爽大方的老二堂哥）

林建誠
（幽默風趣的老三堂哥）

林純容
（能喝酒的堂姐）

林豐生
（再見面已長大了的堂哥）

林純華
（很久不見的堂姐）

林信義
（讓爸媽傷腦筋的人）

林信昌
（聰明會讀書的弟弟）

林郁敦
（愛打球而勤勞的姪子）

林郁杰
（愛看武俠片的姪子）

林郁橋
（凡事慢慢來愛動腦的姪子）

林郁禪
（蹦蹦跳活潑快活的姪子）

林帥紅
（有男子氣概又幽默的姪子）

林文懿
（樂意助人而勤快的姪子）

林信甫
（愛乾淨有同情心的姪子）

林展毅
（活潑但膽量小的姪子）

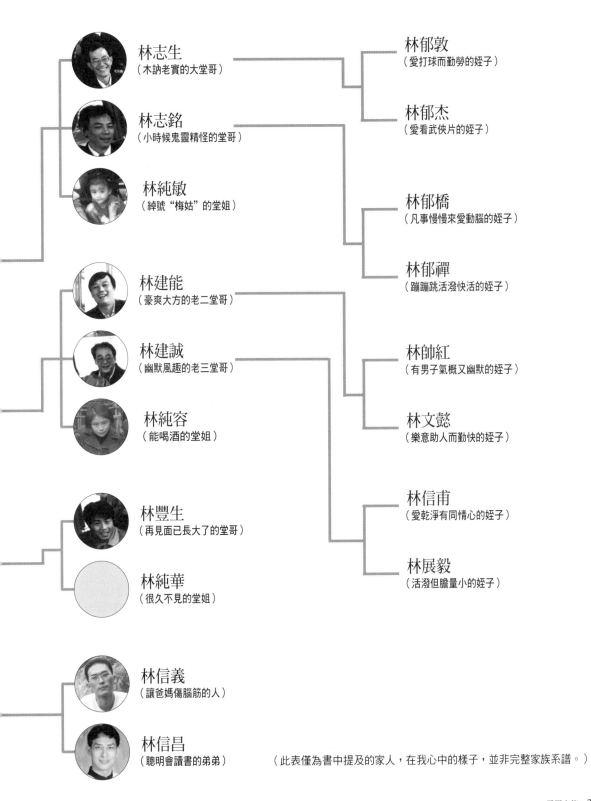

（此表僅為書中提及的家人，在我心中的樣子，並非完整家族系譜。）

我的老家在莿桐

一張民國十五年間繪製的臺灣地形圖，
裡頭竟然清楚標示著我那三合院的老家。
翻尋舊相本、種種資料的過程中，
彷若潛藏心底深處的感情被喚醒，
一心想探個究竟。

總可以說我的老家在莿桐，不論我現在身在何處。

老家似成一靜止畫面，百年來靜定不變。曾祖父當年以十分敬重的心情，建了這間「祖厝」，形制樸實大方，建材考究，至今仍可安居。院子裡有遮蔭的葡萄架、阿公的蘭花棚，還有四月的桑椹、八月的龍眼。我分明記得小時候採桑椹，製成果醬的好滋味。院子裡還有成排的七里香…。屋側的水井、磚牆旁的椰子樹、牆外彎曲小巷。

老家有阿公阿媽、伯父母及堂哥、堂姐們及識與不識的親族，是在那兒呱呱墜地，在族親懷抱中牙牙學語、學走路。

後來因為爸爸職務的關係而搬離老家，之後阿公阿媽過世了，老家似乎也失去了最後的重心。親族散居各地，興家立業各不同，多只在每年清明掃墓時，大家回老家走走看看聚一聚。

如今院子已成花團錦簇的花園及鮮綠草坪，兒時記憶的桑椹、龍眼、葡萄，渺不可尋，而屋內陳設亦被時代巨輪碾平，只得在片瓦牆樑間，依稀辨其昔日風華。

在我很小的時候，就離開了雲林縣莿桐鄉，總覺得莿桐無山、無水，有些荒漠疏遠。近來，卻在翻尋老家舊相本、種種文史資料中，心漸漸被拉回莿桐老家，彷若潛藏心底深處的某些情感被喚醒，一心想探個究竟。

願在整理家族老照片、文史資料的過程中，使其有了新生命，延續了過往，也承接了將來。

◎建於民國初年的老家，至今仍可安居。圖中右邊的草坪原是阿公從前的蘭花棚，還有一棵大龍眼樹。屋前的水泥地，從前是成蔭的葡萄架及成排的七里香。正前方的花圃，曾有棵結實纍纍的桑椹。

◎我的老家在雲林縣莿桐鄉中正路160巷1號，三合院的老家約與民國同年紀。此張照片約攝於昭和12年（民國26年）。

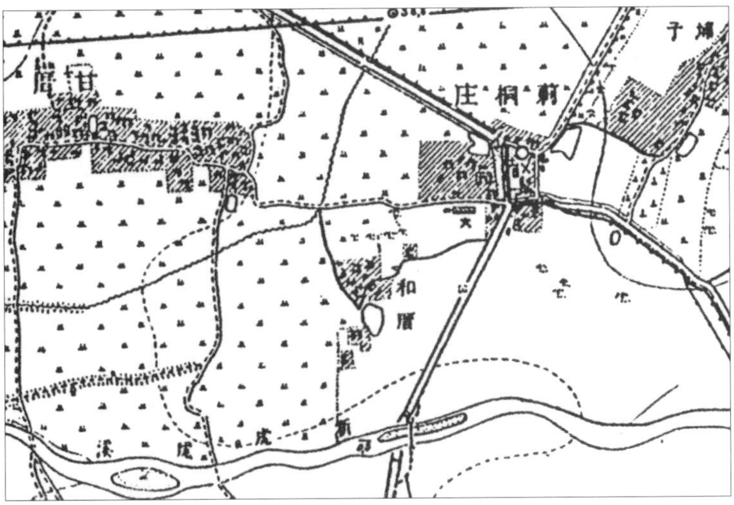

◎日治時代，大日本帝國陸地測量部於大正十五年測圖、昭和三年印刷發行的兩萬五千分之一台灣地形圖，可以找到標示著三合院圖形的老家。

回家的路

一句：您哪裡人？老家在哪？
讓我猛然回頭注視那條回家的路，
並探索路上的
風光、傳聞。

民國62年1月12日，因爸爸職務調動的關係，我們由雲林縣莿桐鄉，搬至南投縣鹿谷鄉廣興村的警察宿舍。那時才五歲，住哪兒都是一樣，有爸媽在就是家。但爸爸總不忘時常帶我們回莿桐的家，看看阿公阿媽，甚至於寒暑假讓我們回老家住上一段時日。那麼點兒時記憶，卻讓我對老家至今有份親切的感覺。

民國69年7月12日，再遷至竹山，新家還在裝潢，爸爸很有自信的說：「要讓家裡每個人都喜歡回家」。我記得為了讓弟弟和我能好好讀書，特別請師父做了張書桌，後來考慮家中副業時，開了間小書店，也是希望耳濡目染下，我們能多看些書。轉眼弟弟和我都大了，當年那張很「豪華」的書桌，早已用不上。辜負了爸媽一番心意，不曾好好讀過學校的書，但閱讀習慣的養成，是爸媽給的無價寶。

民國73年之後，我和弟弟先後離開家到外地求學，心裡想的是竹山的家。台中、台北，當兵時人在金門，退伍又回台北，轉眼13年過去，似乎走上一條背向的路，離家越來越遠。台北生活朋友間偶爾聊起：「您哪裡人？老家在哪？」我總不猶疑地說：「南投竹山」。

有一次同朋友談起現代人住公寓，隨時搬遷，對家的感覺越來越淡，從前三合院的屋子，蓋在土地上較有恆長久遠安定的感覺。朋友則認為在地面上的房子，才像是活的，離地的房子好像沒有生命。如果家裡有一點點土地，感覺完全不一樣，因為土地本身會轉化，

◎老照片裡有土地的老家，有著恆長久遠安定的感覺。

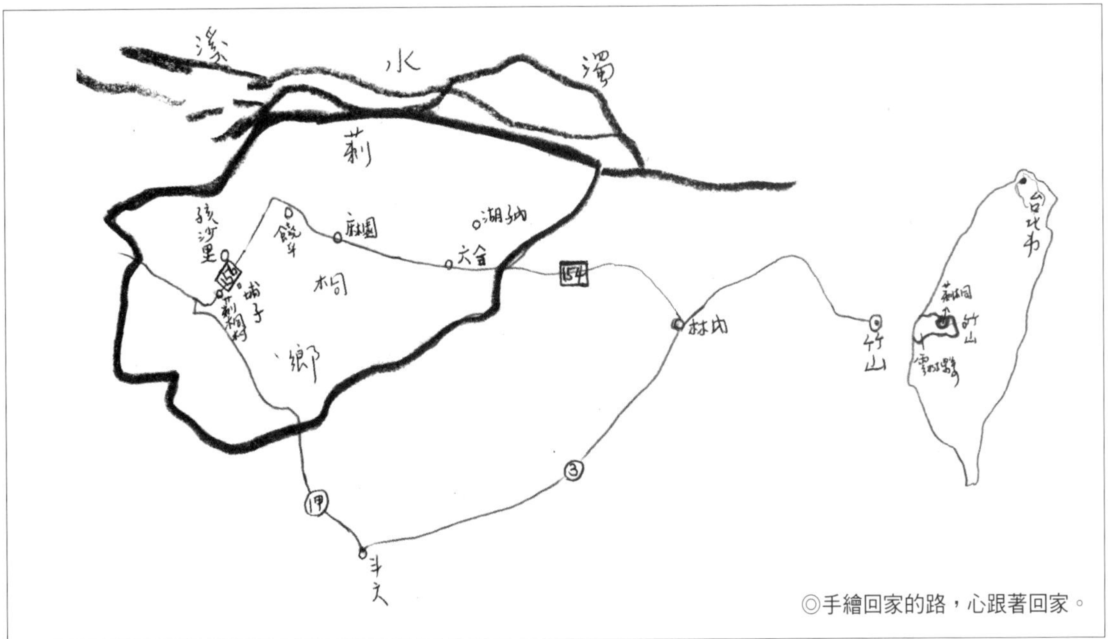

◎手繪回家的路，心跟著回家。

灑一點灰塵往土地上一丟也沒關係。（註一）

莿桐有土地的老家似乎在那遙遠的地方。

有一天夜裡，我在台北新店住處，翻看整理有關莿桐的種種資料，忽然覺得走上一條回家的路。不一定非要住在三合院的老家才算回家。找出地圖，我看到那條回家的路：

台北→竹山→莿桐

竹山過了南雲大橋，便進入雲林縣林內鄉，景象一變一片綠野平疇，濁水溪分出大大小小灌溉溝渠，活絡了這片土地。154號縣道與濁水溪平行，一路滿是砂石車，陣陣塵土飛揚，少了遮蔭太陽凶猛，對於習慣了竹山山區溫和氣候的我，每次騎摩托車都覺吃不消。

沿路幾個村落，六合、麻園、饒平仍富農村氣息，有稻埕的三合院隨處可見，蒜頭採收時節就盡情的曬，空氣裡揉雜辛辣味。湖仔內一座廟裡壁上刻著嘉慶年後幾次大水，村民同心合力建廟的事（註二）；饒平有一座百年教堂；還聽說麻園以前有個廖大彬做賊仔有名⋯。一對夫妻開著一部小車，在附近幾處村子裡叫賣椅條、雞籠、桌罩等。村前村後盡是良田，堤防護岸後還有砂石場。

154號縣道過西螺，一直走可到麥寮鄉的施厝寮附近，這一路線也正是雲林縣土地開拓與聚落發展的方向（註三）。在饒平轉156號縣道，經孩沙里、埔仔就回到莿桐老家了。156號縣道，在日治時期人稱「陸軍大道」，今日依然寬廣筆直；民國9年之前莿桐村一帶，邊走邊玩上學去（樹仔腳公學校）的小朋友，如今已近百歲。

孩沙里福天宮前的店仔頭，老一輩的人仍記得許多傳說：楊本縣來台灣敗地理，以一石車及紅仁珠筆投入庄尾那口「龍目井」，水就消了（註四）；也難忘村子裡的「日仔海」，豬、畜生走出來被他捉到就是他的⋯。老人家的台灣話講

◎ 舉世變動中，誰還打算「起大厝」傳給後代？然而我們都知道「家是老的有味道」。

得生動有味，我都來不及聽。《諸羅縣志》記載，康熙54年這兒已有條「打馬辰陂」，灌溉孩沙里、莿桐、饒平厝直至西螺一帶（註五）。

埔仔以前有苦茶攤，約下午五點，閒人就到樹下喝苦茶酒。還有舊式糖廍，廍內三沿刺竹密密麻麻圍著，連鳥也飛不進去，整片都姓林仔，沒雜姓仔。埔仔廍的路以唐山石舖，排龍脈通到林家的公廳。

莿桐村地名的由來，據說是前清時僅有羊腸小巷相連，巷旁長滿刺桐樹，故名莿桐巷。如今只剩莿桐國小內有幾株老刺桐（註六）。中正路160巷3號的林家舊宅，正廳對聯依然：世上幾百年舊家無非積德，天下第一件好事還是讀書。提起阿祖林本，老一輩人說是莿桐一隻虎。

有時候爸媽不明白，為什麼我台北、竹山、莿桐來回的跑？每次走了趟莿桐回竹山，爸爸總要問：「今天又見了什麼人？」莿桐是爸爸久違了的故鄉，好像我幫他回去走走看看。在這變動的時代，子孫永保用、世代永流傳，似乎不合時宜，誰還有「起大厝」的心情？慶幸我仍有條「回家的路」。

註一：奚淞語。

註二：見湖仔內鎮華宮沿革。

註三：參閱《台灣風物》第三十一卷第一期，〈雲林縣的疆域沿革及土地開發過程〉，史春娘、周富敏著。

註四：楊本縣、目仔海皆取諧音。

註五：雲林縣志稿卷首 史略篇。

註六：《雲林文獻》二十九期，〈雲林縣舊地名的探測〉，洪敏麟著。

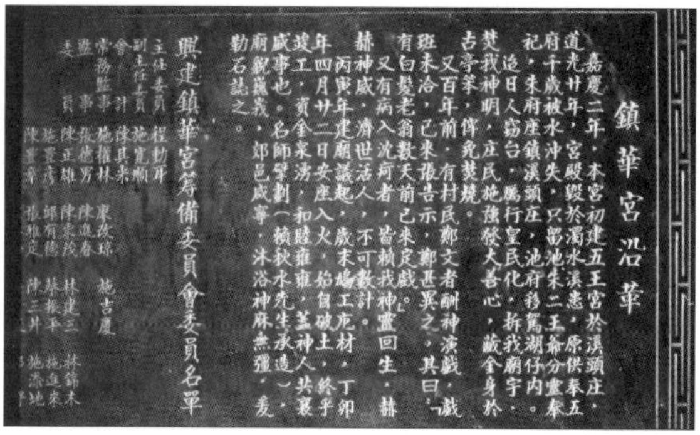

我知道的祖先都是從掃墓時認識的

兩張相隔六十年的掃墓照片，
藏著我們家三代掃墓的故事；
代代相傳的意思，
是我在掃墓中深刻體會的……

記憶中除了阿公阿媽之外，對更古早祖先的印象，是來自掃墓的經驗。十歲之前，每年阿公帶著伯父、堂哥們及弟弟與我兩個小孫子，至莿桐鄉埔仔村外的墓地，沿途識路、清掃整理、焚香祭拜。一路上總會遇著親族故友，親切地寒喧問好，清掃中，總會提及一些前塵往事。那時還小，雖已背過

◎攝於民國85年4月5日

清掃墓塚和先祖對談

◎六十年前，我的祖父(右三)帶著仍是小孩的伯父(右四)與家人，在眾先祖的墓地掃墓。

「慎終追遠，民德歸厚矣！」卻不甚了了，只當掃墓像郊遊一樣。十歲，阿公過世，永葬此墓地。每年掃墓，伯父們依舊帶著我及堂哥們上墓地。去年，堂哥們的兒女也已大得可以掃墓了，我依稀見著小時候隨阿公掃墓的景況。

我們總得花上半天的時間，清掃祭拜一處又一處的墓地，並學著辨識碑文所載。曾曾祖父立於光緒十四年的墓碑上，橫寫著「詔邑」兩字，正中有一行字「清顯考諡英敏林五公之佳城」，而阿祖的碑文是立於「昭和六年桂月」，這時朝代已換，碑文正中寫著「榮授紳章顯考諡秉本林四

◎六十年後，已是滿頭華髮的伯父(左五)，帶著兒孫輩為祖先掃墓。攝於民國86年4月5日阿公的墓前。

公一位之佳城」，「清」的字眼已消失。阿公的碑文已是民國67年11月，碑文簡單寫著「故林波之墓」，堂號改換成「蔴桐」。

光緒、昭和、民國，分別是在西元1888年、1931年及1978年，自光緒十四年至今已過109年。三代之中經歷三個朝代，變化之大，真是世事難料。

曾在《大正人名辭典》上見到一篇寫我阿祖的介紹：「林本君嘉義廳西螺堡蔴桐巷庄人，嘉永年間祖父壽者始興其家，父良紹之，從事於製糖業以至於現時……。」從「始興其家」、「紹之」、「以至於現時」這些字句，可看出有代代相傳、子孫永保的意思，而這些是我在掃墓中深刻體會的。

感謝族親們的熱心

第一次遇見林正成先生，是在去年掃墓時埔仔墓園裡，他們全家正在一處墓碑前燒香祭拜，我好奇看了一眼碑文上寫的是什麼？「蔴桐林漳盛祖先之墓」，看了更好奇這跟我們家有沒有關係呢？一問才知道關係可大了，那可是林本家族先祖合葬之處。又知道了這墓的對面下方，還有一「詔邑祖妣林老太夫人張氏淑慎墓」也是祖墓之一。而今年五十四歲的林正成與我是同一輩份的族親。

今年掃墓又遇見林正成，熱心的他又提及蔴桐林姓人家玄天上帝神明會，並在紙上寫下可能更瞭解這件事的人之姓名地址或電話，讓我的尋訪有了一些可以探索的點，同時浮現出較具體的眉目。尋訪過玄天上帝神明會後，又在雨中帶我至埔仔墓地尋找「六房公林壽」的墓塚。《蔴桐最後的望族》研究調查計畫中【尋根之旅】的展開，首先要感謝林正成先生的熱心。

◎林正成在蔴桐中山路117號布行桌上，對照族譜與蔴桐村電話簿，熱心寫下許多族親們的姓名電話或地址。攝於86年4月4日。

雨中尋墓記

一座座墓塚，有一家家的傳承與故事；
一方碑文，寫盡一個家族流離遷徙、
重生繁衍的生命史。
我在墓園裡，
找尋自己的由來處……

莿桐鄉埔仔村旁，一大片水稻田裡，有一片綿延的墓地，先祖自漳州移民來台後均葬此。密密麻麻的墓地裡，不只林姓人家，各姓來此定居的祖先，前後之間，已讓這片墓地好不熱鬧，是一處非常具有家族歷史情感的地方。

傳統墓碑上總刻著先祖來自唐山何處，安葬的干支年代，與祭祀的某房子孫。民國後添了許多碑文上寫著「莿桐」之類的台灣地名。既

一方碑文，短短幾行字，寫盡一個家族流離遷徙、重生繁衍長長的生命史。

◎莿桐林本家族之先祖，於乾隆中自漳州府詔邑移居莿桐。旦暮耕於野，起田園於莿桐巷。民國31年林姓後代子孫重修先祖墓塚，將九門金身合葬一處，是為「林漳盛祖先之墓」。

◎林壽。生於嘉慶年間，卒於同治十一年(西元1872年)，謚號景福。 上有兄長林金全、林輝二人，人稱埔仔林姓人家為「三房內」。林壽於道光三十年前後(約西元1848至1853年間)興旺了林家。生子六人，人稱「六房公」。

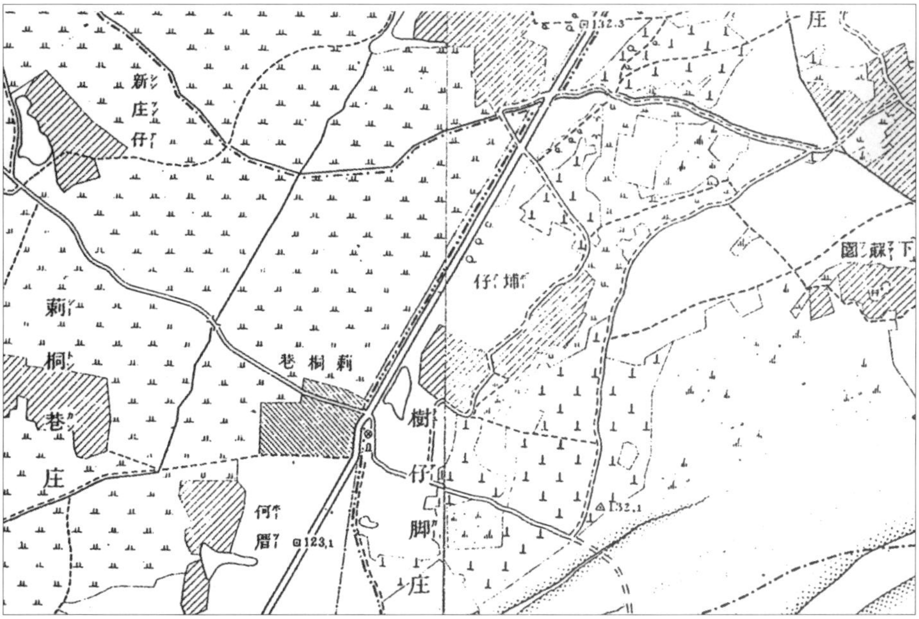

◎日治時代，由臨時台灣土地調查局於明治卅七年繪製完成的《台灣堡圖》，可以清楚的看出埔仔旁的那一大片墓地。

◎林良。為林壽之五子，創始糖廍，廢瞨耕租納，頒煮糖利潤，而獲巨利。生子三人，又分養三人，人以「上三房、下三房」來形容林家第三房人口之興旺。卒於光緒十四年(西元1888年)，諡英敏。

◎林本。林良之四子，生於光緒三年(西元1877年)，卒於昭和六年桂月(西元1931年)，諡秉本。大正元年獲頒台灣紳章，碑文所載正是此事。林本自幼入書房讀漢學，慧敏超群，鄰人咸稱林家有後。一生獻身地方開墾與產業開發，促成近七十年來莿桐鄉與東勢鄉之發展，至今聲望仍存。

◎林波。林本之次子，生於民前六年(西元1905年)，卒於民國67年。大正十五年畢業於台南師範學校後，任莿桐公學校訓導。昭和六年承續林本一切相關事業。性情沈默溫和，喜照像。儘管時事變遷下，家產盡失，仍一派樂天從容過日子。留下許多照片，是家族與地方共同的記憶。

◎六房公林壽的墓，位於埔仔旁墓地一角。若不是知道的人帶路，並不容易發現。攝於民國86年4月10日。

「慎終追遠」又「隨遇而安」。

我的阿公林波，大概怕後代子孫疏漏了墓園裡先祖們分散的墓，曾在兩張紙上詳列了九處墓塚的方向與碑文，並在旁加註彼此為父母子女或夫妻。短短幾行碑文，說的卻是一個家族長長的生命史。

族親林正成先生提及埔仔墓園裡，有一處碑文上刻「太學士」的清朝墓塚，他們每年都前行祭拜。聽了十分驚奇與開心，約定第二天一同前往。不巧隔天大雨，但林正成先生亦不猶豫地披上雨衣帶路。

前幾日清明，墓地裡許多人，雨中的墓地則顯得寂寥，彷若到了另一天地。彎彎曲曲不成徑的小路，滿是泥濘，穿繞過許多人家的墓。墓園邊小田溝旁就是一片綠油油的稻田，百年來一直沒變。

終於見著在轉彎處角落的「太學士」墓。墓地不大卻古樸自然，據說這就是六房公「林壽」的墓了，是先祖現存最早且為修建過的墓！碑文上寫的「太學士」則不知詳情。

不禁想獨自走走，好好看看這片墓地。前一日白花花的陽光，照得碑文都糊了不易辨識，雨水浸潤後的墓碑全部清清楚楚透露出消息。拿出小筆記本一一記下碑文所載，又掏出相機以風衣遮雨一一拍下，好似藉由碑文能與祖先們由心相通。

如今這塊墓地已不准新葬，莿桐鄉新闢了另處整齊劃一的公園式墓園，但活生生的地方開拓史，盡藏在埔仔看似雜亂無章其實清楚分明的墓園裡。一座座墓塚，有一家家的傳承與故事。

雖然滿腳濕透，但心裡卻溫熱興奮，能雨中漫步這參差有致的墓園，別有情味，更添尋根的感懷。

第一次看到「族譜」

族譜名曰「林漳盛系統圖」，只簡單兩張。
上頭祖祖孫孫人數眾多，
但對我均很陌生。
在尋訪長輩的過程中，
這份族譜才鮮活起來……

85年掃墓祭祖後，問及家中有無族譜，仍住老家的二伯父林英輝，拿出一份族譜。這是我第一次見到「族譜」。據二伯父說阿公生前將其影印四份，傳給四個孩子分別保存。

族譜名曰「林漳盛系統圖」，只簡單兩張。上頭祖祖孫孫人數眾多，但對我均很陌生。一因製表於民國48年，族譜所列均長我一輩以上；一因我自幼搬離莿桐，多不識親族中人。

阿公另以一張紙手抄直系血親家譜，裡頭便添了伯父、姑姑、堂哥堂姐們因此親切許多。

最近在尋訪長輩的過程中，這份族譜才鮮活起來，有血有肉。只是時隔近四十年，族譜裡的長輩多已不在世間。先祖在什麼時候、什麼情形下來台拓墾，已沒有人能確切肯定的描述了。

一說是林老太夫人張淑慎獨自攜子，自漳州來台拓墾，有成後方回詔安迎祖先骨骸來台安葬。（註一）

另有人說是乾隆年間，兄弟數人一同自漳州詔安西張鄉渡海來台，渡台當時一同恭請玄天上帝一尊來台奉祀，此像至今仍在（註二）。

還有人綜合上述兩種說法認為：張淑慎攜子來台，身背玄天上帝

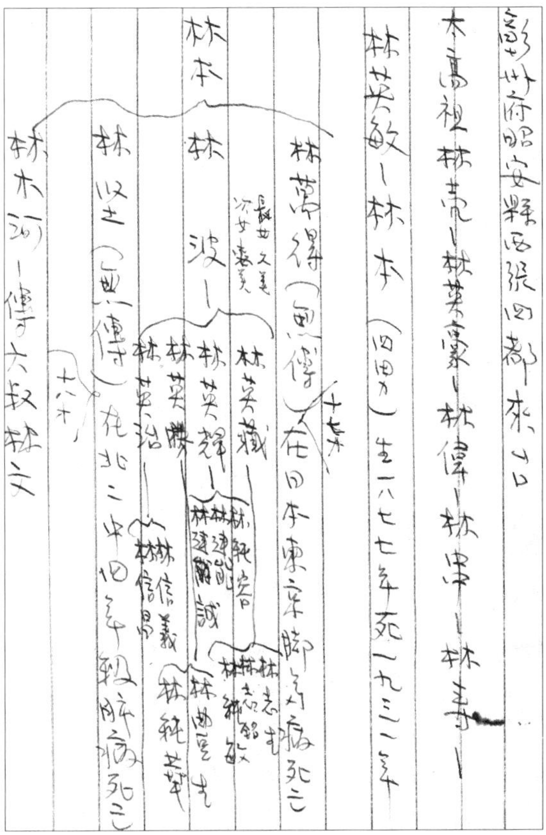

◎林波手抄直系血親家譜。

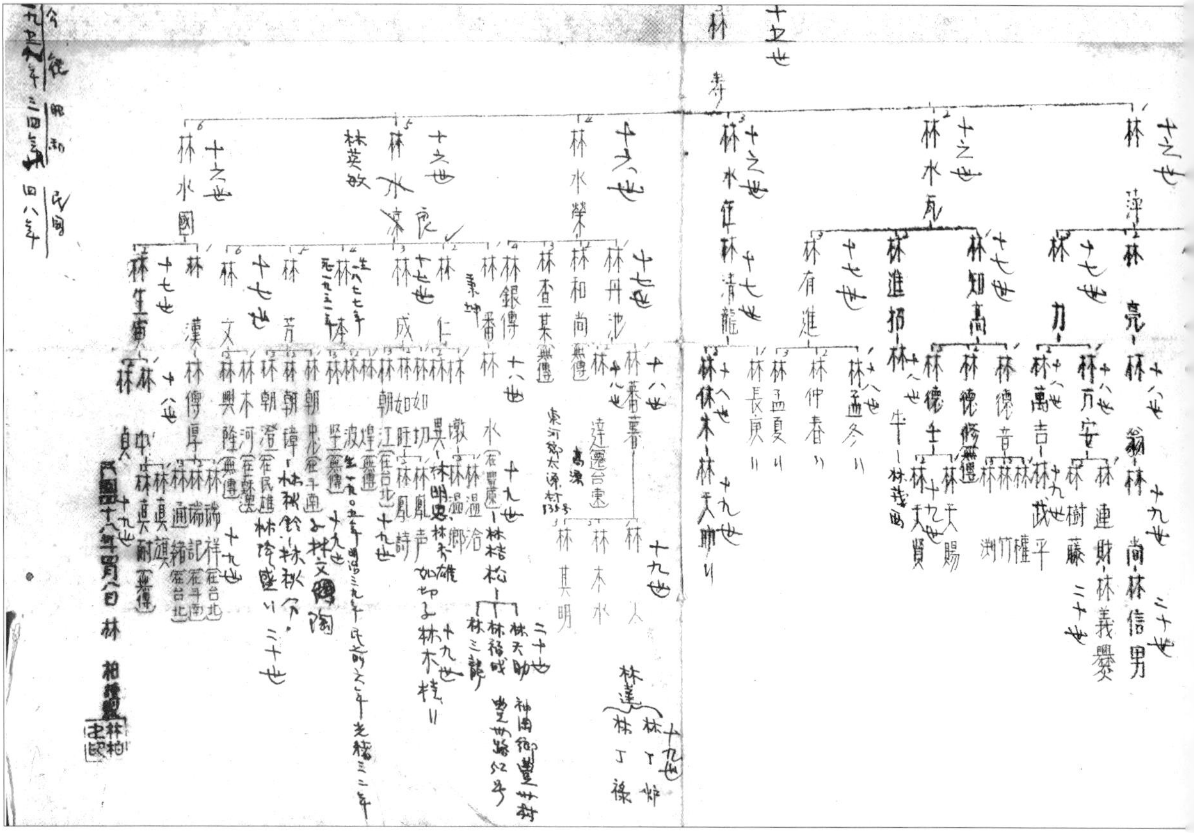

像；拓墾有成再回漳州迎祖先骨骸來台安葬（註三）。

訪談過程中許多人均說：要清楚埔仔廍的事情，得問旺條仔（註四）。因為旺條仔小時候，就住在埔仔廍的公廳裡。後來在鄉公所當民政課長時，每年初一，一早就向族中長輩拜年，向來較關心族裡的事。

依著指點，找到了林旺條先生的家，在往斗南的大馬路邊，圍繞著田園菜蔬果樹的三合院，依然平和安適；特別的是廳堂景致傳統典雅。雖是族親卻是第一次見面，自我介紹說明來意後，對照著族譜，伯父就記憶所及，馬上找出族譜裡十五世「林金全」的生卒年月日（註五），並說：「這是從前抄自廳堂的『公媽龕』，祖先的生卒年月日，公媽龕上記載的清清楚楚。光看墓

◎今埔仔墓園裡張淑慎墓仍在，只可惜原唐山石刻墓碑被盜，民國66年重修新鐫的碑文，無法得知張淑慎卒年及立碑人。

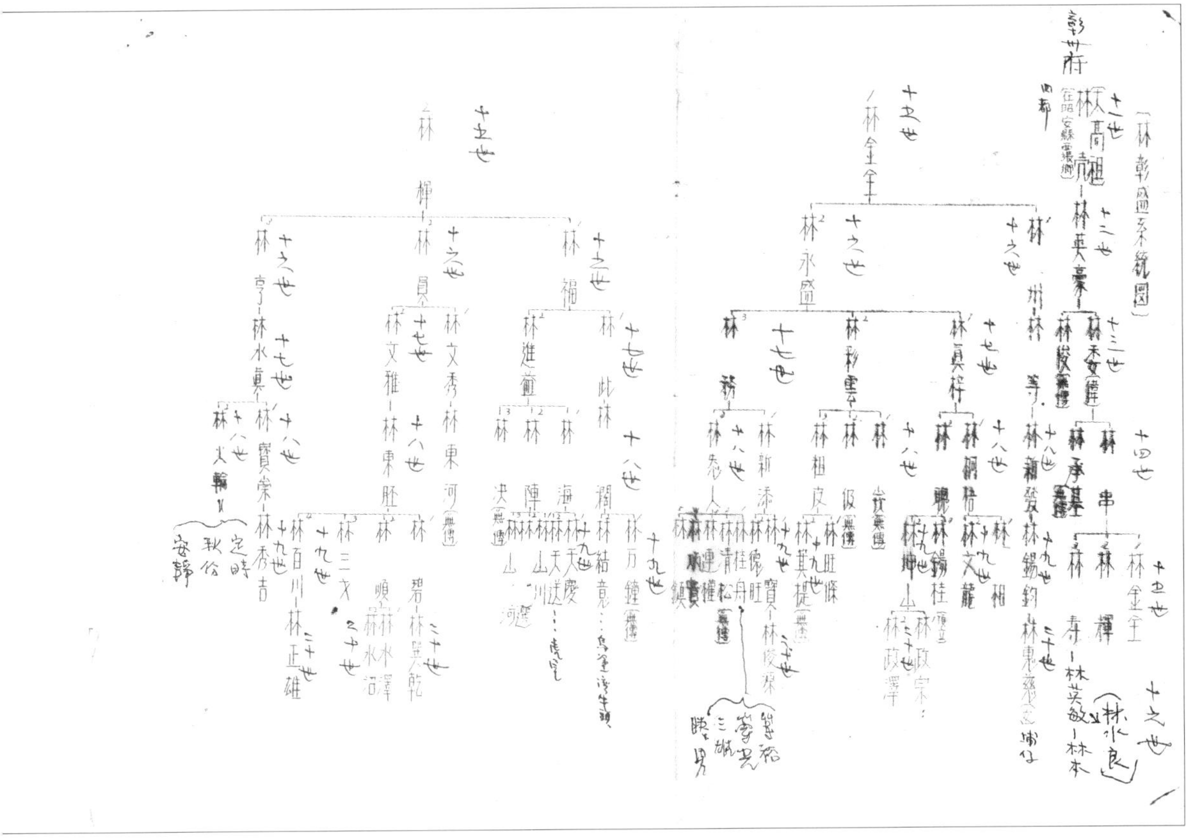

◎製表於民國48年的「林漳盛系統圖」。

◎後代子孫清掃祖墳，攝於民國86年4月5日。

碑就可知是撿骨或土葬，因為名稱有所不同，碑上稱『墓』的是土葬；寫『佳城』則是撿骨。以前人在這些方面上的學問分得很清楚，一個字、一處小細節均很認真不馬虎。」

◎林漳盛祖先之墓，位於埔仔墓園入口處左方大樹旁，每年總有林姓後代子孫前往祭拜。

依伯父的瞭解是：十一世祖「林殼」是在福建的老祖公。乾隆年間十四世祖「林串」始來台，後來生了林金全、林輝及林壽三個兒子。道光年間搬至埔仔。其中三房林壽生了六個兒子，人丁興旺，其五子林良又有六子，人稱埔仔廍內「上六房、下六房」(註六)。就是你們三房人數最多；二房人較少。

除了回莿桐請教長輩，也在台北的中央圖書館台灣分館找尋蛛絲馬跡。圖書館裡許多人家的族譜，修纂得十分完備，由來始末傳述甚詳。但有關于先祖來台的部分，即使日治時期日人編的人名辭典及人物史裡，亦查無具體的記載。面對浩瀚史籍，不免產生無從追索的沮喪。曾聽朋友說及一泰雅族頭目，其記憶可上述十六代祖先的名字，及族中發生的重大事情。一個沒有文字的民族，反而能深深不忘自己的歷史。想來不覺莞爾，「有譜」、「沒譜」究竟如何？

由於時代大環境的變動，親族間已少有聚頭閒聊的機會，甚至彼此碰面亦不相識，然而只要有一天任何人想到了祖先，一頁族譜頃刻間又延續了家族歷史。

◎ 林旺條三合院的家，在大馬路邊依然安適。

註一：今埔仔墓園裡張淑慎墓仍在，只可惜原唐山石刻墓碑被盜，民國66年重修新鐫的碑文，無法得知原來的卒年及立碑人。

註二：見【林氏族譜】，民國65年林萬舉編著。林景松提供。

註三：口述：林正成，民國32年生。時間：86年4月4日。地點：莿桐村中山路。

註四：林旺條。民國12年生。莿桐村中山路。

註五：林金全，生於乾隆乙卯年（西元1795年）6月11日卯時；卒於咸豐甲寅年（西元1854年）6月26日亥時。

註六：稱「埔仔」為「埔仔廍」乃因林良創始糖廍於埔仔。

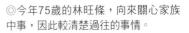

◎今年75歲的林旺條，向來關心家族中事，因此較清楚過往的事情。

◎林旺條家位於莿桐中山路，廳堂景致傳統典雅。

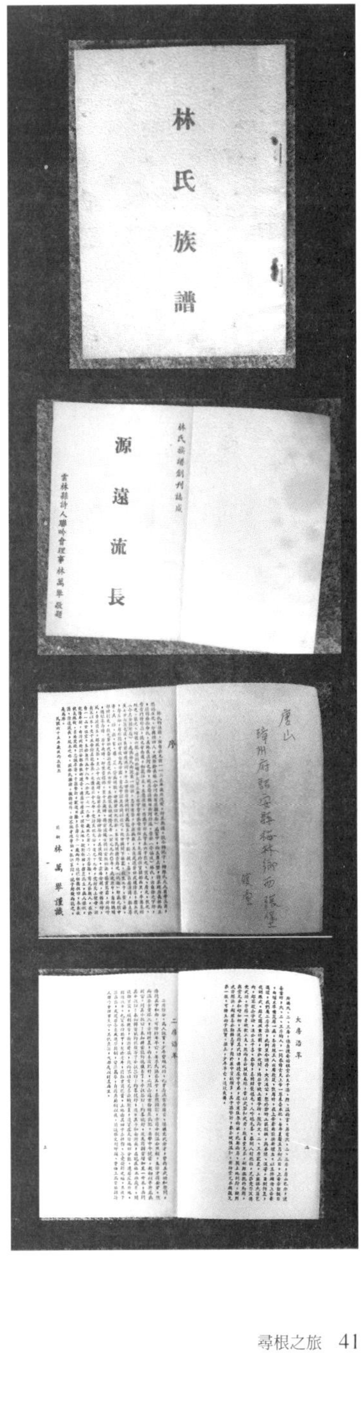

◎莿桐鄉甘西村林景松保存的【林氏族譜】。

尋訪蒚桐的玄天上帝神明會

蒚桐有一尊帝爺公，
相傳由唐山來台灣已二、三百年，
每年林姓宗親仍輪流供奉。
對於已離開蒚桐二十多年的我，
這真是不可思議！
這是真的嗎？

「蒚桐有一尊帝爺公，由唐山來台灣已二、三百年，乩童通靈時說在台灣已被拜了13代，在甘厝、甘西村、蒚桐村及何厝村的林姓宗親大、二、三房一年輪一房。」林正成如家常便飯地說。對於已離開蒚桐二十多年的我，這真是不可思議！這是真的嗎？

打聽到今年爐主是甘厝村頭的林正吉。林正吉引我到廳堂看神像並說：「這尊是三房人在民國73年新刻的，只供三房的人輪流供奉。因為三房人丁最旺，如果依大、二、三房輪流供奉金身，三房有人從年輕參加到老還輪不到。本來三房另供奉香爐，但有人覺得光擺香爐沒意思，因此另塑一尊帝爺，是三房仔會。那尊大陸過來的原始金身在大房的林慶堂家，你三月初三再來讓我請客，那天真熱鬧。」

「三月初三舊清明，帝爺生，保佑全家平安健康……」65歲的廖萬花是林正吉的大嫂，八點出頭就準備了二五金、壽

◎三月初三帝爺生，中午請「新交舊」，各房代表齊聚。

◎舊清明，也是帝爺生，廖萬花拜帝爺求保佑。

◎這尊玄天上帝神像，據說即是當年林家先祖來臺墾荒時所攜。

◎宗親們篤定堅信的神情，一定有他們的道理。玄天上帝雖是武將，但我們這尊帝爺堅毅中又顯氣息靈秀。

◎擲爐主，是帝爺生的高潮，廳堂裡外擠滿了觀看的人。攝於民國86年4月18日。

金、水果，點了香在廳堂裡拜帝爺。廖萬花說：「以前舊清明也是帝爺生，拜帝爺，帝爺暗中會保佑平安、賺錢…。」

甘厝村尾的林慶堂，家中二樓的神明廳擺著許多神像，他說：「就是這尊帝爺來台三百年了！以前真艱難沒什麼機械船，划竹筏過海，阮祖先奉這尊帝爺助膽，祈求平安過海，來台開墾順適。聽老輩的說十一世就過來了，我是第二十世。」林慶堂深深相信這尊帝爺，並為帝爺公沒有一間自己的廟感到惋惜，他說：「現在土地貴，建廟要『山高水流長』不大可能了，天時地利沒得到，但子孫輪流祀奉也算得到人和。」

三月初三，林慶堂家從一早就忙著準備中午請新交舊，他說：「說起來我們都是同祖先同房頭仔內的，中午來讓我請客，族中老輩會來，到時你可以問得更詳細。」

中午陸續由各村來了各房的代表，圍成一桌，大家商量有關祭拜輪祀帝爺的事宜。飯後甘西村二房的林景松，由家裡拿了一冊【林氏族譜】，其中有一段記載：「另有大、二、三房唐山已分，渡台當時，大、二、三房的人，一同恭請玄天上帝一尊來台奉祀，每年三月初三日，上帝爺聖誕日，由爐主準備宴席一桌，各房限三人出席赴宴，散席時，在上帝爺面前換新爐主，以三陣頭請上帝爺過爐，我們屬二房子孫，此例至今猶存。」正是此等情景。

同樣是三月初三，但「三房仔會」請客、擲爐主是在晚上。

由於白天大家各有事忙，一直到下午六點過後天快暗了，許多人才陸續到林正吉家拜帝爺，整個廳堂香煙瀰漫。因為今年帝爺的原始金身恰又輪到三房，所以三房的這尊帝爺，今年仍舊擺在林正吉家中。9年前也是這種情形，連續擺了2年。林正吉十分開心，會員請了5桌，親戚朋友另請8桌。

飯後擲爐主，廳堂裡裡外外擠滿了觀看的人，大家想知道帝爺今年中意住誰家。今年共有會員38戶，依各村會員名單唱名，每得一筊便做一記號，得筊最多者為新爐主，各村第二名為頭家。86年度新爐主是何厝村人林正雄，得另請地理師擇吉日，請陣頭迎林慶堂家中那尊帝爺公。

尋訪玄天上帝神明會，體會當年林姓先祖兄弟數人，於漳州詔邑西張鄉帶著一尊神像來台墾荒之心情，時光流轉已過了二百多年，荒地變成田園，拓荒者早已兒孫滿堂，時至今日仍保有神明會遺風。

◎同樣是三月初三帝爺生，「三房仔會」請新交舊、擲爐主是在晚上。

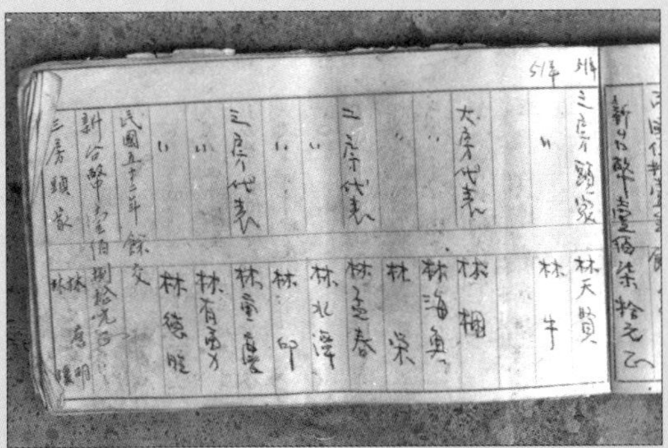

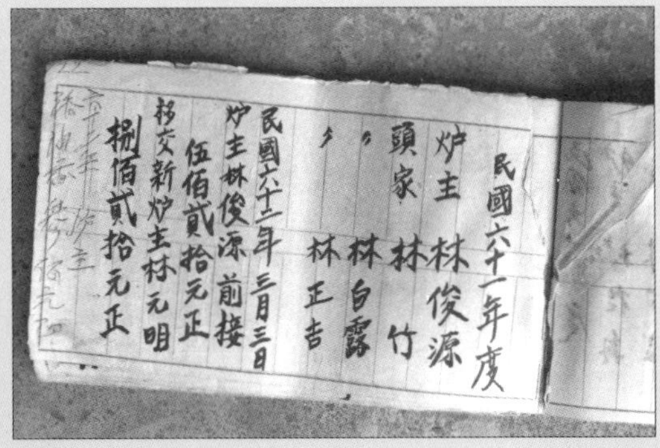

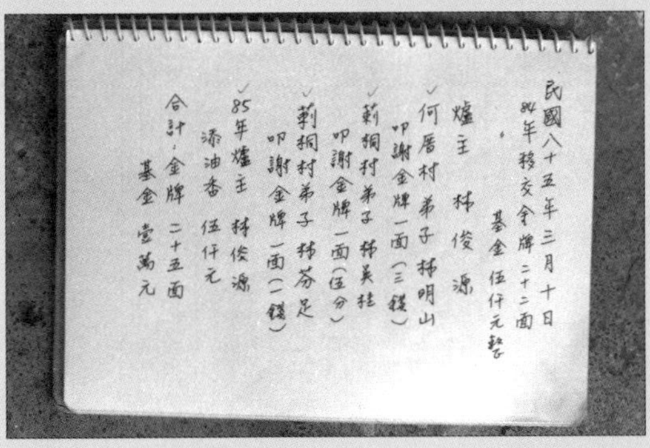

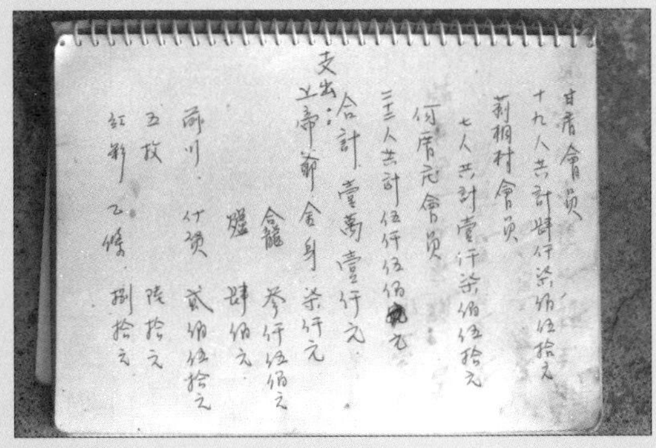

日治時期，帝爺會曾因皇民化運動而暫停。今年84歲的林德旺說：「日本人很夭壽，要把神像拿去燒，甘厝庄尾一好心婦人拿去藏起來。」

民國39年帝爺會方恢復，自民國43年起，立「林姓三大房名簿」，記錄每年參加的會員、當年的爐主與各房頭家代表及添油香。此一名冊是一因血緣與信仰而與土地緊密結合的最佳例證。

說起帝爺公，92歲的表叔公廖裕堂說：「阮媽媽林珠最信這尊帝爺，常常請來擺在家裡，生病一定請帝爺回家求平安。」他回憶小時候的情景：「神明桌上擺米糠，請來兩個人抬神明椅，神明椅右邊一隻腳較長，隨著神明椅的搖晃，椅柄會在米糠上畫字，看神明字的人就會唸唸有辭的說些安慰的話讓人安心，再燒些香符給病人吃。」但他認為這是一種迷信。

◎林珠，廖裕堂提供。

◎表叔公廖裕堂，攝於民國86年4月5日。

莿桐一隻虎 我的阿祖 林本

關於我的阿祖林本，
鄉野間流傳的故事有夠多，有人形容他是
莿桐一隻虎、也有人說他胭脂手福氣啦！
當素不相識的鄉人問我是誰？
我只要回答：我的阿祖是林本，
就會聽到關於「林本桑」
生動有趣的傳說……

我的阿祖林本，逝世至今66年。

時至今日我回莿桐鄉埔仔村旁的大樹下、孩沙里的店仔頭前，或是莿桐街上圓仔冰店、布店，遇著60歲以上，老一輩的鄉人族親，當素不相識的鄉人問我哪裡人？我只要回答：「我的阿祖是林本」，大家全都知道。想起小時候讀過的那首唐詩一笑問客從何處來。對於阿祖的瞭解，除了書上記載外，鄉野間大樹下的傳說，更生動有趣。

13歲就能騎馬收租

以前埔仔、莿桐街內整片都住姓林仔，林家祖先很早就過來臺灣發揮，後來做廍有錢，親戚艱苦的全叫來住莿桐，既照顧得到也有人手幫忙做些雜事或收租。(高獅)

阮岳父屈頭仔以前陪林本騎馬巡田收租，那時出去，佃農都很好禮，要殺雞請客，但林本都不給佃農請。(林春德)

林本13歲就會騎馬收租，大心肝興作大事業，16歲設糖廍，後來又起大厝、開發東勢厝農場。(廖裕堂)

林本與北白川宮親王

當年日本仔佔臺灣，能久親王自北斗渡濁水溪至莿桐巷時，林本帶廍內家丁、佃農數十人，攜土槍、刀械至溪岸準備去拚，入槍藥入飽點火才要發射，日本人就已對空打砲，林本一看日本人武器真厲害，便撤退了。後來能久親王在林本家住了一晚，白天在媽祖間辦公，大蒲林受傷後過世，運到臺南。明治天皇找林本問北白川宮來臺時在莿桐的情形，發一塊通行證給他；結果林本在日本錢掉了，拿那塊通行證至派出所，派出所說這是臺灣有名的人，籌錢讓他回來。去日本和明治天皇吃酒，只有林本才有。(余波)

林本是莿桐巷一隻虎

日治初期莿桐還是鄉下，買菜要到鄰近的甘厝庄，上學要到樹仔腳或西螺，街庄改正時林本捐地捐錢，把憲兵隊、派出所、學校都提到莿桐來，莿桐才開始發展。對神說神話，對鬼說鬼話，跟什麼人都有辦法，很威風很厲害，是莿桐一隻虎。(余波)

斗六郡守上任來拜訪

林本是地方的頭兄，很好額、很有勢，人又很精練，斗六郡守上任得先拜訪林本，不向地頭神、土地公來拜，難站穩。三個穿狗尾仔裝的就是郡守、林本與林聰。(余波)

斗六郡三塊紳章，林本、林聰各一塊，埔仔廍掛二塊，另一塊在斗六。(林旺條)

五百甲換一千四百甲

人稱林本土地五百甲，從甘厝庄前的圳溝，一直到新虎尾溪邊，除了現在莿桐村、埔仔村外還包括宗岳寮、朝清仔寮、長貢寮、黃朝厝、惠來厝都是林本農場，大正九年時，五百甲地賣掉，換東勢厝一千四百甲地，莿桐五百甲地是好地較貴，東勢厝地待開墾較便宜，一甲換好幾甲。(林有香)

東勢鄉林本桑的娛樂

東勢厝是林本活動開基的，東勢厝的老伙仔都知道，提起林本大家就「呼！呼！」二聲，名聲很響。(林春德)

日治時代嚴禁賭博，如果賭博被捉到，會被打得很慘，有一次東勢厝有人打麻將被捉到，挨打時就向「警察大人」說：「林本桑也在玩，你們怎麼不去捉他？」日本警察回答：「林本桑是有錢人，他打麻將只是好玩娛樂，不

林本氏

（虎尾郡海口庄）

氏は明治十年九月二十九日斗六郡莿桐庄に生る、幼にして莿桐書房に師事して漢文學を研鑽し、其造詣深く、明治二十五年莿桐其他數ヶ所に舊式糖廍を經營し一身を甘蔗の栽培さ開墾事業に獻げられ、地方產業の開發に貢獻尠なからず、明治三十五年莿桐區長に命ぜられ、地方稅委員、土地調查委員、大日本赤十字社正社員、同名譽贊助員、同特別社員、大日本製糖會社農參事西螺信用組合長、斗六郡莿桐庄協議會員、虎尾郡水利組合評議員嘉南大圳組合議員等の公職、名譽職を歷任し大正十三年專賣局煙草賣捌人に指定せらる大正十五年臺灣拓殖會社より現東勢厝農場千四百甲を買收し、之れが開墾に獻身的奮鬪今日の農村を樹立せり、資性剛毅果斷にして進取に富み不屈不撓善く事に當り、初志を貫徹し今日の大成功をなせり、近くは小作改善に意を注ぎ、自作農創設組合設立を企て目下許可申請中なり、公共事業に盡し常に地方開發を念さし、國語普及衞生、教育、社會百般に盡瘁せられ其功績尠なからず、曩に大正元年紳章を附與され、昭和三年御大禮記念章を賜ふ、其他當局より、金銀銅木盃並にメタル、賞品賞狀等表彰されたるこさ枚擧に遑あらざるなり、最近東勢厝に三十二戶の堂々たる建築成り新市街を見るの觀を呈し其熱狂的諸施設は衆人をして驚嘆せしむ富豪にして信望厚く高傑の紳士なり。

◎資料來源：自治制度改正十周年紀念人物史

他們這樣說林本…

蒴桐公學校校長說
林本是學校的恩人。

林枝 八十三歲
林本之四女 現住台中

阿爸早上難過時，
我一直幫他擦汗，
也不知道他哪裡難過，
一直叫阿爸阿爸……
林本大心肝
做大事業。

林灼 七十四歲 林本之么女 現住台北 廖裕堂 九十二歲 西螺人 現住台北市

黃添寶 八十七歲 東勢鄉嘉隆村人

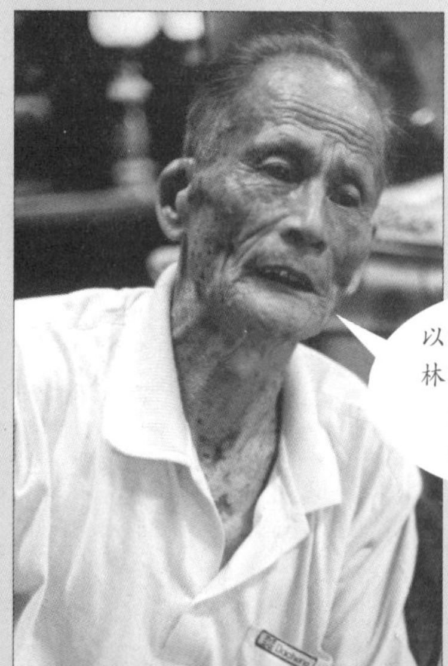

以前人真現實，
林本有錢好額，
大家就稱他
本仔叔公。

林溪川 七十七歲 莿桐村人

斗六郡三塊紳章，
林本掛一塊。

林旺條 七十四歲 莿桐村人

人稱林本土地
五百甲。
下棋是
林本桑的娛樂。
林有香　八十九歲　現住蒴桐埔仔村

黃夢熊
六十五歲
東勢鄉人

恩同再造
本蒴桐巷一隻虎……
余波　八十四歲　蒴桐鄉埔仔村人

◎阿祖林本與五姑婆林耀。約攝於昭和二年。（民國16年）。

是賭錢。」這句話流傳至今日，東勢鄉老一輩人，仍戲稱賭博是「林本桑的娛樂」。(黃夢熊)

坐轎至板橋林家作客

當時還沒有火車時，林本由蒴桐要去台北板橋林本源家要坐轎，二班八個使用人輪流抬，要走上好幾天不知道，是頭兄與頭兄間的往來。(余波)

出山時，鄉人備香案路祭

大正人名辭典（林本）　增補り之部　一九三八

社會の情形に明かなり、好個の趣味を有する者と謂ふべし、母堂は林李氏吻、夫人は林吳氏緞にして淑德あり、資產は二十萬圓以上にして年々の納稅二千圓に上る

林本君

製糖業　貸地業

△出生地　嘉義廳西螺堡莿桐巷庄
△現住所　仝
△生年月　明治十年九月二十九日

林本君嘉義廳西螺堡莿桐巷庄人、嘉永年間祖父壽者始興其家、父良紹之、從事于製糖業以至于現時、資產數十萬、聲望頗旺矣、明治二十九年一月爲憲兵屯所設置敷地永久賃貸上出願被認可、卅一年三月被列日本赤十字社正社員、同年十二月被允可西螺堡莿桐巷庄保正、三十三年憲兵屯所被廢、警察官吏派出所設置敷地永久無賃貸上出願被認可、三十四年四月被命於莿桐巷庄地方稅委員、三十五年八月爲臨時臺灣土地調查莿桐巷庄委員、同年十一月及行政區域改正新置於莿桐巷區、被命於該區長、三十六年一月依願解任保正、同年二月被囑托於日本赤十字社臺灣支部斗六委員部莿桐巷分區委員、同月以寄附金列於名譽賛助員被贈徽章一個、同年三月依莿桐巷區街長職務勉勵被賞與慰勞金、同年十月寄附於故北白川宮能久親王殿下明治二十八年舊八月中御陣御遺跡敷地、三十七年四月行政區域變更、莿桐巷區被廢、被免同街長、依在職務勉勵被賞與慰勞金三十七年九月被貸與製糖機械器具費總價格參千五百貳圓五年間奬勵金、同年被依囑於斗六廳農會西螺地方支會幹事、三十八年四月依獻金功被賞賜木杯、同年六月寄附於街庄長會議室及擊劍場建設費被賞賜木杯、三十九年三月增加於製糖機械運轉六十噸、四十年七月出品東京勸業博覽會於玉塘受領紀念三等賞、四十一年十二月受領臺灣糖業協會第一回甘蔗品評會二等賞金竝賞狀、四十三年一月寄附於莿桐巷警察官吏派出所新築費被賞賜於木杯一個、大正三年八月受領於臺灣紳章

若爲公共寄贈金品、表於報國之意數次、年歯四十、而春秋倘壯、乞君幸加餐自重焉

＊　＊　＊

嘉永年間祖父壽氏其家を興し、嚴君良氏之を紹ぎ、製糖業に從事し以て現時に至る、資產數十萬を有し地方の豪族たり、明治二十九年憲兵屯所設置せられ其敷地として永久賃貸上を出願し認可せらる、卅一年日本赤十字社正社員となる、同年西螺堡莿桐巷庄保正たるを認可せらる、三十三年憲兵屯所廢せられ、警察官吏派出所設置に付其敷地として永久無賃貸上を出願し認可を受く、三十四年莿桐巷庄地方稅委員を命ぜらる、三十五年臨時臺灣土地調查莿桐巷庄委員となる、同年莿桐區長を命ぜられ、三十六年依願保正を免ぜらる、同年日本赤十字社臺灣支部斗六委員部莿桐分區委員を囑託せらる、同年金員を寄附し名譽賛助員徽章を贈らる、同年職務勉勵に付賞金を受く、同年故北白川宮能久親王殿下御遺跡敷地

◎資料來源：大正人名辭典

林本上廁所後，發覺不能走，送到嘉義的醫院，醫院聽說是莿桐的有勢人、主公來，不敢拖馬上鋸大腿，結果血流不止死翹翹。大家說是被ㄆㄧㄤ(壞東西)打到中邪，其實就是現在的中風。出山時好熱鬧，家家戶戶擺香案桌，一塊紳士牌，臺灣總督來收回，林波拿去舊公所交。(高獅)

出山時東勢厝人來結一柱，人一直來，整路滿滿的，阮做孩仔，也幫他拿了幡布。林本葬在埔仔墓地，現在起厝，要入莿桐路邊大理石工廠就是。(林春德)

埔仔有一個傻傻的人，死了後葬在林本墓旁，大家笑他說：「死了還要去給林本做奴才」。(埔仔村大樹下)

我的屘姑婆林灼，今年74歲，笑說她小時候一直以為沒錢到銀行搬就有了，因為家裡請了一日本人當秘書，專門跑銀行，林本總叫秘書拿土地去銀行抵押抱些錢出來，再把這些錢貸款給農民，有時周轉不過來，銀行派人來家裡貼封條，但不貼正面，只隨便找個櫃子貼在櫥櫃後面，意思意思而已。銀行長是日本人，見到林本恭恭敬敬，趕快幫他提皮箱，說有林本桑來借貸，銀行才會熱鬧。「……林本本身不享受，很努力做事業，心肝很大，這樣做做，又想到要去做別的。騎馬也不是為了打獵，是為了巡田當腳用。……早上他難過時一直流汗，我還一直幫他擦汗，一直叫阿爸阿爸，但不知他哪裡難過，只見他一直流汗一直唉！……林本的墓很大，又高又闊，遠遠的在莿桐街上就看得到，小時候每星期都散步去走走看看，帶個便當去吃，後來墓遷走變田園。」

四姑婆林枝，今年83歲，她則記得以前莿桐公學校，每一任校長都常到家裡來，學校若缺黑板、風琴或經費，跟林本說就有，校長吩咐學生，若在路上遇到林本，要向他行禮問好，說林本是學校的恩人。不只如此，派出所失火時打的撞鐘、掛鐘的高台等都找林本出。每年10月28日，北白川宮紀念日，斗六、西螺、斗南，五、六年級的學生，都要走路來莿桐祭拜北白川宮紀念碑，中午在學校操場吃便當，林

本就在家裡辦桌請老師吃飯，提供茶水給學生喝，很熱鬧。

林溪川是我的遠房叔公，今年77歲，平日人都在莿桐天瑤宮活動，他說：「與林本同一輩有幾個兄弟，其中林芳排行第五，當保正，鄉人稱他為芳阿伯；排行第六，最小的林文，人稱六頭文；林本排行第四，有錢好額，大家稱呼本阿叔公；最慘的是他們的叔伯兄弟林銀傳，沒錢沒勢，鄉人稱他臭頭銀傳。」叔公笑說：「以前人不知怎麼會這麼現實？」

尾姑婆說的一件事最讓我印象深刻：「以前莿桐有專門幫人撿骨的人，撿骨時什麼放上面，什麼擺中間，什麼置下面，分得很清楚。以前林波年輕時，撿林本的骨頭，陪地理仙陪了一星期，伺候喝酒、吃菜。撿骨時從腳指頭開始撿起，清洗乾淨後，以紅絲線一節一節接綁串起來，綁到拉起來就是一隻腳，然後再往上接……，整個接好後人是蹲著入甕內。現在撿骨簡單多了，拿一白色袋子，腳骨全放入同一袋子中，就是腳，手的部份，放入另一白袋子中，頭再套一白布貼在臉部，再畫上眼睛、眉毛、鼻子，畫好時還真像原來這個人，再綁以白麻線當白頭髮，坐在甕內，稱金斗甕。」

人生就是這樣子吧！

◎林本之墓，立於昭和六年桂月。（民國20年）

三個姑婆穿一套結婚禮服

看家族的老照片，發現一件十分有趣的事，那就是我的四姑婆林枝、五姑婆林耀、屘姑婆林灼結婚的年代不同，但穿的都是一模一樣的一套結婚禮服，佩戴同樣的一條珍珠項鍊，這是為什麼呢？

我的四姑婆林枝，今年83歲。昭和七年(民國21年)時畢業於台北第三高女，在當時是個時髦女郎，極注重穿著打扮，留下一幀幀穿著時髦洋裝的照片。雖然如此，她可不曾自由談過戀愛；從台北第三高女畢業後，她就回家鄉的莿桐公學校教書，經媒人介紹相親而結婚。四丈公姚茂林，畢業於東京中央大學法學部，在當時已經是很高的學歷。丈公家在西螺開設「金玉成」商號，是當時西螺最大的銀樓、眼鏡、鐘錶行，又兼賣唱機、唱片，所以昭和十三年他們結婚時，十二輛車浩浩蕩蕩地由西螺開來莿桐，迎娶四姑婆；西螺街長廖重光，也同至虎尾神社拍照。

四姑婆在婚前特別燙了頭髮，並自己設計訂製一套新娘禮服；曾祖母則花了180元，買了一串珍珠項鍊送四姑婆，在當時這筆錢足可作小學教員半年的薪水。

五姑婆林耀，今年已76歲，畢業於臺

◎四姑婆的婚禮是地方盛事，來賓穿著體面，男士個個西裝革履，女士均穿洋裝、旗袍、和服爭奇鬥豔，唯中間一位奇裝異服者，他是虎尾神社的住持，也是證婚人。

◎四姑婆林枝結婚前，特別燙了頭髮、戴上珍珠項鍊，並且拍照留念。

南長榮女中，昭和十五年時經族中長輩介紹，嫁給虎尾鄉下馬公厝地主兒子張和東，五丈公畢業於東京齒科專門學校，在虎尾開業「南星齒科」。五丈公是總統府祕書長黃昆輝的親舅舅，他們的結婚式場，地點在虎尾鄉下家宅。

五姑婆結婚時穿的新娘禮服、頸上的結婚項鍊，來自四姑婆；因那時戰爭初起，日本政府要求婚禮不得鋪張，一切只可從簡。

至於今年已74歲的屘姑婆林灼，也是臺

◎五姑婆林耀的婚禮會場懸掛兩面日本國旗，是日治末期典型的結婚會場佈置。

◎屘姑婆林灼與丈公黃鐮松攝於虎尾神社前，新娘禮服即是四姑婆傳給五姑婆再傳給屘姑婆。

南長榮女中畢業，由表哥介紹而結婚的。屘姑婆的表哥和屘丈公同是虎尾人，在東京唸書時又住同一宿舍，且丈公家在虎尾開設「招安醫院」，家中親戚常到招安醫院拿藥。

屘丈公當時已自東京醫專畢業，在東京都立「大塚病院」婦產科研究，為此特別回臺結婚。

屘姑婆的婚禮是昭和十九年在虎尾神社舉行的，時值戰爭末期，阿公林波著軍服參加(時任莿桐庄防衛團團長)，可看出時局的變化。而曾祖母林陳滿原預備給么女兒的金飾、項鍊，亦因戰時被日本政府下令繳出；於是四姑婆傳給五姑婆的珍珠項鍊與新娘禮服，就這樣又穿在屘姑婆身上了。

至今憶及這段往事，四姑婆、五姑婆與屘姑婆，驚喜三個姐妹竟有緣穿戴同一套新娘禮服與珍珠項鍊，並為至今姊妹依然情深感到安慰。

七十年前有一場七天七夜的婚禮

七十年前我們家族曾辦了一場雲林地方的「世紀大婚禮」，特別鋪一段輕便車道迎娶新娘、請了百桌流水席七天七夜、夜裡還施放煙火……

我的阿公林波，大正十五年自臺南師範學校畢業後，曾祖母林陳滿，希望挑一個性格較強、能顧家的媳婦。有一次曾祖母外出搭輕便車時，見一個女孩子，為朋友佔位子，又見其個兒高大，體態豐盈，覺得很合意，便請人打聽是誰家女兒。原來這女孩的父親廖初淵，亦是西螺大戶人家，在西

◎七十年前阿公阿媽的婚禮盛大隆重。

◎八位姑婆祖回娘家參加阿公的婚禮並拍照留念。

螺媽祖間前經營米行，便請人說媒。有一次林波至西螺打網球，廖初淵見林波胖胖壯壯的，又是林本的兒子，彼此便定了這門親事。那女孩名廖隨，是我的阿媽。

風琴、銅鐘、書櫃為嫁妝

昭和二年，阿媽廖隨自台北三高女畢業後，即準備出嫁。疼惜女兒的外曾祖父，準備了可觀的嫁妝：四具四尺高的檜木桌櫃、梳妝台、縫紉機、桌椅等，其中較特別的是一台風琴及書櫃、銅鐘。此外還有一個陪嫁的丫頭。

八個姑婆祖回娘家

6月2日婚禮當天，阿公的八位姑姑均回娘家，穿著傳統百褶裙禮服，在院子裡合照了一張像。罡姑婆當時三歲，吵著要合照，便坐在中間，她今年已74歲。罡姑婆回憶：「姑婆祖們均很愛家，娘家有事即回來，大家聚在一起講笑，笑得床都會搖。姑婆祖們亦均嫁各地方上之頭兒，如二姑婆祖嫁西螺江姓秀才，回娘家得看日子，派轎接回；六姑婆祖嫁大林庄長江文蔚家，房子大得像皇帝殿，經營江文蔚農場數百甲，同我們家林本農場有來往。」

另鋪一段輕便車道迎娶

「怎麼由莿桐至西螺迎娶你阿媽，你知道嗎？」表叔公廖裕堂今年92歲，比阿公晚出生了幾個月，回想起七十年前那場雲林地方的世紀婚禮，他說：「為了婚禮當天由西螺迎娶你阿媽至莿桐家裡，既不是轎抬，也不是駛烏頭仔車，而是將往返西螺、斗六間的輕便車道，在今甘厝村路口，另鋪一段鐵枝路，直抵家中大庭。」今年86歲的林春德，從小住在甘厝村頭，他說：「那時林波娶廖隨，用輕便車仔，人很多，輕便車一台一台，東西也放在車上，一次坐四個人，輕便車來回了幾趟，次數數都數不清。」

七天七夜百桌流水席

由於阿祖林本，在地方上名聲通透很響亮，喜帖上的宴客日期分成好幾天，分別宴請親族、賓客、家裡長工、佃農及附近庄頭的人，持續熱鬧了七天七夜，請了百桌的流水席，並在夜裡施放煙火。（三伯父林英勝說他小時候看阿媽的床下，有一又粗又重的圓錐銅筒子，曾問阿媽那是什麼？阿媽說是結婚時施放煙火的筒子。）

藤本大藏氏

（嘉義郡大林庄）

氏は當年六十三歳なり曩に一會社員として新高製糖株式會社に入り前後二十有餘年間一意會社の爲め奮勵努力せられ累進して庶務主任たりしが本年辭し選ばれて江文蔚氏の後を追つて大林庄長に推され今日に及ぶ資性清廉直情極めて常識に富み民情の傾向を洞察するの明あり思慮緻密注意周到一事をも苟にせざるの慨あり就任未だ淺く庄長としての經驗少なしとは言へ老練せる手腕と蘊蓄せる識見は地方の諸問題を理解し庄治の啓發に裨益する所多かるべし以て將來其手腕を囑望せらる。

藤本大藏的花籃

仔細看阿公、阿媽的結婚照，發現花籃下方有四個字：「藤本大藏」。想必是送花籃的人，誰是藤本大藏呢？為什麼送花籃呢？後來我在翻閱「自治制度改正十周年紀念人物史」時，意外發現了「藤本大藏」，看了書中簡介知道他曾是新高製糖會社庶務主任，後來繼江文蔚任大林庄庄長。我的六姑婆祖正是嫁到江文蔚家，而我的阿祖林本曾任大日本製糖會社農參事，我想大概是因為這樣的關係所以送了花籃吧！

樂天派人格者 我的阿公林波

一張阿公林波以重複曝光技巧
拍攝自己的相片，掛在老家牆上穿透
六十多年光陰，
阿公當年為什麼會這樣拍自己呢？
讓我很好奇……

◎阿公林波的自拍像，約攝於昭和11年（民國25年）。

這張照片一直掛在老家的阿公房門口上。

小時候常回雲林縣莿桐老家過寒暑假或年節，均同阿公睡。一直以為照片中人物是某位祖先呢！前年回老家，請二伯父打開阿公塵封已久的房門，又看到了這張照片，悠悠忽忽已過二十年。伯父告訴我：「照片中人正是阿公。」

阿公將這張照片懸於房門口上，是有原因的。在阿公寫於民國44年，「中國國民黨第二

◎阿公拍他和阿媽的合照，攝於老家屋裡。

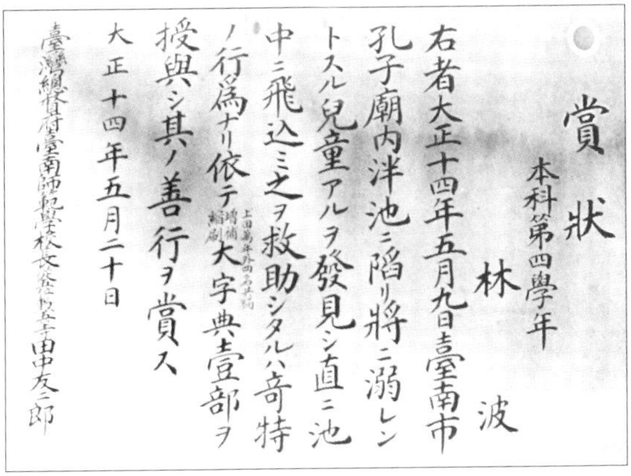

賞狀

本科第四學年

林　波

右者大正十四年五月九日臺南市
孔子廟内泮池ニ陷リ將ニ溺レン
トスル兒童アルヲ發見シ直ニ池
中ニ飛込ミ之ヲ救助シタルハ奇特
ノ行爲ナリ依テ增補縮刷大字典壹部ヲ
授與シ其ノ善行ヲ賞ス

大正十四年五月二十日

臺灣總督府臺南師範學校長從五位　田中友二郎

◎阿公珍愛這張勇於救人的賞狀，一直掛在家中廳堂。

◎阿公的集郵冊，引發我集郵的興趣。

◎細心的阿公，留下他在報上發表的文章。

臺灣新民報　昭和八年四月十八日（火曜日）

嘉南大圳の窮況はどうして打開するか

大圳組合會議員　林　波（寄）

嘉南大圳問題を根本的に建直すが現下の經濟困窮を打開する合理的近道である。私は斗六の議員として去る三月十三日州會議室に開催した嘉南大圳昭和八年度豫算内示懇談會席上に於て組合員の更生すべき途、即ち根本建直問題を議員並に當局者に懇談したかつたが制限ある時間に其の機を逸した事はくれ〴〵も殘念であつた。顧るに嘉南大圳企業計畫當時は今日の如き不景氣になるとは毛頭思はなかつたであらう、故に當時の當局者は好景氣に乘じて人工的に不合理な一大貯水池を築いだため將來にかける組合員の負擔程度をも顧りみず尨大な企業計畫豫算をたて十五萬甲歩の大面積を灌漑すべく努力して來たが、近年となつてから景氣は不況に陷り負擔金は反對に益々重くなると云ふ樣な有樣である。

◇

今嘉南大圳年度別甲當負擔金を舉げれば大正九年の十圓、同十年の六圓五十錢、同十一年の七圓、同十二年の五圓、同十三年の五圓同十四年の五圓、昭和元年の十圓同二年の十三圓、同三年の二十三圓、同四年の二十三圓、同五年の二十三圓八十錢、同六年の十六圓同七年の十八圓になつて居るのを見ても此の大圳事業完成前後の兩三年から非常に負擔金が過重になつて居ることが覗はれるのである。現に角技師二管理者時代の豫算は常に難なく一瀉千里に原案可決で通して來た我が大圳は實に無風狀態であつたが技管理者が勇退して永山止米郎氏が其後任に就くや我が大圳は世界的不況に見舞はれ未曾有の豫算編成難に陷つたことは周知の事實である。當時の議員は皆口を揃へて管理者の努力が足らぬと云つて責めたがない袖は振られぬので、永山管理者は豫算編成難の打開策なきを以て自ら引責辭職し州知事に管理の讓つた次第である、州知事でも無理な豫算案を立てることは組合議員の滿足なる賛同を得ることは到底不可能である、こゝに於てどうしても嘉南大圳の問題を根本的に建直し、現下の經濟困窮を打開する必要が起つて來る譯である。

◇

去る十三日の懇談會席上に於て劉明當君の川村理事に對する三年輪作を百%まで貫徹斷行する確信ありや否やの質問に對し川村理事は「無い」と答を發する位だから無理に十五萬甲歩を強制的に三年輪作せしむるよりも進んで五萬甲歩に縮少して此の五萬甲歩の灌漑を完全に灌漑し得る樣に努力せねばならぬと思ふ。若し當初の三年輪作を固執して居れば一部分の難分地の土地改良以外の土地に於ては決して三年輪作が合理的に運用出來得るとは思はれない。即ち非常なる不經濟を來す割に效果がない即ち今期水稻區になつたとすれば三年間通水しなかつた給水路の補修や浚渫工事費がうんとかゝる所が稻刈りが濟めば來年は、彼等の汗水を流して築き上げた畦道及び給水路は又三年後でなければ用をなさぬばかりでなく、莫大な土地使用が出來ない上に不用の畦道給水路は耕作障害になると云ふ樣な狀態である。從て從前の企業計畫を踏襲すれば如何なる神樣が豫算を組んでも決して議員に滿足な案のあるべき筈がない、

◇

然らば如何なる具體案があるかと云へばそれは我々人間と同じ樣に商人は商人、行政官吏は行政官吏、學校の先生は學校の先生と同樣、分擔的にはつきりと定めて夫々自己の職責を盡すことにせねばどうしても能率の向上が出來るものではない。やれ初年は商人、次年は行政官吏、三年目から學校の先生と云ふ樣では能率を百%に舉げることは至極困難なことゝ信ずる故に我が大嘉南大圳も初年は水稻次年が雜作三年目が甘蔗と云ふ樣では實際考へて見れば理想と思へば理想と思はれるかも知れないが實地にやつて見れば決して合理的でないことは先に申した通りである。故に此の大圳の大事業を有効に運用せんと思ふならばどうしても企業當初の十五萬甲歩の三年輪作を三分の一に限定して耕作せしむべきである。即ち五萬甲歩丈を毎年水稻作をされたならば必ずや水量の節約給水路排水路の經費輕減、畦道の省略等を完全に有効に利用することが出來得るばかりでなく一般組合員の過重なる負擔もこれに依つて解決される譯である

◇

然らば現嘉南大圳の財政を縮少せねばならないのかと思ふかも知らぬが別にさうする必要もない即ち毎年灌漑する彼の五萬甲歩に嘉南大圳全負擔金を全部彼の灌漑甲歩に割當て、負擔せしむべき物である。今假りに昭和八年度の豫算を七年度より四圓七十四錢增額したものと假定したならば、甲當負擔金が二十二圓七十四錢になる、併しかくの如き負擔金は實際負擔に堪へられるものではない、併し賛成しなければ大圳の事業が停止せねばならぬと云ふ進退兩難の今日にあるから此尨大な企業方針を其儘踏襲することを拋棄した譯である、其の代り最大障害たる三年輪作を改めて限定した五萬甲歩にのみ毎年灌漑することに改革すれば表土の流失並びに地盤の保全や給水路排水路等の浚渫補修費及び水川の畦道の略等監視所其他一切の人件費が少くとも三分の二位は必ず節約出來得るものと思ふのである。

◇

以上御參考までに申上げ此際當局者の愼重なる御研究を願ふと共に敢て諸先輩各位の御賛同を求むる次第である。（續り）

（第三種郵便物認可）

次黨員自清表」之專長、志願上，看到阿公前三專長為：墾殖、畜養及園藝。前三志願為經營農場、農畜產加工、農畜種子改良。

喜愛照相的爺爺，在民國25年左右，以重複曝光的攝影手法拍了這張照片，照片中二人同為阿公，其一特地戴上斗笠、穿上簑衣、拿著鋤頭，笑得開懷自信。時值盛年的爺爺，經營東勢厝一千四百甲的農場，於其專長、志願，想必亦有滿腔的抱負與熱忱。

阿公名林波，生於民國前6年(西元1906年)，大正年間就讀西螺公學校及東京市大成中學校，後回臺畢業於臺南師範學校，並任莿桐公學校訓導。昭和六年阿祖去世，阿公繼承「林本農場」，於昭和七年完成曾祖父籌組「海豐農事合資會社」的遺志，任會社代表。戰後，民國34年任自治協會理事，35年當選莿桐鄉鄉民代表、斗六建設委員會委員、莿桐民意調解委員。

關於阿公生平種種或可輕輕帶過，不必再多加詳述，然翻閱中發現了二件有趣又可愛的事：其一，大正十四年就讀於臺南師範學校的阿公，在臺南孔子廟內泮池，見將陷溺之兒童，勇為救助，獲賞狀及大字典一部；其二，昭和八年於臺灣新民報，發表關於嘉南大圳之問題根本所在，建議日本當局如何合理打開其經濟窮困之近道。

「沈默寡言，每天晨起澆蘭花、看報紙，由頭看到尾，再由尾看到頭，聽音樂，偶爾在外喝點小酒，便一路興高采烈手舞足蹈地歌唱回來，是個無憂無慮的樂天派。吃飯不挑食、知足常樂、隨遇而安，日子好過也過了，不好過時仍過得很適意。不計仇恨、不批評他人、性情平和溫厚。」爸爸心中的阿公是這樣的。

大姑姑林久美回憶：「小時候有一次上市場買冰，市場裡的人堅持不肯收錢，回家後告訴

◎看阿公這樣拍自己，就知道他是個樂天派。

你阿公，你阿公從櫃子皮箱裡，拿出一疊紙，在院子裡焚燒……，後來才知道他們原是家裡的佃農，曾欠家裡錢，但你阿公認為事過境遷，便將借據燒了。」梅姑姊姊一直記著大堂哥林志生小時候，總愛趴在爺爺圓鼓鼓的肚子上睡覺。「一段時間，家裡開西藥房，有時夜半人家敲門急著買藥，只有阿公沒脾氣地起來開門，賣完藥回床上很快又睡著了。」

記憶中的阿公盡是和平安然，只喜養蘭、遊山玩水，特別是睡覺的鼾聲很大，每天總要讓我先上床睡著，怕鼾聲吵得我又睡不著。在八、九歲時，阿公送我他集了三、四十年的郵票冊子。那是阿公與世界各國友人書信往來，由信封上剪下的一張張郵票聚積所成。阿公細心耐意地加以分類，每個國家之前，分別以中、英、日文標示。小時候曾為了弄懂郵票上的國家在何方，認真地看世界地圖。神氣地向同學獻寶！多年後才瞭解阿公同友人書信往來的郵票，積蓄蘊涵時空及生命情感之深刻意義。

阿公沒有留下土地財產，縈繞心頭的是他晚年遊山玩水，生活一派樂天從容、豁達溫和，即使遭逢巨變仍無怨無求的樣子。

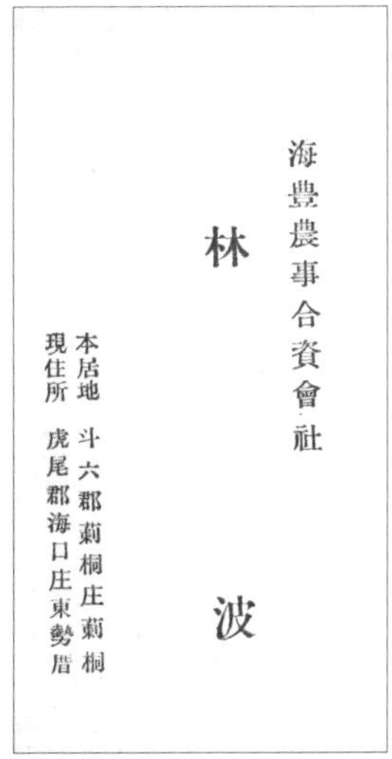
海豐農事合資會社
林　波
本居地　斗六郡莿桐庄莿桐
現住所　虎尾郡海口庄東勢厝

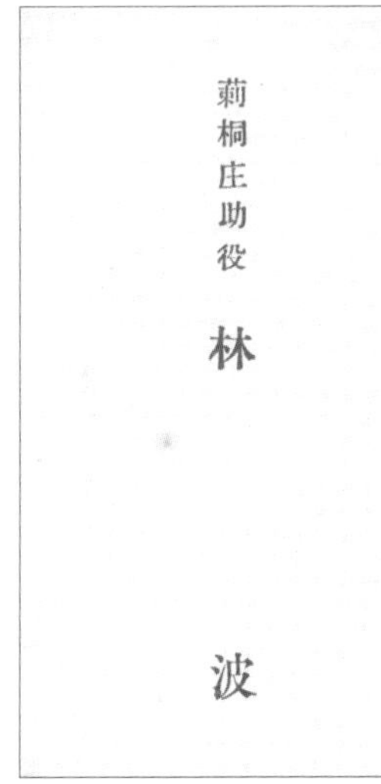
莿桐庄助役
林　波

◎看了這張舉杯慶祝的照片，不管當時為什麼事舉杯，我覺得家人能開開心心團聚在一起，就值得舉杯歡慶。約攝於昭和十七年（民國31年）。

◎阿公開心地在池塘游泳玩水。約攝於民國50年。

阿媽的鏡子、風琴與時鐘

七十年的老銅鐘，是阿媽當年的嫁妝，
仍在桌前滴答滴答沈穩地響著；
至今想及阿媽廖隨，我腦子裡浮現的是：
阿媽端坐梳妝台前，一手拿著著一面鏡子、
一手拿著梳子，安靜優雅地梳理她的長髮。

小時候回莿桐老家，我同阿公睡，弟弟同阿媽睡。阿媽的房間有許多的檜木櫥櫃，還有一張紅眠床。阿媽端坐梳妝台前，一手拿著一面鏡子，一手拿著梳子，安靜優雅地在有些昏暗的房裡梳理她的長髮。至今想及阿媽，我便憶起這一幕情景。

前年一次回老家時，發現阿媽的那一面鏡子仍在，木頭的把手漆已褪盡，鏡面有些朦朧，將它帶回台北，每次端舉鏡子，鏡子裡的時光一下子將我拉回童稚時。

長大後才聽說了阿媽愛漂亮的故事，阿媽晚上要去參加宴會，早上便開始試穿衣服，集合家裡長工、幫忙做事的人當評審，所有人都說好看時，常常已換了一櫥櫃的衣服。那是民國二、三十年間的事了。

民國六、七十年間，我懂事時的阿媽，仍然富富泰泰。日常常穿素淨改良式旗袍，總將自己打理得乾淨體面。

聽說阿媽會彈鋼琴，昭和還是皇太子時，一次到台北第三高女，阿媽彈鋼琴給他聽，家裡有一台風琴是阿媽當年的嫁妝。今年四月間至中山女高教務處找到了阿媽大正十二年至昭和二年的成績單。阿媽大概怎麼也想不到她的成績單，七十年後會被孫子影印一份！

阿媽於台北第三高女畢業後，任西螺國校教員三個月，就嫁給了阿公，一開始時過著大戶人家少奶奶的生活，穿衣吃飯養兒育女，均有人伺候，鮮少接觸外頭的事務。

戰後家道中衰，她反而開展了生活的空間。曾任雲林縣莿桐鄉婦女會理事長、婦聯會主任委員、調解委員會委員等。民國42年，阿媽參選雲林縣第二屆議會議員選舉，政見是：一、提高婦女的政治意識。二、加強婦女服務機會。三、舉辦托兒所。四、徹底實行男女平權。民國51年當選第十屆臺灣模範母親。

民國五、六十年間，阿公阿媽到各處探看兒孫，每年參加南師、三高女的同學會，並攜手遊玩了臺灣好多地方，留下許多照片，或只是在老家平凡過日子，老來相伴的日子總是好。

民國67年，一向健康的阿公突

◎廖隨就讀三高女時，練習彈琴。

◎民國30年阿媽與大姑、三伯、爸爸攝於家中大廳前走廊。

◎民國16年左右，阿媽與她的陪嫁Ｙ頭賞仔阿姑。

◎民國60年阿公林波、阿媽廖隨合照於老家廳堂前。

然過世，阿媽精神上似乎跟著崩潰，再不是精明幹練的長者，像小孩子一樣需要哄著、照顧著，六年後阿媽過世。老家廳堂條案上有一考究的屋形銅鐘，據說是當年阿媽的嫁妝，轉緊時鐘背後的發條，70年的老鐘，仍滴答滴答沈穩地響著。

林廖隨

性別	女
年齡	四十四
籍貫	臺灣省雲林縣
職業	家庭管理

履歷：臺灣省立臺北第參高等女子中學畢業
雲林縣莿桐鄉婦女會理事長
雲林縣莿桐鄉婦聯會主任委員
莿桐鄉調解委員會委員
莿桐鄉自衛隊副隊長

政見：一、提高婦女的政治意識
二、加強婦女服務機會
三、舉辦托兒所
四、徹底實行男女平權

林廖隨

今年五十三歲，臺灣省雲林縣人，現住在雲林縣莿桐鄉莿桐村中正路三十八號，十九歲時結婚，臺北市第三高等女子學校畢業，曾任西螺國校教員，且曾經營順安堂藥房。曾任莿桐鄉婦女會理事長，及調解委員。現任婦女會理事。女士丈夫初為國校之訓導主任，生活情況尚佳，婚後經營一四百甲大農場協助會計，現為順安堂藥房經理。女士教育子女甚嚴，工忙之餘督促兒女讀書上進，有子女六人，四男二女，長男現為一裝藥商，次男為教員，三男、四男現均在高中肄業中。長女、次女現出嫁，均受良好教育。女士為一篤誠佛教徒，任職婦女會，為人服務極熱心，調解糾紛亦甚努力且有耐心，領導敬軍勞軍均極有成就。

◎民國51年當選第十屆臺灣模範母親。

警察爸爸林英治

每每我在外，
見到值勤中的警員，
內心總有份親切感，
隱約看到爸爸林英治的身影……

我的爸爸是警察，從我未出生時，我的爸爸就是警察。

爸爸警校剛畢業時，分發在南投縣廬山山區裡，由於當時交通不便，長時期在山裡，倒學會了山地話。

於是，南投縣成了爸爸的第二故鄉。山裡警民關係融洽，

每調職至一地總能結交一群鄉親好友，及至又要輪調，大家均依依難捨，人情味的濃厚、感情的真摯，是最大的收穫。

即使不住山上了，山裡村民仍會上家裡坐坐，帶些山產或自製的茶葉。於是我總知山裡時鮮蔬果，總能喝到好水好茶。這樣的警民情意，遠非金錢物質所能衡量。

每見報紙上

◎民國49年，就讀警校的爸爸，回莿桐過年，穿學校制服攝於老家庭院。（上圖）

◎民國62年，於南投縣鹿谷鄉山區執行「山地清查」任務。（下圖）

◎爸爸就讀於虎尾中學時帥帥的學生照。攝於民國四十二年。

◎民國54年，攝於南投縣仁愛鄉霧社白蘭飯店。

警民關係衝突惡化、警察形象毀損、士氣低落，總想到我的爸爸是警察，更想及山上村民的樸實、善良，使我相信：警民關係原是可以融洽親切如一家人的。

爸爸一輩子只是一基層警員，卻樂天知命、安分守己，通達人情義理，兢兢業業於其崗位上，辛苦勤勞仍無怨無悔。每當有人批評警察之種種不是，我總想及深夜仍在外頭，風雨無阻值勤的爸爸，也想及山上鄉親的溫情厚意，教我感受人與人間的溫馨善意。

◎趁爸爸退休前，幫他拍了張照片留念。攝於民國85年。

◎民國54年，攝於南投縣仁愛鄉瑞岩派出所。

◎自85年10月1日退休後的警察爸爸，開心耕耘一方菜園。

人生有樂地

一日由台北回竹山，爸爸至車站接我，一見面即喜孜孜地說：「家裡後邊田地，自己種的菜足夠家裡吃用，還可贈鄰居，現在媽媽不用買菜，自己種的菜新鮮又沒農藥。」

自警察工作退休前，爸爸沒拿過鋤頭，也沒種過菜。才不過二個月，卻已同土地打成一片。鄉下屋後有一片田地，地主是鄰居一位老農夫，種了一輩子的田，知道爸爸退休了，慷慨讓出菜園裡三畦地，邀爸爸一起「耕耘」。

於是爸爸從頭學老農，鬆土、撒種、施肥、澆水，拔草、抓蟲子，每天一大早即忙不迭地至田裡照料磨蹭一番，遇不懂的地方，便請教老農夫，甚至打電話問外婆。不多時爸爸的菜園，竟也一片綠意盎然，有意思極了！

彷若同菜蔬一同休養了生息，爸爸臉上的氣色顯得紅潤有精神。一方小小的菜園，每日冒出新芽，照顧的人心底也隨之迸出生命力，恢復了生機。爸爸心裡不時打算著：該依時序種些什麼！

一天清晨特地起個早，去欣賞爸爸那一方菜園，見爸爸正將一旁的荒地又拓出一畦菜園，並在其上大作文章，十分開心似的。菜園和著清晨的露珠兒，沐浴清新陽光中，是爸爸退休後的娛樂及功課。

◎民國53年，爸爸於馬祖當兵時，在雲台山彈吉他唱歌。

新娘子媽媽 王淑美

我的媽媽王淑美
每次回莿桐，故鄉的人
就喊：新娘仔返來啦！
即使她早已是二個孩子的
母親了。

故鄉的鄰居一直稱媽媽為新娘子，即使新娘子早已是二個孩子的母親了。彷若時光一直停留在媽媽初結婚時的那本舊相本。相本裡有媽媽的娘家，外婆、外公、阿姨、舅舅，學生時代與好友郊遊的照片；還有爸爸年輕的身影，以及訂婚、結婚時的相片。寶藍色的絨布外套裡，每頁均有多年的情意在裡頭。

婚後的媽媽心滿意足，心甘情願地守著這個家，收藏了自己的興趣、盼望、脾氣、青春，總以先生、兒女的喜為喜、悲為悲，自己的事兒，可全不在意。在外的我們打電話回家，總有媽媽接聽，必問在外可穿暖吃飽、照顧好身體？隨時回家，必備所喜之吃食，總將家裡打理乾淨、收拾妥當。媽媽自己好像生了根走不開家裡，卻給我們每個人自由。

媽媽嫁妝裡有一只皮箱，箱裡有幾張紙片，是媽媽記錄弟弟及我小時候的一些事：體重幾公斤、開始長牙、會爬會坐、牙牙學語、學走路，洗澡、睡覺的情形，脾氣、喜好，甚至於何時會唱歌、吹口哨、演布袋戲……。亦留下了我們初學阿拉伯數字的紙片。

小時候同弟弟穿一樣的衣服，玩相同的玩具，吃一樣好的食物，一樣的呵護……。長大後，一切境遇的不同，或是

◎爸爸林英治拍媽媽王淑美幫弟弟林信昌洗澡，右邊為作者三歲時。約攝於民國60年。

◎打開寶藍色相本的第一頁，第一張照片就是外婆鄭月娥，還有媽媽從小至結婚的照片。

由於性情上的趨向，或是意志上的選擇，或是用心不用心的原因，使得兄弟情況相去甚遠，然而媽媽的愛心還是一樣的。一切境遇，成為沒什麼好說的，畢竟媽媽給了我們一片天是相同的、無私的、全然的，也是無二、無悔的。那一片天仍存心中，寬廣無雲。

有一天夜裡媽媽打電話告訴我：「人生已然很現實了，若你的想法和作法亦很現實，那真是可悲，幫助過你的每一個人，都是你的恩人，若他們有什麼需要幫忙，你都該義不容辭。」

人生有起有落，管他外面降冰雹或下大雨，只要家裡有媽媽的溫暖，我永遠是幸福的孩子。

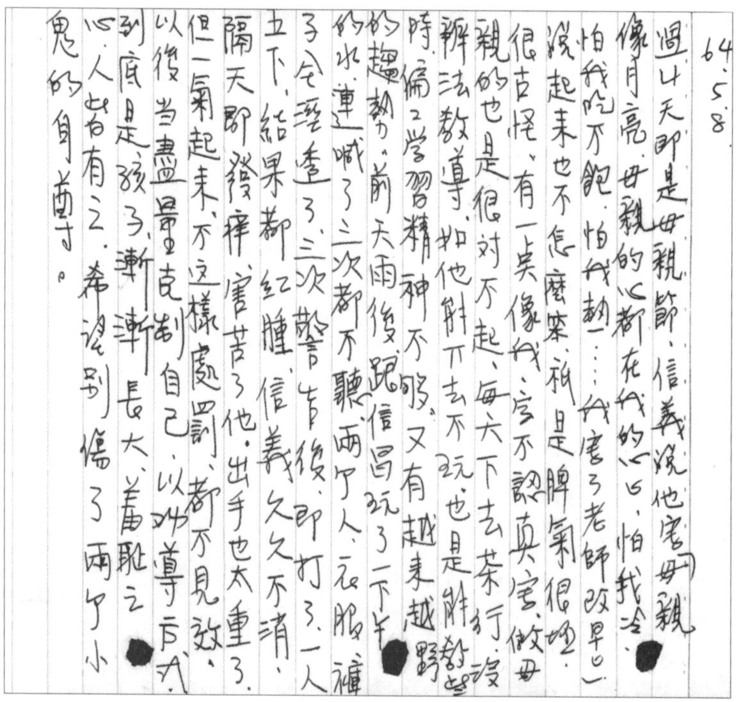

64.5.8
過4天即是母親節，信義說他害母親
像月亮，母親的心都在我的心上，怕我冷、
怕我吃不飽，怕我熱……我害了老師改早上
說起來也不怎麼架，祇是脾氣很壞。
很古怪、有一点像我，它不認真寫，做母
親的也是很对不起，每天下去茶行，沒
辦法教導，如他斜下去不玩，也是許多
時偏偏學習精神不够，又有越來越野
的趣勢，前天雨後跑信昌玩了一下午
的水，連喊了三次都不聽，兩个人，衣服褲
子全溼透了，三次警告後，即打了三、一人
五下，結果都紅腫，信義久久不消，
隔天即發癢，害苦了他，出手也太重了，
但一氣起來，不這樣處罰，都不見效，
以後当盡量克制自己，以好導方式
到底是孩子，漸漸長大，羞恥之
心，人皆有之，希望別傷了兩个小
鬼的自尊。

◎ 民國77年，我拍媽媽王淑美。（上圖）
◎七歲時，媽媽在紙片上記錄我生活的種種。（下圖）

看！我們家族闔家紀念照！

家族裡的人要聚在一起拍張闔家紀念照，越來越不容易，我決心去查這張攝於老家廳堂前的家族紀念照，拍攝時間及裡頭不認識的人是誰？並且衷心盼望家族裡的人能再有機會在老家合照一張相。

看看照片裡頭的人是誰呢？

屘姑婆林灼與丈公黃鐮松仔細端詳照片裡的人是誰，並且回想是哪年回老家時所拍的，看到一些忘了名字的孫輩，馬上撥通電話給住在台中的四姑婆林枝。

◎86年8月13日攝於台北屘姑婆家中。

◎四姑婆林枝與大姑姑林久美相見歡，攝於台中四姑婆家中。

◎大姑姑林久美與三伯父林英勝看照片。86年8月7日攝於台中三伯父家中。

◎ 我問出了照片裡的人及拍照時間，並在紙上記下親戚的名字和怎麼稱呼大家。

家人的話

啊！我思念的故鄉—四姑婆的信

謝謝你寄來寶貴的記事—《莿桐最後的望族》，這本記事我很喜歡，一定好好保存起來可給我的子孫看，這歷史的記事只有如你這樣念舊感恩的精神才能完成。很高興我最敬愛的父親林本的後代，有這樣優秀的人才，使我很驕傲，也替你父母親高興，有這樣肯努力的好兒子，你的成就就是他們養兒的辛苦中，得到的最大安慰。

看這本《莿桐最後的望族》裡，詳細的調查先祖的姓名、事業等，你努力的足跡表現在每一頁的記事中，要追蹤這種種，一定費了很多的時間、精神和心血，你的辛苦和精神，實在很感動我的心，也深深的恭禧你！

作品中，有我的黃金時代，少女時的幸福和喜樂的鏡頭，使我無盡地懷念在心頭，我對著這本記事微微地笑著又暗暗地流淚，思念我的父母親，他們給我的慈愛，永遠在我心中，還有我們彼此相愛的兄弟姊妹，過往快樂的日子，常浮現我腦中，使我無盡地思念。

故鄉，那裡有我住過如皇宮般的大厝，我睡過的搖籃(在那裡搖了幾十萬次)，我的房間仍在，但是我昔時使用過的東西都不見了，父母兄弟遠離了，從前幸福快樂的日子，隨日月川流失去了，轉眼我已變成八十幾歲的白髮老人了。啊！我思念的故鄉。

想起我的故鄉莿桐，八十年前有一棵樹—林本，又大又高又廣，粗獷的樹枝伸出四方，樹葉旺綠、茂盛無比，這大樹庇蔭了成千的親人與鄉民安安穩穩快快樂樂的生活，如今卻只能空留回憶。幸好上帝賜了春天的禮物，肥美的土地，從深深的地下發出薪芽來了。樂哉！今天在離開莿桐約六十年後，能看到這本記事，心裡感到莫大的欣慰，願我們的家族，一代接一代永遠生生不息。

林枝(四姑婆，83歲)

老家芒果樹下的咒語—三伯父的信

11月4日接到賢姪林保寶，寄來的《莿桐最後的望族》一冊。從一年多前，他好幾次來我台中家裡，將過去家裡的生活照片，一再拿去台北，用很專業的技術翻拍，也可以說我有一點親自參與的感覺，所以當天下午接到《莿桐最後的望族》後，便等不及，一直看到深夜，隔日還一大早起床，看到中午過後，才初步將相片、記事，與他的工作日誌看完。

如奚淞說的：「人總是容易忘記自己最初的感動」，這感動被時光埋葬，已有四、五十年了，這一次賢姪再把感動的漣漪，推波動浪。從相片與記事中，我好像重新走過時間隧道，以往童年憶事，歷歷在望。印象深刻的是以前老家院子裡有二棵土芒果樹，長得很大棵，要爬上去採芒果並不簡單，我們六個兄弟姊妹要芒果掉下來，每個人還有每個人的咒語呢！「風吹芒果斷偎，風透芒果落來」，在老家的芒果樹下，用咒語唸唸有詞，碰巧芒果掉下來，幾個孩童搶成一堆，每個人都說芒果掉下來，是因為他念的咒語，回想起這場面真是有趣。

最讓我感動的是先祖當年墾荒的情形，將海埔新生地，加以抽水、造渠等地質改良工作，並四處廣招有耕作能力及興趣者，從事農事拓展工作，有如美國西部拓荒者那樣的的精神。

在此特別感謝賢姪，不計個人一切，堅持在一年內完成家族史跡的田野調查、收集工作，並訪問家族中八、九十歲以上的族親及鄰居、朋友，再經過濾、證實，整理成此數萬言及無數珍貴富有歷史意義的家族興衰史，可使後代子孫永久懷念與警惕世事多變，每人必須身懷一技之長，在此新舊交替的時代中才不會被淹沒。

林英勝(三伯父，60歲)

樹影再長也離不開樹根—大堂哥的信

看堂弟林保寶整理撰寫的《莿桐最後的望族》一書，親情、鄉土情，交織成一片片永恆的回憶，心中很受感動。書中有著太多我應該知道，卻矇然不知的事物，也使我更瞭解自己的「根」。

我一直都不相信鬼神之說，唯有一事，至今仍令我納悶：我是阿公的長孫，因此從小阿公就最疼我。民國67年，我在澎湖服預官役，有一天傍晚，好好的身體，突然覺得很煩悶，一直很想回家，於是就請了假翌日搭機返家。甫入門，媽媽即訝異地問我：「是誰通知你回來的？」我答：「沒有呀！什麼事啊？」然後，媽媽才黯然地告訴我：「阿公昨晚仙逝了！」我愣住了，難道親情的感召真能跨洋越海、無遠弗屆，甚至於超越時空？

我欣慰林家有人及時出來整理此書，使地方人更知地方事，也令後代子孫，更瞭解先人胼手胝足、篳路藍縷之事蹟。每個人都是一本書，每本書都是一個傳奇，而每個傳奇都值得一讀再讀。在人生的邂逅中，我以身為林家人為榮。看著先人的照片與史料，勾起我幾許的回憶與感觸，縱使由燦爛走向平淡，風乾的記憶依然常駐心頭，雖說成、住、壞、空，本是無常，但也期望在未來，林家人能將祖先的奮鬥精神發揚光大，再創一片天。

林志生(大堂哥，40歲)

我追尋自己家族史的心情

【我追尋自己家族史的心情】裡幾個小篇章，
是我個人尋根之旅中，與整個家族歷史初次碰觸所產生的
心情、新鮮的感覺與引發的興致之記錄。其中竟充滿歸鄉的喜悅，
尤其在理性的查證工作遇困頓時，一些發現、認識與瞭解更憑添無窮趣味。
使我瞭解人終不能自外於家族而成為人，血緣的親近總有脈絡可循。
自己的家族史，自己追尋，感性的接近中
自有一種特殊況味。

家族合照

姉上の首途

有傳・無傳

一直以為結婚、生小孩與否，既是機緣亦是很個人的選擇。

後來在族譜「林漳盛系統圖」裡，見到許多人名字下面，括弧註記〔無傳〕。無傳的下方就再沒有任何一個名字出現，斷了！也就是說無傳者的香火斷了，沒有子孫會去掃你的墓，拿香祭拜你，生前一切的事業，亦就此打住。

從前人似乎非常在意這回事，所以即使自己沒有親生子嗣，也要向家族裡其他房的人分養男孩，甚至於已親生了好幾個小孩，還要再分養幾個，親族間彼此分養小孩的情形相當普遍。我的曾曾曾祖父林壽，有六個兒子，曾曾祖父林良排行第五，族譜上記載也有六個兒子，聽說就是生三個、分養三個，共成六房，因此人稱林家「上六房、下六房」。

人丁興旺，就是家道興旺

從前醫藥衛生情況較差，人容易殤逝，普遍每家至少生二個男孩較保險，生三個、四個也不算多。如果家裡又添了個男孩，便是天大喜事，例如四房的林本生了四子林木河，那時經濟情況正好，歡天喜地在家中大庭請人來搬戲，足足演了一個月，後來林木河過繼給六房林文。

後繼有人才有希望

不管是寡母孤子或兄弟數人來臺，先祖當年一定沒想到日後會繁衍成枝繁葉茂的一大家族。

「不孝有三，無後為大」，又說「多子多孫，多福壽」，怎麼說「無傳」似乎都說不過去。只是時代否變，「男孩女孩一樣好；二個孩子恰恰好」，都已落伍，新新人類是不考慮這些的。

就我而言，整理好家族史，不讓家族繁衍發展的歷程淹沒，就是一種「有傳」。

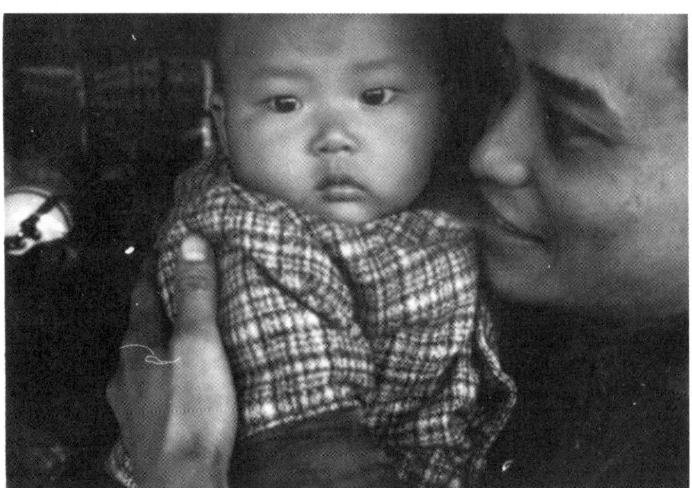

◎爸爸林英治與我。

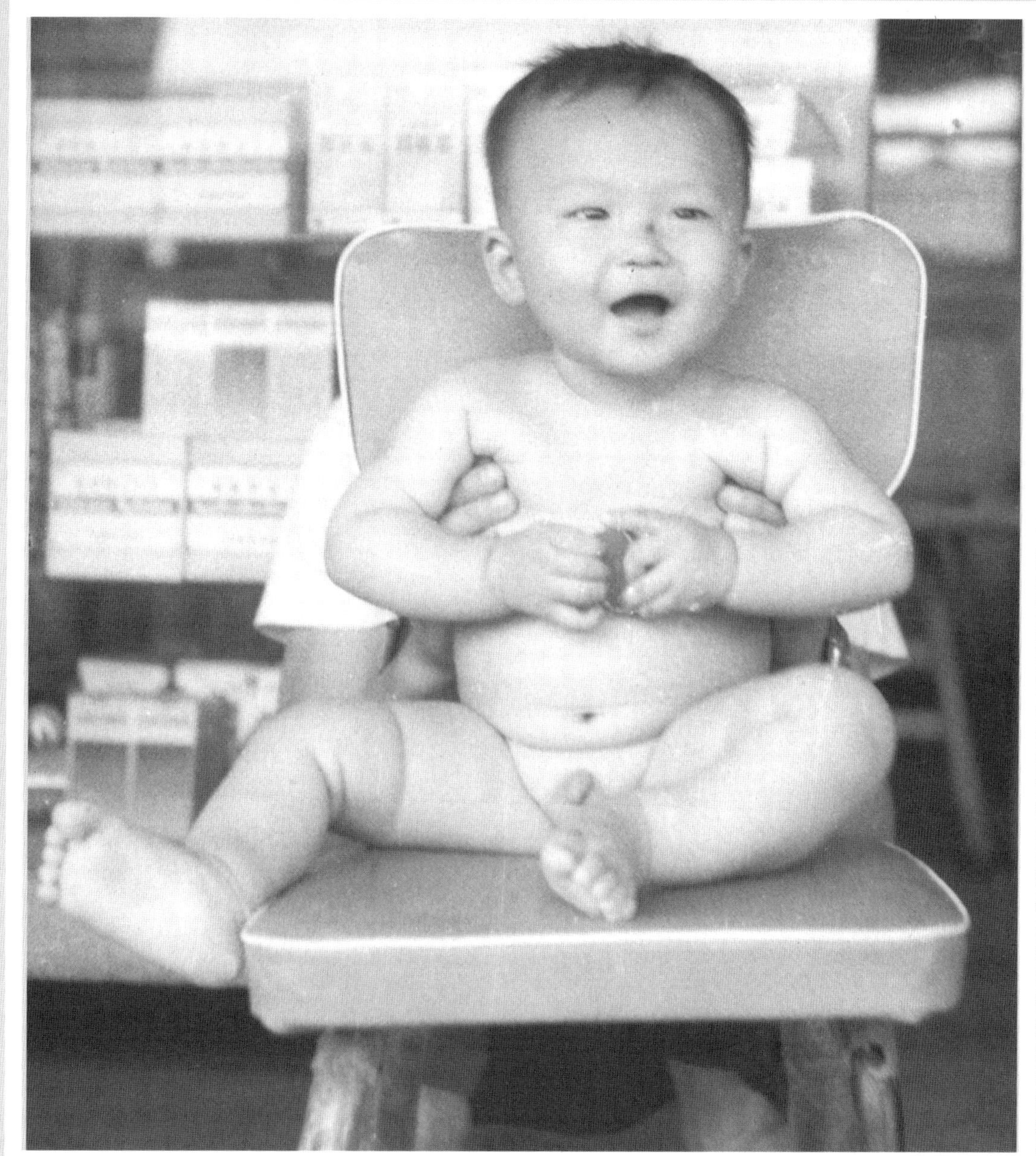

◎看這張小時候的照片，更有意思的
是背後扶持著我的那雙手。

懷念老家的庭院

莿桐人稱林本家是「大厝內」，民國初年建成至今，已歷六代人來來去去，關於老家的種種，大家最難忘的還是廳堂前一片廣闊的庭園，永遠存著兒時遊樂的鮮明記憶。

◎老家廳堂前，有一片寬闊的庭院，院子裡的草木，是家族裡每一個人兒時的記憶。

阿姐回來了！

說起老家，今年83歲的四姑婆林枝，回想起六十多年前，她就讀於台北第三高女，放寒暑假才回家的情景。「家裡門口埕很大，一到門口兩個妹妹就用跑的來接行李，那情景我常常想起。有一首歌，歌名叫做『他鄉之月』，大意為：父母很高興，阿姐回來了！阿姐回來了，弟妹跑出來，今天很高興，回到自己的家，一醒來才知道是夢。二、三年前，你的歴姑婆買了一架電子琴送我彈，現在我常常彈那首『他鄉之月』。一講起這首歌，就想及小時候你歴姑婆跑來接我，眼前浮起她那剪得短短學生頭的影子！」

◎日治時代廳堂條案上，左側是公媽龕及一銅鐘，皇民化時期中間擺日照天人神位，右側則置花瓶。約攝於民國30年。

夢見回老家……

歴姑婆林灼說：「她們三個姊妹，都是自廳堂邊的房間嫁出去，婚後不論是在日本或是宜蘭，常常夢見老家，在老家的埕裡走。老家的埕裡很寬闊，收成時常有人家來借埕裡曬稻穀。埕的前面是院子，以前院子一直到現在中正路上都是，莿桐國校對面那一排屋子全是院子，種了很多果樹，家裡的馬綁在一棵酸楊桃樹下。」

談起老家，像在說卡通

大姑姑林久美，今年67歲，她笑著回憶小時候：「那時親族眾多，來來往往，見到親族長輩一進院門，就跑上前打招呼，牽進大廳內，並趕緊準備檳榔及煙捲，有時客人多，光是包檳榔手都酸了。」

三伯父林英勝，今年60歲，他說：「說起以前老家的種種，現在的孩子聽了都覺像是在說卡通。以前院子很寬闊，種了各種果樹，外頭吃的講得出名字的都有，芒果、龍眼、木瓜、桑椹、楊桃……，暑假閒閒的，中午吃飽飯，就爬上廳堂前兩側的龍眼樹，在上面像猴子一樣吃水果，快摘快吃，到下午四、五點才下來。」

◎現在的廳堂條案上擺設十分簡單，只剩下公媽龕，及一香爐，公媽龕據說購自鹿港，精雕細鏤，上頭還鑲金箔。攝於民國86年。

兒時景象鮮明

我的爸爸林英治，今年57歲，他說鄉人以「大厝內」，稱呼我們住在四合院裡有高廣廳堂、廣闊庭院的人家。「正廳前還有二棵芒果樹，颱風天，我們兄弟立於樹下，口中念念有辭：

◎每年清明掃墓，墓地祭祖後，還要在廳堂裡清香一柱，祭拜公媽龕裡林家的列祖列宗。攝於民國86年。

◎廳堂的大門是活動的，遇婚喪喜慶時，廳堂便成一開放的空間，通內外天地。攝於民國33年。

『拿椅子疊桌子，拿石子擲芒果，擲到人家的小孩子。』當時才8、9歲，但兒時景象鮮明。」

我的表叔公廖裕堂，今年92歲，他說他小時候，家裡正在起大厝時，他們都拿自福州杉刨下的木屑，當玩家家酒時煮的麵。

正廳裡的對聯

「世上幾百年舊家無非積德，天下第一件好事還是讀書。」林衡道先生曾在民國70年1月，到莿桐進行田野調查，後來寫了篇『莿桐風光』發表在《臺灣文獻》上，文章裡頭提到他在中正路160巷3號林家三合院老宅，看到正廳裡足以令人注目的壁畫及一副對聯。林衡道先生所提到的有壁畫林宅，是林本的弟弟林芳住宅。

民國86年5月29日，我去尋訪這副對聯，它仍安在。幾百年舊家不容易，要能知書達禮也不容易，這副對聯是很好的提醒。

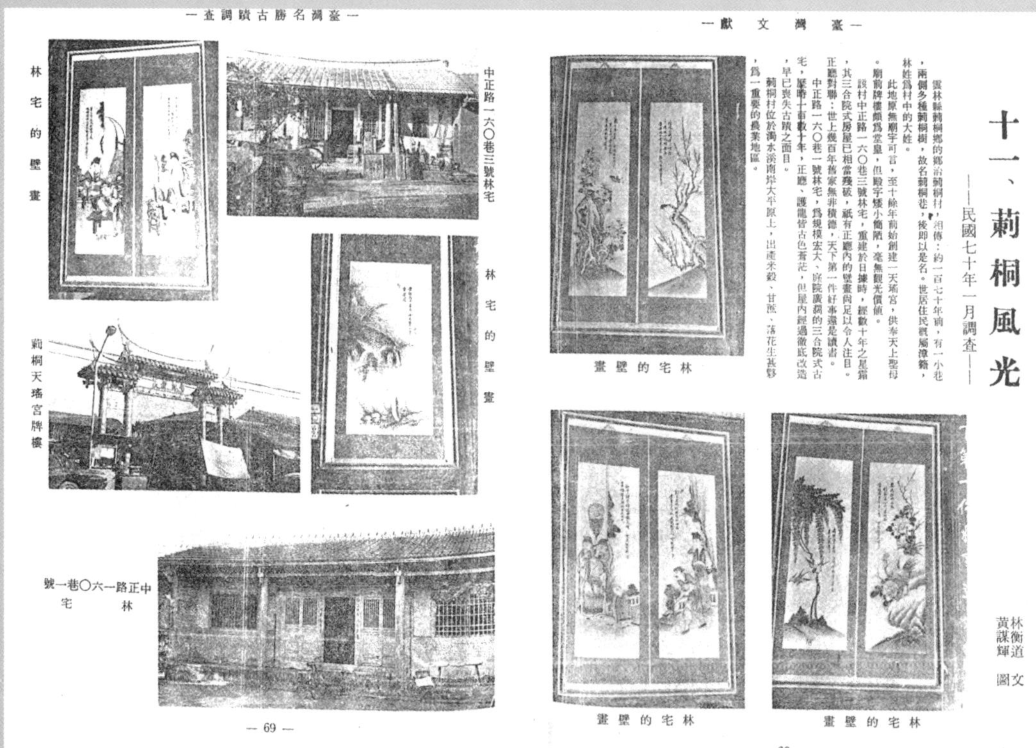

—臺灣文獻—

十一、莿桐風光

——民國七十年一月調查——

林衡道 文
黃謀輝 圖

雲林縣莿桐鄉的鄉治莿桐村，相傳：約一百七十年前，有一小巷，兩側多種莿桐樹，故名莿桐巷，後即以是名。世居住民概屬漳籍，林姓為村中的大姓。

此地原無廟宇可言，至十餘年前始創建一天瑞宮，供奉天上聖母。廟前牌樓頗為堂皇，但殿宇矮小簡陋，毫無觀光價值。

該村中正路一六〇巷三號林宅，重建於日據時，經數十年之星霜，其三合院式房屋已相當殘破，祇有正廳內的壁畫尚足以令人注目。正廳對聯：世上幾百年舊家無非積德，天下第一件好事還是讀書。

中正路一六〇巷一號林宅，為規模宏大、庭院廣濶的三合院式古宅，歷時一百數十年，正廳、護龍皆古色蒼茫，但屋內經過徹底改造，早已喪失古蹟之面目。

莿桐村位於濁水溪南岸大平原上，出產米穀、甘蔗、落花生甚夥，為一重要的農業地區。

林宅的壁畫

林宅的壁畫

林宅的壁畫

— 68 —

—臺灣名勝古蹟調查—

林宅的壁畫

中正路一六〇巷三號林宅

林宅的壁畫

莿桐天瑞宮牌樓

中正路一六〇巷一號林宅

— 69 —

林姓公廳

聽說以前林本家族在埔仔有一「公廳」，今年75歲的林旺條，小時候就住在埔仔的公廳裡，他回憶小時候通公廳的路都排唐山石，據說是排龍脈，日治時期公廳倒下後未再修復。我聽了後覺得十分可惜，心想如果還在的話該多好！

◎位於西螺鎮東興里的林姓公廳建築保存十分完好。攝於86年5月27日。

林有香今年89歲，原來是莿桐新庄人，民國74年9月時曾編了「林家家譜」，據西螺德港林氏家譜記載：「康熙中寒福建省漳州府詔安縣德港鄉之林朴素，入墾西螺鎮下埤頭垻。」林有香說西螺鎮東興里從前就叫下埤頭垻，有一林姓公廳。

我找到了東興里47號的林姓公廳，第一眼就覺它很氣派，進入其中更驚訝它的建築保存十分完好，公廳名「忠孝堂」。

登堂入室之前，門楣上寫著「福潮兮萬派總是同源」。

進入「忠孝堂」，條案前的方桌上擺著一副孔子像，祖先牌位旁的對聯為：「溯源流於九牧冠裳永在 合閩粵為一堂廟貌長新」。

找到的雖然不是林本家族埔仔的公廳，但西螺鎮東興里47號的林姓公廳「忠孝堂」，仍讓我見識了林姓一家公廳的慎終追遠與恢弘氣象。

◎走進氣象恢弘的「忠孝堂」，深切感受到慎終追遠的心意。

一套禮服傳三代　四場婚禮好風光

昭和二年(民國16年)，阿公結婚時，阿祖林本訂製了一套燕尾禮服，莿桐人稱是「狗尾仔裝」，據說在當時全莿桐只有林本才有得穿，阿祖特地在老家屋後拍了張照片留念。

昭和五年(民國19年)11月26日，阿公林波與阿媽廖隨，代表阿祖林本在日本領獎時(農事改良獎勵及實行)，穿的就是阿祖那套燕尾服。阿公阿媽於日本接受表彰時，也拍了張照片留念。

看老照片時，我一直沒察覺，這套燕尾服，阿祖、阿公均穿過，一直到今年9月24日，我到台中三伯父林英勝家中借老照片，三伯父見了民國51年4月10日他的結婚照時，忽然說：「當年結婚時穿的禮服，你阿祖35年前穿過；阿公32年前也穿過；大伯父、二伯父結婚時穿的也是這一件。」我才恍然大悟，這一套燕尾禮服真有歷史，更具家族傳承的情感。問爸爸林英治為什麼結婚時沒穿它？爸爸說他可不喜歡有尾巴的新郎服。時至今日又恰逢35年，這套大禮服也已不知哪裡去了！

◎民國五十一年三伯父結婚時，還是穿著這套不退流行的禮服。

◎阿祖林本為了阿公的婚禮，訂製了這套禮服。三年後，阿公穿著阿祖的這套禮服，赴日本領獎。

生命的擴展與延續

在進行《蒳桐最後的望族》研究調查計畫之前，我知道的祖先與認得的親戚，不外三位伯父、二位姑姑及其家人；掃墓時祭拜曾祖、阿祖、阿公，及附近幾處已合葬在一起的祖先。近三十年來一直如此。

然而隨著調查工作的進行，才知道台北有位92歲的表叔公、74歲的屘姑婆；台中住著83歲的四姑婆，並知道了五姑婆人在紐約。一一拜訪了他們，即使從未碰面，但只要一見了面，同是一家族裡的人，總是分外親切，可以談許多家族裡人共同的記憶。

才知道蒳桐村裡林姓人家，幾乎家家與我有親戚關係，翻對族譜，總可以在族譜一支裡找到共同的源流。一村的人與我有親，這感覺是活在世上怎麼會孤單呢？

談起蒳桐林家的過往，大家感嘆：「全散散去了！」，然而我卻在【尋根之旅】整理自己家族史過程中，真切感受了生命不可替代的擴展與延續，親族的感情即使日趨隱淪，仍情牽一線間。

◎今年74歲的屘姑婆林灼，興味盎然地觀看她的姊姊林耀(我的五姑婆)，於昭和十五年(民國29年)結婚時的照片。親族的感情是歲月永難抹滅的。（攝於民國85年）

阿公作的詩

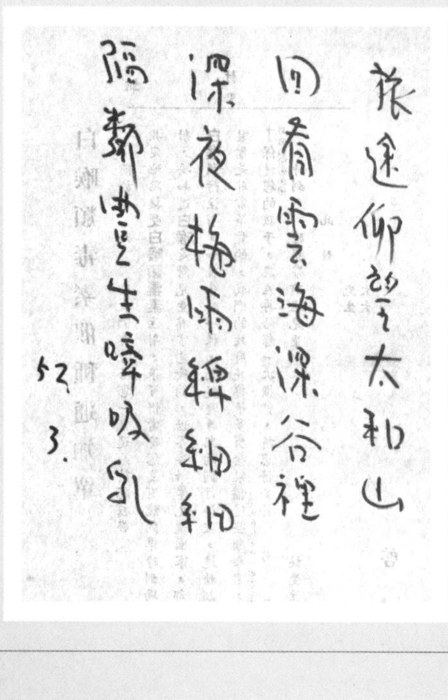

旅途仰望太和山
回看雲海深谷裡
深夜梅雨綿綿細
隔鄰豐生啼吸乳
52 3.

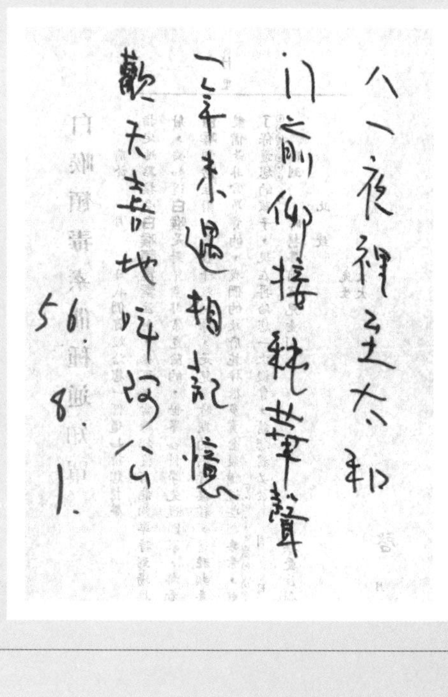

八一夜裡至太和
門前仰接純華聲
一年未遇相記憶
歡天喜地叫阿公
56 8 1.

◎三伯父林英勝一家人，曾在民國51年至61年時，住在阿里山太和村，經營藥房生意。阿公林波每年至少都會上山一次，看看他的孫子豐生與純華。這二首詩作於民國52年及56年，阿公隨手記在藥房用紙片背面，「一年未遇相記憶　歡天喜地叫阿公」，自然流露著阿公對孫子的疼愛與思念。

四代兄弟

◎堂哥堂姐們。

◎堂哥林志生、林志銘與梅姑姐。

◎兩個姑姑、三個伯父與爸爸。

◎我與弟弟林信昌。

我的七個姪子。

◎阿公林波與叔公林木河。

◎眾堂哥與我。

大年初三兄弟會

去年過年老二堂哥林建能開玩笑地說：「每年大年初二，太太都要回娘家，我們七個堂兄弟是不是在大年初三，也來個兄弟會，這樣才公平。」他認為時代社會進步，平日大家各忙各的事業，雖然彼此是堂兄弟，但一年裡實在難得能碰面，只有過年期間，大家都休息回故鄉，堂兄弟至少應該一年聚會一次。

「小時候大家一起玩，感情很不錯，堂兄弟是很親的。」47年次的老二哥哥經營鞋業生意有成，他又說：「儘管社會變遷很大，同一厝內出來，路上相遇不相識說不過去，不如這樣吧，今年先熱身，明年起每年由大至小七個兄弟，七年輪一次做東。並請屘叔仔當兄弟會的首席顧問。」

親情無價

向來幽默風趣的老三哥哥林建誠，說起「兄弟會」一改平日輕鬆詼諧的語氣，正經八百的說：「兒時的玩伴，最是天真純樸，長大後個人有個人的家庭、事業，不論如何，總不要忘記自己的根本，不要忘了自己是誰。」老三哥哥語出驚人地又說：「再多的金錢，不能換親情。」

今年大年初三的兄弟會，就是由大堂哥做東，到南投縣溪頭請了兩桌。大堂哥林志生，46年次，在故鄉雲林縣莿桐鄉莿桐國小當總務

◎ 攝於民國八十六年農曆大年初三。今年兄弟會由大堂哥林志生做東請客，明年起由大至小七個兄弟輪流做東。

◎今年頭一次舉辦的兄弟會，熱鬧非常，攜家帶眷，共有25個人參加，意義遠超過七個堂兄弟的聚會而已。

主任，他認為「兄弟會」的用意很好。「第一、狹義的來說：堂兄弟間，每年可以聚聚、聊聊，是一互動的團體，生活、事業上的心得可以彼此交流，互相幫助成長；廣義的說：讓家人太太、小孩也一同參加，增加家族成員間彼此認識的機會。」大堂哥說：「更溫馨的是聚會裡還請尪叔仔（林英治）當首席顧問，尪叔仔對我們長大的過程十分清楚，我們對他尊敬而不畏懼。除了同一輩相聚又有上、下二代人，三代同樂，真好。」

今年的兄弟會熱鬧非常，總共有25個人參加，遠超過七個堂兄弟而已，爸爸媽媽、四位嫂嫂、姑表哥、堂姐及姊夫還有十個小毛頭，席間堂哥們說起他們年少時，有一次到南投縣鹿谷鄉找爸爸，結果吃飯時每個人都喝醉了，不知道怎麼回家的，醒來後還找不到鞋子，讓他們印象深刻，於是舉杯敬他們的首席顧問，我的爸爸，並對我說我有開明的爸爸媽媽，很幸福要珍惜。七個堂兄弟，相差十二歲，算算還有五年才輪到我請客，堂哥們說：「要努力，再來看你的了！」

大堂哥的一封信

家裡舊檜木櫥櫃上有兩口舊皮箱。大年初三兄弟會過後，一日忽然興起，隨意翻看著箱裡的紙片，一張白報紙裡寫著：

「叔叔、叔母及信昌：

謝謝您們的招待，在此打擾了您們兩天，又拿了餅乾和皮鞋，心中感到歉然，又感到十分的感激。記得小時候，叔叔您是最疼我的了，常常帶我去打鳥、捉青蛙，同樣的我也最喜歡和您在一起，至今仍然如此，就以談話來說，在別的長輩之前，我總是沈默寡言，而和您談話時，總覺得很投機。初三時，為了準備聯考，往往讀到很晚，而叔母常在很晚時，送我點心，我知道有很多人在我後面鼓勵我，我不能辜負他們的一番心意，因此更加認真，才能考上師專，如此說來，我能不感謝您們嗎？

信昌，要好好讀書，要聽爸媽的話，不要太頑皮、太固執了，你也告訴哥哥，要他認真讀書，放假時一起回莿桐來，如果爸媽沒時間帶你們回來的話，或許我們會來帶你們的，因為你們的哥哥、姊姊們是多麼的想念你們啊！

愚姪志生敬上　65.2.13」

看了二十年前大堂哥寫的一封信，我忽然明白了「兄弟會」親情中所蘊含的時空因緣，兄弟就是：小時候一起玩耍吃飯，長大後還是要一起吃飯！

大年初三兄弟會，但願年年欣此會！

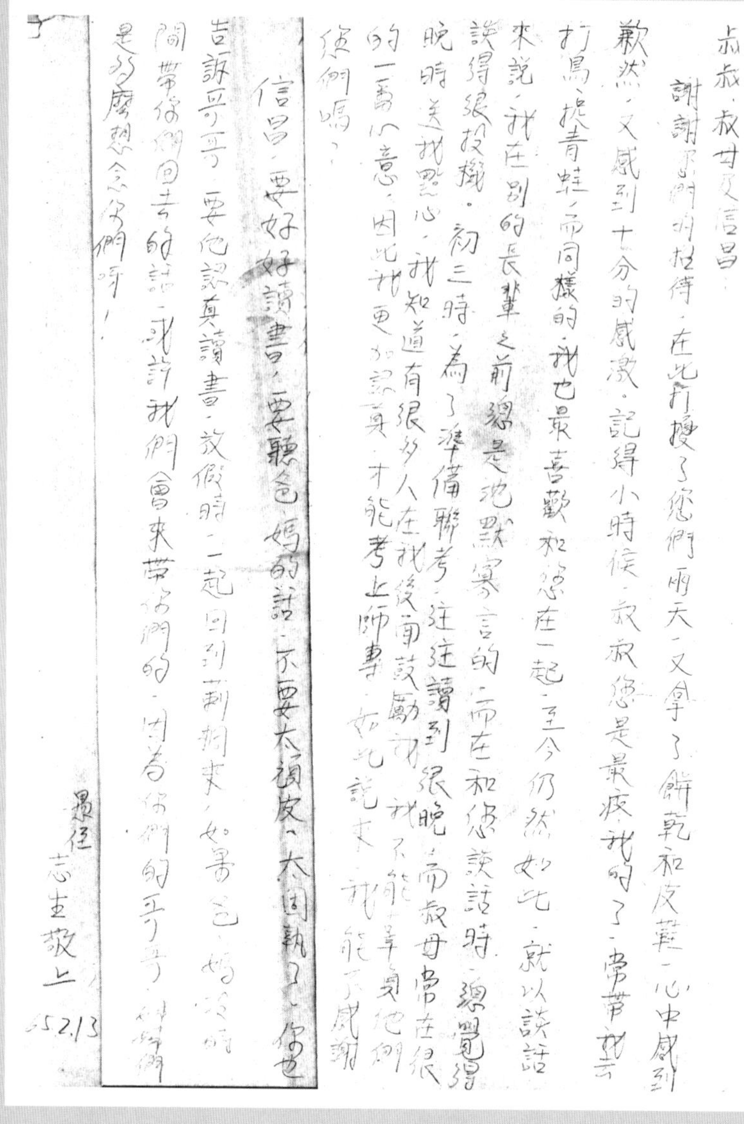
叔叔、叔母及信昌：

謝謝您們的招待，在此打擾了您們兩天，又拿了餅乾和皮鞋，心中感到歉然，又感到十分的感激。記得小時候，叔叔您是最疼我的了，常帶我去打鳥、捉青蛙，而同樣的，我也最喜歡和您在一起，至今仍然如此。就以說話來說，我在別的長輩之前總是沈默寡言的，而在和您說話時，總覺得說得很投機。初三時，為了準備聯考，往往讀到很晚，而叔母常在很晚時送我點心，我知道有很多人在我後面鼓勵我，我不能辜負他們的一番心意，因此我更加認真，才能考上師專。如此說來，我能不感謝您們嗎？

信昌，要好好讀書，要聽爸、媽的話，不要太頑皮、太固執了，你也告訴哥哥，要他認真讀書，放假時一起回莿桐來，如果爸、媽沒時間帶你們回去的話，或許我們會來帶你們的，因為你們的哥哥、姊姊們是多麼想念你們呀！

愚侄 志生敬上

65.2.13

◎民國65年大堂哥林志生以鉛筆寫的一封信，讓我明白了兄弟的意義。

認識我的家鄉

走過先祖開墾過的土地

我的家鄉

雲林縣莿桐鄉是我的家鄉，東勢鄉則是先祖開墾過的土地，以下是這兩處地方過去與現在的簡要介紹……

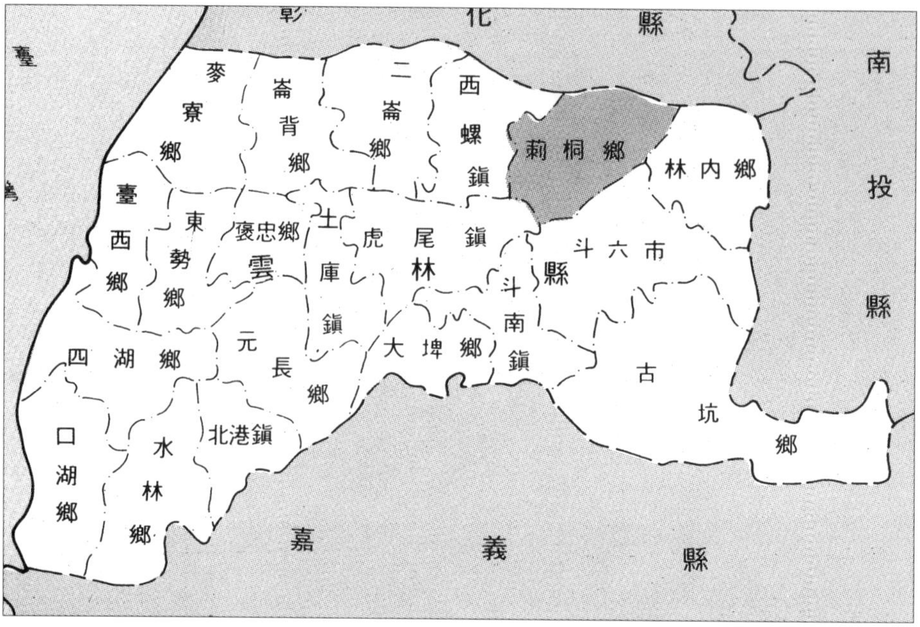

◎您是哪裡人？家鄉在哪兒？對家鄉熟悉或陌生？確認家鄉的位置，看看自己的「根」有多深廣？

我的家鄉一莿桐鄉

莿桐鄉，地處嘉南平原，屬雲林縣，共有14村。古稱「莿桐巷」，地名的由來據說是因從前僅有羊腸小巷相連，巷旁長滿刺桐樹。日治時代開闢縱貫公路，地方日漸繁榮。

目前人口約三萬二千人，北隔濁水溪與彰化縣為界，東連林內鄉，西臨西螺及虎尾鎮，南以虎尾溪與斗六市相隔。東西長12公里，南北寬6公里，地形略屬狹長狀，地勢平坦。總面積為5085公頃。

屬農業鄉，主要農產品為稻米、大蒜。

先祖開墾過的土地一東勢鄉

東勢鄉，位於雲林縣西部，距海約8公里，共有12村。因處於海豐之東、人旺勢振，故名東勢。民國14年，我的阿祖林本集資買下東勢厝一千四百甲土地進行開墾，於民國19年倡議「市街改進方案」，建市街（今東勢東路）號召外地人來經商，不到數年之間，市街繁榮日盛。

目前人口約二萬人，東界褒忠，南接四湖，西連台西，北隔新虎尾西臨接麥寮鄉。地形略屬南北長方形，為砂質壤土之平原地，面積為4011公頃。

農產品以稻米、甘蔗為主。

半世紀的縮影

家中老照片裡除了親族間的紀念照外，還記錄了半世紀來家鄉生活、產業、建築風貌的轉變，透過影像使我對家鄉的過去有了親切的認識。

明治四十年（1907年）

◎7月，林本出品東京勸業博覽會於玉塘，受頒紀念三等賞。此為三等賞賞牌。

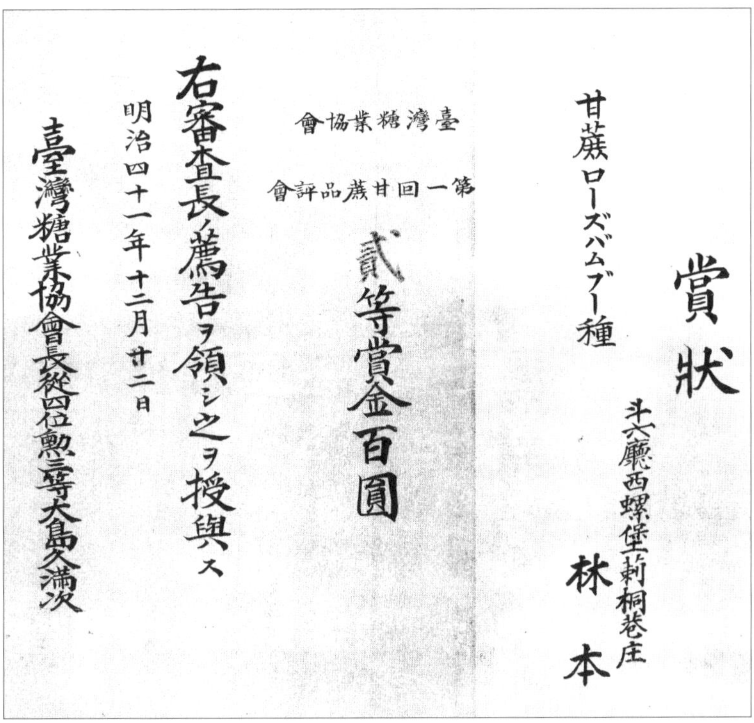

賞狀

甘蔗ローズバムブー種

斗六廳西螺堡莿桐巷庄

林本

臺灣糖業協會

第一回甘蔗品評會

貳等賞金百圓

右審查長ノ薦告ヲ領シ之ヲ授與ス

明治四十一年十二月廿二日

臺灣糖業協會長從四位勳三等大島久滿次

明治四十一年（1908年）

◎12月，林本獲臺灣糖業協會第一回甘蔗品評會貳等賞金百元及賞狀。

有限責任西螺信用組合

拾口

金百五拾圓也

第貳四號

出資證券

組合員 姚加和 殿

大正二年律令第二號臺灣產業組合規則ニ依リ大正六年八月十三日臺灣總督ノ許可ヲ經タル本組合ノ定款ニ基キ此證ヲ作成ス

右出資者ハ本組合ノ定款ヲ遵守シ本組合出資金內拾口即チ金百五拾圓ヲ引受ケタルコト相違ナキ證據トシテ此證券ヲ交付候也

大正　年　月　日

有限責任西螺信用組合

理事組合長 林本

理事 張崇岳

理事 李昭元

理事 廖富淵

理事 沼田長次郎

大正六年
（1917年）

◎8月，有限責任西螺信用組合設立，林本為第一任理事組合長。

大正十二年
（1923年）

◎3月，我的表叔公廖裕堂自樹仔腳公學校畢業，圖為當時畢業紀念照（明治三十九年，斗六公學校樹仔分教場成立）。

昭和初年（約1927年左右）

◎大正十五年，林本集資向海口庄臺灣拓殖會社買下東勢厝農場一千四百甲土地。圖為自設馬達引水灌溉開墾的情景。

昭和五年（1930年）

◎林本於海口庄東勢厝首倡提議「市街改進方案」，將東勢厝一彎曲不整街巷，拓寬改建成整齊劃一、東西橫貫之市街。

昭和三年（1928年）

◎摘蔗葉、砍樹枝為屋頂，以前初來東勢厝開墾真艱苦。以稻草、甘蔗蓋屋頂，竹管子加土坱。以前人窮，蓋房子全都是自己的工。屋前「古亭畚」為儲存作物之倉儲。

昭和七年（1932年）

◎莿桐一帶村落稻子收割時，將孩子送到農繁期托兒所，老師教他們唱歌、玩遊戲，還得幫他們擦鼻涕。

昭和九年（1934年）

◎東勢厝開墾時的娛樂一養田螺比賽大小。

昭和八年（1933年）

◎11月，東勢厝信用購買販賣利用組合落成紀念照。

昭和十年（1935年）

◎大日本製糖株式會社增建龍巖工場（今褒忠鄉田洋村），規模設備在當時冠蓋全亞洲。

昭和十五年（1940年）

◎日本皇紀紀元2600年，日人積極推行皇民化運動，鼓勵臺灣人改姓名。照片為海口庄役場，正面懸一布條，上書「……皇紀二千六百年」。

昭和十六年（1941年）左右

◎東勢厝居民在東勢厝街上，列隊歡送被日本徵召的志願軍伕。李柄林手上拿的日本旗子寫著「必勝」。

◎濁水溪大水，莿桐庄民趕製石籠。沒做護岸前遇濁水溪大水，溪邊地一塊一塊崩掉，老百姓喊：「哇！這塊值多少錢！幸好後來濁水溪護岸築成，莿桐一帶免驚淹大水。」

昭和十七年（1942年）

◎莿桐通往西螺之道路是當時縱貫路，路面很寬大，常常只見牛車、鐵馬行走，車輛很少。二旁栽種尤加利樹，樹後一整片均是稻田，此段即今日一號省道莿桐、西螺段。

昭和十八年（1943年）

◎2月3日，西螺第十保道路補裝狀況，由庄民挑水、挑沙手工打造。此即今日145號縣道，西螺往吳厝的道路。

昭和十九年（1933年）

◎1月21日，因戰時實施食糧一元化管理，保證責任樹仔腳信用購買販賣利用組合變更為莿桐庄農業會，會址遷至莿桐。

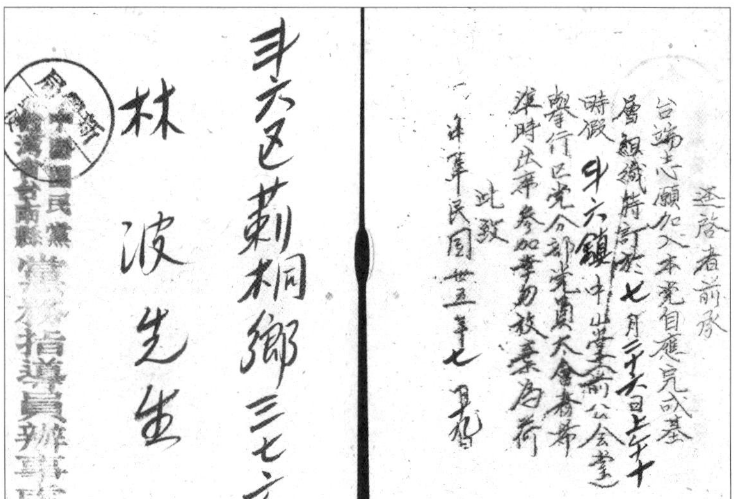

民國34年（1945年）

◎11月11日，國民黨臺灣省黨部開始辦公。民國35年1月7日，臺南縣政府成立。圖為民國35年7月19日，中國國民黨臺灣省臺南縣黨務指導員辦事處，寄發明信片通知志願加入中國國民黨者，出席黨大會。

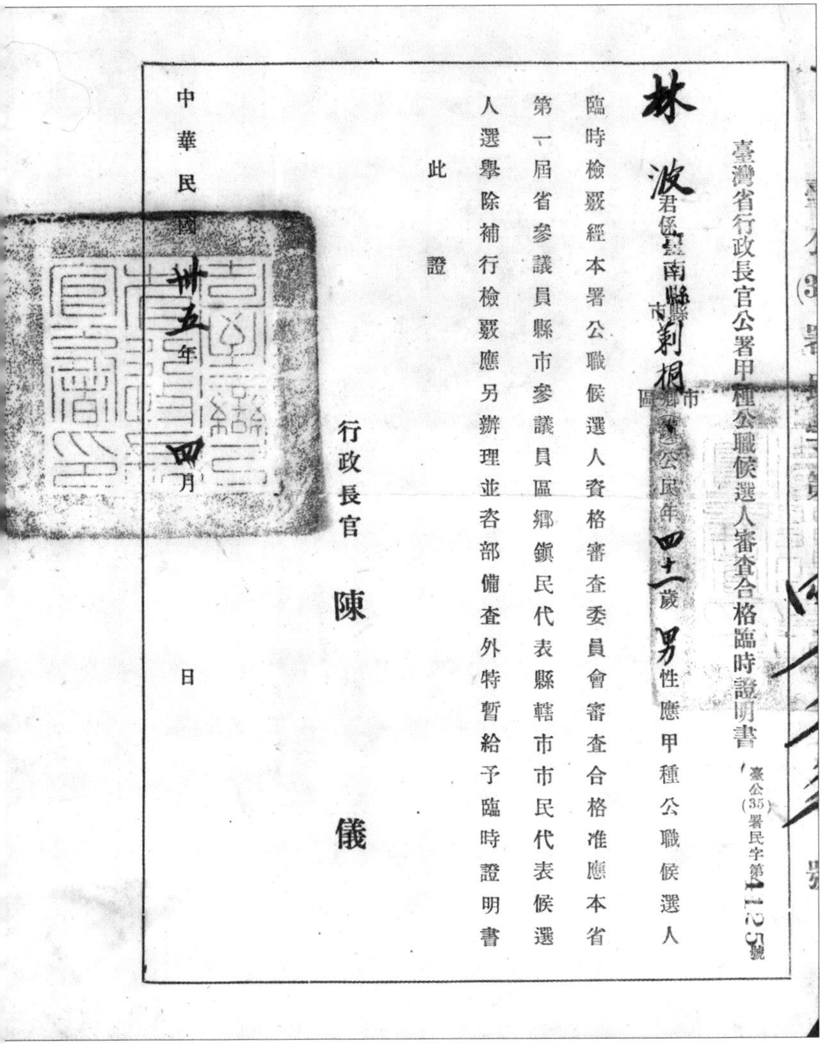
臺灣省行政長官公署甲種公職候選人審查合格臨時證明書

臺公(35)署民字第1125號

林波君係臺南縣莿桐鄉公民年四十一歲男性應甲種公職候選人臨時檢覈經本署公職候選人資格審查委員會審查合格准應本省第一屆省參議員縣市參議員區鄉鎮民代表縣轄市市民代表候選人選舉除補行檢覈應另辦理並咨部備查外特暫給予臨時證明書

此證

行政長官 陳儀

中華民國卅五年四月 日

民國35年（1946年）

◎民國34年8月15日，日本投降。9月1日，國民政府公佈臺灣省行政長官公署組織大綱，並任陳儀為臺灣省行政長官。民國35年10月，臺灣省各縣市鄉鎮長選舉。左圖為35年4月，甲種公職候選人審查合格臨時證明書。

◎昭和十三年（民國27年），莿桐庄助役（約等於今鄉長祕書）任命狀。時代變遷，二張證書訴說著一般人民順應其變。（下圖）

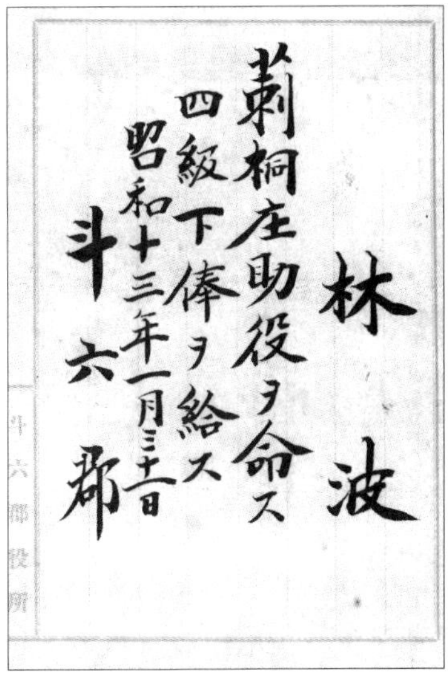
林波

莿桐庄助役ヲ命ス

四級下俸ヲ給ス

昭和十三年一月三十日

斗六郡

斗六郡役所

民國38年（1949年）

◎1月23日，田尾線製水門竣工紀念攝影。田尾線為今二崙鄉惠來厝至新店，是雲林縣於戰後臺灣人自己設計、施工完成的第一個水門。

民國39年（1950年）

◎3月1日，蔣介石在台復行視事，重整軍旅。民國40年8月10日，台灣首次徵兵，一萬二千人入伍，全國各地歡送征人。民國42年，各縣市徵集本年度首期補充兵入伍。圖為民國42年2月15日，莿桐鄉第三期補充兵退伍還鄉留影紀念。後方右側柱子可見民國42年初大規模展開之「耕者有其田」宣傳標語。

民國42年（1953年）

◎莿桐國校學生參加雲林縣第二屆軟式少年棒球比賽，獲殿軍之紀念照。柱子上寫著：一個目標建鄉建國，兩種任務樹木樹人。

認識家鄉的刺桐樹

刺桐花開的喜悅

雲林縣莿桐鄉是我的家鄉，
家鄉地名由來相傳是因為刺桐樹。
刺桐樹長得什麼樣子？
它的特性是什麼？
莿桐鄉還有刺桐樹嗎？

莿桐鄉因刺桐樹而得名

據說雲林縣莿桐鄉，在清朝時只有羊腸小巷相連，巷旁長滿刺桐樹，因而取名莿桐巷。然而隨著莿桐的發展，刺桐樹被砍伐殆盡，很多莿桐人也沒見過刺桐樹，不知道刺桐樹長得什麼樣子，今年88歲莿桐村人林異，回憶以前埔仔公井邊有幾株老刺桐，現在都沒有了。

莿桐國小裡的老刺桐

第一次看到刺桐樹是在莿桐國小的操場邊，四株老刺桐樹十分碩大，其中一棵樹幹上釘著一鉛片，上面寫著刺桐樹。不知道莿桐國小的小朋友是不是注意到這幾棵大樹？想到我的大堂哥林志生是莿桐國小總務主任，便打通電話請教他，他說：「現在莿桐國小的小孩子，大部份都知道刺桐樹，因為老師會利用朝會時間介紹，或是上課時帶學生至樹下說故事，讓孩子認識校園周遭的植物。而且現在正推行鄉土教學活動，三年級以上學生每星期有一堂課，認識家鄉的事物，在莿桐國小帶小朋友認識刺桐樹是最適合不過的了！莿桐國小創校於民國9年，這4棵老刺桐什麼時候栽植誰也不知道，不過這幾年莿桐國小網球場邊新種植了26棵小刺桐樹，長得快又好。莿桐往西螺的省道二側，三、四年前也種了雞冠刺桐。」聽了堂哥這麼說，心裡真高興。

刺桐花開又一年

《諸羅縣志》物產志記載刺桐：「樹高大，枝葉蕃茂。雨時折枝，插地即生，亦易長。初生多刺，長而刺落，垂蔭如梧桐。」「刺桐花：似蓮蕉花而大。花絳紅，一枝樹十蕊；二、三月盛開，恍惚斑支。」清《番社采風圖考》記載：「番無年歲，不辨四時，以刺桐花開為一度。」「刺桐花發一年論」這樣的說法，讓我等待刺桐花開的時候。

刺桐花開的喜悅

今年四、五月間，幾次回莿桐，都特別到樹下，看看刺桐花開了沒？四月初清明時，刺桐花還沒有動靜，五月初立夏時莿桐國小裡四棵高大的原生刺桐，火紅刺桐花已盛大開放過。倒是老家院子裡一棵珊瑚刺桐，花開紅豔得非

◎莿桐鄉因刺桐樹而得名，但今天在莿桐要到哪裡看刺桐樹？莿桐國小操場旁有四棵「祖父級」的老刺桐樹，可說是「碩果僅存」十分珍貴。莿桐國小的老師們利用朝會時間介紹這幾棵刺桐樹，甚至以上課時到樹下說故事的方式，讓小朋友認識家鄉的刺桐樹及地名由來。

◎成串的珊瑚刺桐花，開在老家院子裡大塊磚牆邊，十分美麗。攝於民國86年4月30日。

常美麗，像莿桐火熱的夏天。成串的刺桐花開在老家黯紅大塊磚牆邊，使我有乍見刺桐花開的喜悅。

刺桐什麼時候被寫成莿桐？

現今一般花卉園藝的書上提到刺桐，都沒有艸字頭，但從前台灣詩人吟詠莿桐花的詩句如「萬綠叢中紅一片，隔離幾樹莿桐花」、「明日莿桐花下路，海天無限暮雲垂」，有人因此推測刺桐被寫成「莿桐」是清中葉以後的事，那也是今日莿桐鄉開始開發的年代。

認識台灣的刺桐

刺桐屬於蝶形花科，刺桐屬。落葉大喬木，高二十多公尺，胸徑可達50至70公分，樹幹常有瘤狀刺。葉為三出複葉，互生，多叢及枝端。花大而豔麗，先葉或同時開放，密生成總狀花序，頂或腋生。莢果在種子間緊縮成念珠狀，長15至30公分。別稱雞公樹、梯姑、海桐樹。

刺桐是台灣原生的樹種，原產在東部和南部山麓地帶，而以恆春半島和蘭嶼近海溪流沿岸較多，現在則普遍栽種各地。在台東至卑南間的省公路上，有一段長約二公里的行道樹，就是由六、七十年生的刺桐和茄苳所組成，以成為東部地區碩果僅存的綠色隧道。

刺桐屬蝶形花科刺桐屬，其同屬的植物，全世界大約有二百種左右，多數分佈在熱帶和亞熱帶地區，是很重要的植物資源。在琉球，刺桐是當地三大名花之一，是重要的綠化美化樹種，同時被選為沖繩縣縣花，風光十足。

在台灣原生的刺桐只有一種，刺桐原生海濱，耐風性極佳。除了原生刺桐，在台灣尚可見到1910年間自新加坡引進的雞冠刺桐和珊瑚刺桐，1930年間引進的黃脈刺桐，1935年間引進的大葉刺桐，1965至1966年間引進的毛刺桐、非洲刺桐、火炬刺桐、念珠刺桐和蝙蝠刺桐等多種國外產刺桐。其中雞冠刺桐和火炬刺桐，分別被烏拉圭和肯亞選為國花。在台灣較常見的則是珊瑚刺桐和黃脈刺桐二種。

刺桐除了供觀賞，可為庭園樹、行道樹和庇蔭樹外，其白色的木材，在泰國被磨成粉做化妝品。斯里蘭卡人將刺桐幼芽加上咖哩食用。葉可為牛羊優良飼料；生的種子有毒，但煮或炒熟後卻可供食用，也有些地區的人拿刺桐果實當項鍊。此外剝取幹皮去荊棘，曬乾在中藥材裡稱海桐皮，含海桐零鹼、氨基酸和有機酸等，有祛風濕、通經絡、消腫止痛和殺蟲之效，常用以治風濕酸痛、牙痛、疥癬、痢疾等。而葉和花也都可供藥用。

摘錄整理自《台灣花卉園藝》1996年5月號〈從刺桐的學名談品種開發的奠基工作〉，陳運造。資料提供：財團法人台灣區花卉發展協會總經理黃李皇。

認識珊瑚刺桐

落葉小喬木或大灌木，株高約2至4公尺；葉三出，小葉菱形；春至秋季均能開花，頂生，總狀花序，花軸較其它刺桐類長，約40至60公分；花冠紅色五瓣，最明顯的旗瓣，側看有如彎刀狀，在中國因此稱它「龍牙花」。 雄蕊多數成束突出瓣外。可做庭園樹，亦可盆栽，風姿宜爽。在台灣鄉下許多人稱它「鳥仔花」，小孩子摘下成串的珊瑚刺桐花朵，當作小鳥來玩家家酒遊戲。

埔仔龍脈好風水

埔仔是先祖來莿桐時的落腳處，
「旦暮耕於野，起田園於此」，
更在埔仔經營舊式糖E，
因此人稱埔仔為埔仔E。

林本十歲，埔仔起糖廍

廍內姓林仔早發揮

提起埔仔，老一輩的莿桐人順口就說：埔仔廍。高獅今年七十三歲，住在莿桐村中正路靠近光復路口，他說以前埔仔廍屬樹仔腳庄，今光復路從前叫西螺巷，一邊是莿桐庄，一邊是樹仔腳庄。經高獅這麼一說我忽然明白了為什麼日治時期的書上提到埔仔，寫的是樹仔腳庄。

「埔仔廍大家簡稱廍內，整片都住姓林仔，沒雜姓仔，林家祖先很早來台灣開墾，早發揮做糖廍有錢，埔仔莿桐四周圍整片土地都是姓林家族的。」高獅笑著說以前親戚生活艱苦的，埔仔林家全叫來住，一方面照顧得到，一方面可幫忙做些雜事。

埔仔龍脈好風水

今年75歲的林旺條，小時候就住在埔仔廍的公廳裡，他回憶小時候埔仔廍的路都排唐山石、排龍脈一直通到公廳，公廳的基座也是唐山石砌的。他還聽更早一輩的人說過：「六房公林壽在道光年間開墾埔仔，林良在光緒年間創設糖廍，廍內有個範圍，三沿竹圍圍著，密密麻麻種著刺竹，鳥都飛不進來，林家人在裡頭經營糖廍，群居生活，土匪也不敢來搶。爬高高到銅鐘(火警警報器)上，看得到的土地都是林家的。」

林巽乾今年69歲，他還見過埔仔公廳倒下的土埆牆壁殘骸及石條、石墩等，就在現在林頂立家附近。後來開墾埔仔種橘子等果樹時，也見過當年糖廍地基、粗鐵枝、石車等，石車的底座以石灰加麻糬和在一起舂成，敲都敲不開。84歲的余波住在埔仔村50號，他說他也見過埔仔廍內二門榨甘蔗製黑糖的石車及機器。

五十年風水輪流轉

光緒十八年左右，林本遷出埔仔，在莿桐另設一廍，一次莿桐火燒街仔，林本拿錢建二排街屋，今日莿桐的發展就是由林本那邊來的，因此人改稱埔仔為舊廍。清道光中葉(西元1850年)至清光緒二十一年(西元1895年)，半個世紀間是埔仔開墾及發展的時期，主要是舊式糖廍的經營。林春德82歲甘厝村人，他聽他爸爸說以前埔仔廍內插一旗子，遠遠就看得到，是林家的標幟。

◎昭和三年(民國十七年)發行的「台灣地形圖」，從中可看出埔仔與鄰近村落的相關位置及當時村落大小。

◎埔仔村大樹下，老一輩的村民仍愛到此聊天。攝於民國86年5月27日。

自1895年10月7日，北白川宮能久親王渡濁水溪抵莿桐巷後，至1945年日本投降，這五十年間，則是莿桐村建設發展時期。縱貫路、憲兵隊、派出所、學校、役場、農會等全移至莿桐村。

不准轟炸，那是我的故鄉！

余波說埔仔以前有苦茶攤，每天下午約五點，就有很多閒人至樹下喝苦茶酒，以前農村生活忙時很忙，閒時全閒人了了！今

◎由莿桐農會大樓俯瞰今日埔仔村。攝於民國86年8月6日。

日埔仔村邊靠近田地一棵大榕樹，每天下午仍來來回回閒坐一些人，吹風乘涼邊開講，他們說：「以前林本的糖廍在埔仔，公厝蓋的很美，請女婢奴才，後來公厝倒掉，大塊磚被拆去賣，唐山石被拿去做墓碑，說是好風水。日本時代林頂立的爸爸林聰好額，養的牛大隻，林頂立不時將牛角修得尖尖同人相鬥，十一、二歲時，一次林頂立的牛追人，壓倒了樹仔腳公學校中村校長的圍牆，被日人校長打，他賭氣不再讀日本書，後來去大陸讀書發展。八年抗戰時，有一次率飛機轟炸當時被日人統治的台灣，飛到虎尾快靠近莿桐時，他下令不准轟炸，因為那是『我的故鄉』！」

◎埔仔村123號，林頂立家，即是從前林家公廳及糖廍舊址。攝於民國86年5月27日。

從舊式糖廍到改良糖廍

林本家族埔仔　製糖記事

林本家族的製糖事業歷經舊式糖廍到改良糖廍，見證了清末日治初五十年間，埔仔地方甘蔗的栽培與產業的開發，也是當時台灣許多糖廍的縮影。

十多年前嘉南平原一帶，隨處可見早期糖廍製糖用的石車、石輪。清末台灣有二百多所糖廍，「各鄉莫不設之」，雲林縣大埤鄉有個「廍前寮」，斗六糖廠附近有處「廖廍子」，林內鄉有個「舊廍子」，……莿桐鄉的埔仔村，從前就叫做「埔仔廍」。

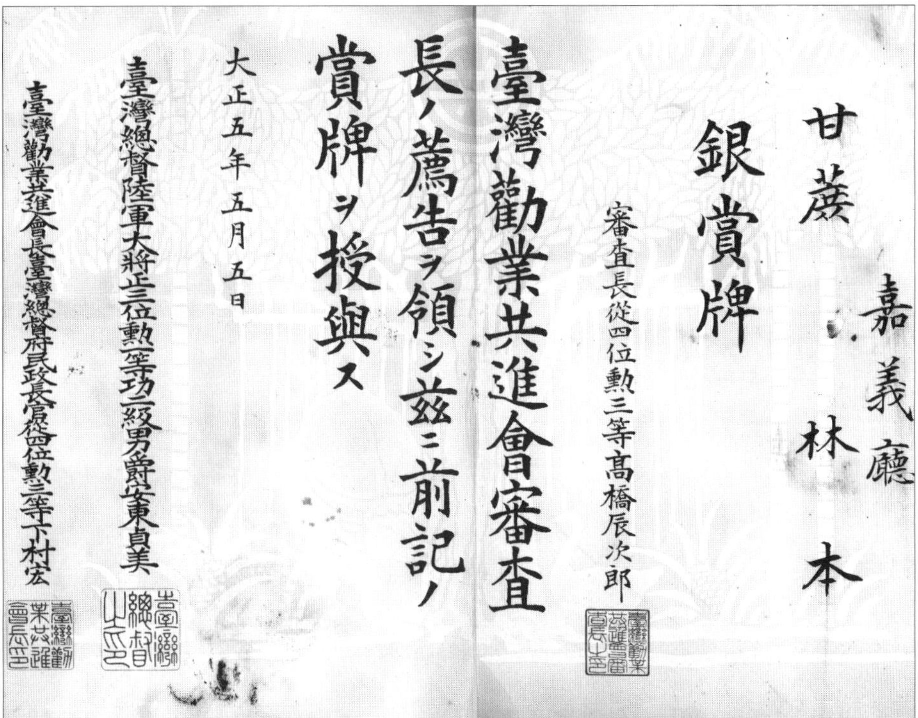
甘蔗
銀賞牌
嘉義廳
林本
審查長從四位勳三等高橋辰次郎
臺灣勸業共進會審查長ノ薦告ヲ領シ茲ニ前記ノ賞牌ヲ授與ス
大正五年五月五日
臺灣總督陸軍大將正三位勳一等功三級男爵安東貞美
臺灣勸業共進會長臺灣總督府民政長官從四位勳三等下村宏

◎ 大正五年〈民國五年〉四月，臺灣勸業共進會舉行開館式，五月共進會褒獎於台北新公園舉行，阿祖林本獲頒甘蔗銀賞牌。

同治十一年(西元1872年)，我的阿祖林本的祖父林壽去世。同年台灣產糖三萬三千六百擔輸往倫敦。在這段時間前後，我的曾曾祖父林良在今莿桐鄉埔仔村創始糖廍，從事於製糖業。光緒十四年，林良去世。光緒十八年(西元1892年)，林本十六歲，經營莿桐一帶數所舊式糖廍。

光緒二十一年(西元1895年)，日人武力征臺，並開始進行甘蔗品種改良。明治三十三年(西元1900年)，台灣製糖會社創立，為大製糖會社之創始。明治三十七年(西元1904年)，鳳山廳振詳製糖場設立，為改良糖廍之開始。同年九月，林本被貸與製糖機械器具費及五年間獎勵金。

林本改良糖廍，資本金二萬円，石油發動機一晝夜壓榨能力四十噸，一年預計製糖510000斤。

明治三十八年(西元1905年)製糖場原料採區域制施行。

明治三十九年(西元1906年)3月林本增加製糖機械運轉六十噸。

明治四十年(西元1907年)7月出品東京勸業博覽會於玉塘，受頒紀念三等賞。

明治四十一年(西元1908年)12月，受頒台灣糖業協會第一回甘蔗品評會二等賞金及賞狀。同年11月，大日本製糖株式會社於五間厝(今虎尾)設立工場。日人進行土地政策，收奪大量土地。

大正五年(西元1916年)五月五日，林本獲台灣勸業共進會甘蔗銀賞牌。

(詳見附錄《雲林莿桐林本家族記事》)

改良糖廍事業成績一覽表

廳名	工場ノ位置	原動力	能力噸數	四十年度 原料消費高	四十年度 砂糖生產高	起業者氏名
臺北	大加納堡大龍峒街	電氣	一〇〇	[illegible]	[illegible]	臺北製糖公司
同	擺接堡加納仔庄	同	[illegible]	[illegible]	[illegible]	艋舺製糖公司
同	同堡番仔園庄	蒸氣	[illegible]	[illegible]	[illegible]	枋橋製糖公司
臺中	大肚中堡北勢坑庄	同	[illegible]	[illegible]	[illegible]	劉以專
同	大肚下堡大肚庄	石油發動機	四〇	[illegible]	[illegible]	黃茂盛
彰化	東螺西堡溪洲庄	滊機	八〇	[illegible]	[illegible]	林盛岐外十七名
同	線東堡中寮庄	同	四〇	[illegible]	[illegible]	簡茂林外六名
南投	南投堡小半山庄	石油發動機	四〇	[illegible]	[illegible]	南投製糖公司
斗六	大坵田堡虎尾開墾地	滊機	六〇	[illegible]	[illegible]	林璣外一名
同	西螺堡西螺街	石油發動機	五〇	[illegible]	[illegible]	廖一枝外一名
同	打貓東頂堡崁腳庄	石油發動機	四〇	[illegible]	[illegible]	薛均堂
同	溪洲堡麻園庄	滊機	八〇	[illegible]	[illegible]	林新慶外八名
同	斗六堡大崙庄	滊機	[illegible]	[illegible]	[illegible]	吳克明外二名
同	溪洲堡樹仔腳庄	石油發動機	四〇	[illegible]	[illegible]	林本

◎出自明治四十一年11月30日，臨時台灣糖務局發行之「台灣糖業年報」第六、七期。

改良糖廍及在來糖廍現況調

位置	原動力	一晝夜壓搾能力	資本金	一ヶ年製糖豫想高	起業者氏名
臺北廳大加蚋堡大龍峒街	電氣	一〇〇噸	三〇,〇〇〇円	一,五六七,五五〇斤	陳鎮印
同廳擺接堡加蚋仔庄	同	六〇	四〇,〇〇〇	五〇〇,〇〇〇	揚碧山
同廳同堡番仔園庄	蒸氣	四〇	三〇,〇〇〇	三〇〇,〇〇〇	陳秋鳳
新竹廳竹北一堡客雅庄	同	六〇	一〇〇,〇〇〇	六〇四,八〇〇	鄭拱辰外四十一名
南投廳南投堡小半山庄	石油發動機	四〇	一〇,〇〇〇	三六〇,〇〇〇	簡茂林
彰化廳線東堡中寮庄	蒸氣	四〇	一〇,〇〇〇	四六〇,四〇〇	簡茂林
同廳東螺西堡溪洲庄	同	八〇	四〇,〇〇〇	一,三五四,七五〇	林慶岐
同廳二林下堡大排沙庄	石油發動機	四〇	一〇,〇〇〇	四七〇,四〇〇	陳梓成
同廳同堡頂寮庄	蒸氣	六〇	四〇,〇〇〇	七〇五,六〇〇	蔡春海
同廳馬芝堡南錆埔庄	同	八〇	六〇,〇〇〇	一,一七六,〇〇〇	辜顯榮
同廳東螺西堡北斗庄	同	八〇	四〇,〇〇〇	一,〇七五,二〇〇	ペイン製糖場
臺中廳大肚中堡北勢坑庄	同	四〇	一五,〇〇〇	三三五,〇〇〇	劉以專
同廳藍興堡番仔寮庄	同	一〇〇	一三五,〇〇〇	一,六一二,八〇〇	松岡富雄
同廳大肚下堡大肚庄	石油發動機	四〇	二五,〇〇〇	六四五,一〇〇	黃茂盛
斗六廳大坵田堡土庫庄五間厝庄他里霧堡小東庄	蒸氣	三六〇	三五〇,〇〇〇	三,三〇九,〇〇〇	斗六製糖株式會社
同廳斗六堡大崙庄	同	六〇	四〇,〇〇〇	五一〇,〇〇〇	陳冠英外一名
同廳溪洲堡樹仔腳庄	石油發動機	四〇	三〇,〇〇〇	五一〇,〇〇〇	林本
同廳大坵田堡虎尾原野	蒸氣	六〇	四〇,〇〇〇	六〇〇,〇〇〇	林璣外一名

◎出自明治四十二年11月20日，臨時台灣舊慣調查會發行之「台灣糖業舊慣一斑」。

莿桐草地變街道

莿桐主公—林本

雲林縣莿桐鄉莿桐村，在日治初期還是鄉下地方，林本提供土地造縱貫路，又將憲兵所、派出所、學校，統統提到莿桐，可以說莿桐的街路是林本手頭創的，莿桐的發展是由林本那邊來的。

甘厝庄與莿桐

余波（註一）今年84歲，從小即住在莿桐村埔仔，平日沒事時，就到中山路上高獅家開講。他說：「以前甘厝庄比莿桐熱鬧，甘厝庄是大庄，買賣都要到甘厝庄，阮阿公賣菜就去甘厝庄，那時的莿桐還是庄腳。日本憲兵來，莿桐才開始發展，整個重心移至莿桐，不然以前讀書都要到樹仔腳（今饒平）讀。」

今年89歲的林有香（註二）說：「以前阮阿公就是在甘厝庄開店，日人初來時甘厝庄較熱鬧，約在明治末、大正出頭，莿桐才興旺起來，我懂事時甘厝庄就沒了，阮阿公、阮二叔，大正七年甘厝庄沒開店後，就搬到西螺做米穀生意。大正九年，我讀西螺公學校三年時，設莿桐分校在店仔頭，店仔頭為代理教室，隔年才移到莿桐國小現址。未設學校前，警察派出所就已在莿桐了，至於甘厝與莿桐，這中間何時、如何的轉換，並沒有清楚的記錄可查。今日甘厝庄整個直直的像條街，可以想見當年的發達。」

◎莿桐到了！攝於民國86年4月4日。

林本是莿桐之主公

高獅（註三）接著說：「一過現在光復路，埔仔一帶，以前全屬樹仔腳；莿桐屬樹仔腳區，一直到街庄改造時，才有莿桐庄。莿桐的街路是林本手頭創的，可以說莿桐的發展由林本那邊來的。本來清朝時林本家族，全住在埔仔廍，分家後林本搬出來莿桐，另起大厝。我小時就聽說，整個莿桐都是林本的。日本仔來進行街庄改造，林本提供土地，造縱貫路，又將竹管仔厝改建成有『亭仔腳』的磚木瓦房，亭仔腳還挖一個窟，讓人統一倒垃圾，上頭再蓋一鐵板。從前的竹管仔厝，不時火燒，而且一燒就是一條街，我三歲時就燒過一次，我媽媽曾說火燒米沒人要，自己留著吃，一整間的火燒米

◎莿桐中山路往西螺方向街景。攝於民國86年4月4日。

一吃好幾年。所以現在中山路是林本建設的，以前整條街道店家都要向林本租。」

余波聽了高獅所講，勾起他一些記憶：「學校、信用組合，樹仔腳先有，林本真厲害，憲兵所、派出所全提過來莿桐，莿桐有國小，一開始是在街路店頭讀，公所（役場）也在店頭，林本統統將其遷到莿桐來！莿桐庄林本勢力大，連斗六郡守上任，都要來莿桐拜訪林本，不向地頭神、土地公打招呼，難站穩。不簡單，林本是莿桐一隻虎！可惜突然死掉，不然莿桐不只如此，現在莿桐鄉哪裡找這種人？對神說神話，對鬼說鬼話。穿狗尾仔裝，去和明治天皇做伙吃燒酒，林本才有！」

高獅則說：「我做孩子時（昭和六年），林本去世，當時人說是被ㄆㄧㄤ打到，送到嘉義醫院鋸大腿，血流不止死翹翹，其實就是現在講的中風。那時很熱鬧，家家戶戶擺香案桌，敬拜莿桐的主公！一塊紳士牌仔，台灣總督來收回，他兒子波仔拿去舊公所（役場）交。」

莿桐村與甘厝村之今昔

根據光緒二十年，倪贊元編的《雲林采訪冊》記載，甘厝莊　二百二十三戶，一千零三十四丁口。莿桐巷　百六十三戶、七百二十五丁口。西螺街　一千三百十七戶、五千七百二十三丁口。甘厝莊是當時西螺堡內五十三村中，僅次西螺街之村落。埔仔莊屬溪洲堡有八十九戶、

◎余波說林本是莿桐一隻虎！民國86年4月9日，攝於高獅家。

由前後相隔90年的三張地圖，看莿桐村與甘厝村近90年來的相互消長與發展。

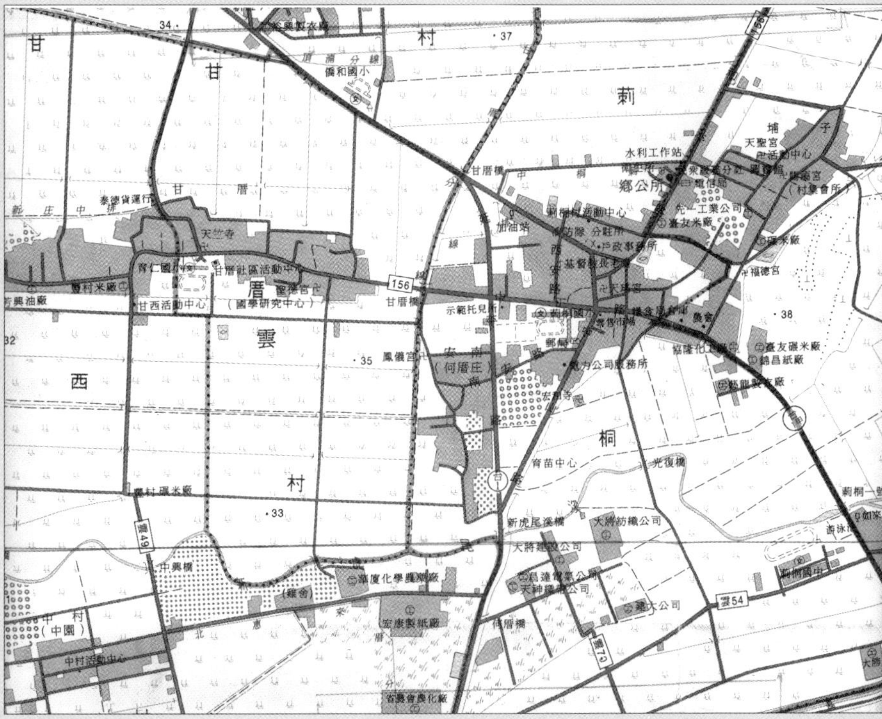

◎地圖來源：民國八十三年十一月，莿桐鄉鄉公所出版之《莿桐鄉行政區域圖》。

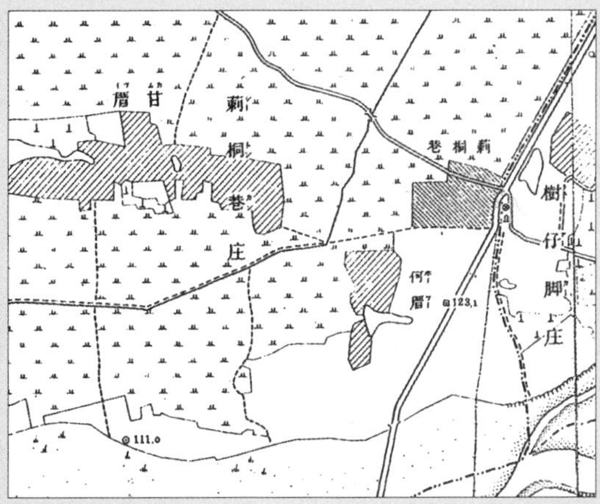

◎地圖來源：明治三十九年台灣日日新報出版之《台灣堡圖》。

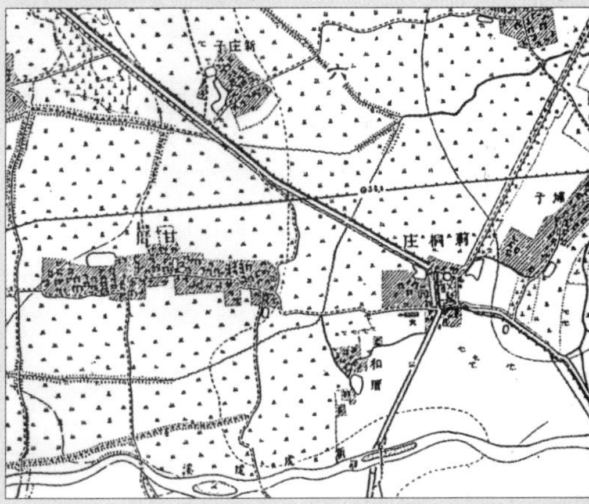

◎地圖來源：昭和三年，大日本帝國陸地測量部發行之《台灣地形圖》。

◎甘厝村人家的埕裡，常可見滿地舖曬著蒜頭。攝於民國86年4月9日。

三百四十二丁口。昔日的「甘厝」曾是莿桐一帶最大之集村，今分屬甘厝、甘西二村。村旁均是農田，主要種植水稻與蒜頭，農曆二月底至三月初，蒜頭收成時，埕裡常滿滿鋪曬著蒜頭。仍富農村氣息；村裡許多人家新建樓房，但傳統三合院仍隨處可見。

林氏族譜記載：「乾隆年間，有兄弟數人，自漳州詔安縣西張鄉渡臺，遷居甘厝庄，開墾土地，務農為生……。今居甘厝、甘西者多為大、二房子孫，三房子孫多居住於莿桐村。」

◎民國55年，莿桐村中山路街景。

莿桐村是莿桐鄉公所、農會所在地，省道台一線、台一甲貫穿其間，連結西螺、斗南、斗六，一五六號線道由此經西螺、二崙、崙背抵麥寮。交通與行政上的便利，莿桐村中山路、中正路一帶，在近八十年間，有著明顯的發展，由草地庄腳變成繁榮街道。

註一：余波（民國3年生，埔仔村）口述。時間是民國86年4月9日，地點在莿桐村中正路，高獅家。

註二：林有香（民前2年生）口述。時間是民國86年5月27日，地點在莿桐村光復路民生巷。

註三：高獅（民國14年生）口述。時間是民國86年4月9日，地點在莿桐村中正路。

◎民國86年，莿桐村中山路街景。

半個世紀莿桐 平地起高樓

莿桐鄉農會八十年

民國三十三年莿桐庄農業會遷至莿桐，
當時還是木造平房，半個世紀後，
八層樓高的農會大樓，矗立莿桐街上，
站在農會大樓頂俯瞰莿桐鄉，
似乎見到了莿桐鄉半個世紀來的發展

雲林縣莿桐鄉是典型的農業鄉，農會與農民的生活息息相關。舉凡宣導政令、配合執行政府各項農經政策、保障農民權益、促進農業發展、增加農民收益等，農會均扮演重要角色。

莿桐鄉農會的前身是「有限責任樹仔腳信用組合」，它創設於民國7年9月20日。歷經幾次的改組及擴充，民國33年遷至莿桐時，還是木造平房，至民國77年恰滿七十週年，農會新建辦公大樓亦落成啟用。

自民國77年至今又已近十年，莿桐鄉農會於民國85年，在中正路、光復路口興建了店面公寓、員工集合住宅，樓高八層，一、二樓規畫為店面15間，三至八樓為員工住宅。農會大樓是莿桐一帶最高的建築，目標鮮明，站在樓頂，莿桐鄉景一覽無遺。

農會大樓，代表著莿桐今日的繁榮與事業的開拓。

莿桐鄉農會的由來

五十年前，甘厝庄、新庄仔、番仔庄及莿桐

◎由莿桐村中正路、光復路口的農會大樓，俯瞰光復路及莿桐村。攝於民國86年8月6日。

◎日治末期的莿桐地籍圖。約民國30年前後。

庄，四庄的庄民如果要存錢或借貸，得到位於西螺的西螺信用組合（創設於民國6年）；樹仔腳庄、埔仔庄、孩沙里，則屬於樹仔腳信用組合（創設於民國7年）。一直到昭和十九年（民國33年），因戰時實施食糧一元化管理，街庄本位，才將保證責任樹仔腳信用購買販賣利用組合，變更為莿桐庄農業會，並將會址由今饒平遷至莿桐。（註一）

信用組合改為農業會時，實際負責的是常務理事，組合長是名譽職，成為農業會後，農業會會長即是庄長，副會長是第二助役與原信用組合長。戰時助役分第一助役與第二助役，第一助役

◎民國33年左右的莿桐農會。

◎莿桐農會大樓，攝於民國86年8月6日。

◎阿公林波於昭和十四年至昭和十八年間，擔任樹仔腳信用組合理事。（前排右五）

負責庄役場一切事務，第二助役則負責生產部門，農民勸業部份，因為戰時亟需民生物資，生產不能停頓。（註二）

我的阿祖林本，在大正六年（民國6年）時，曾任西螺信用組合第一任的組合長。阿公林波則在昭和十四年（民國28年）至昭和十八年任樹仔腳信用組合理事，昭和十九年時參與莿桐庄農業會的設置，是贊助會員。（註三）

註一：參考《西螺鎮農會成立七十五週年 綜合辦公大樓落成紀念誌》、《莿桐鄉農會七十年誌》。

註二：林有香口述。89歲。時間：86年5月27日。地點：莿桐村光復路民生巷。

註三：參考《林波履歷書》。

◎莿桐庄農業會創設於昭和十九年。阿公林波是贊助會員〈前排右三〉。

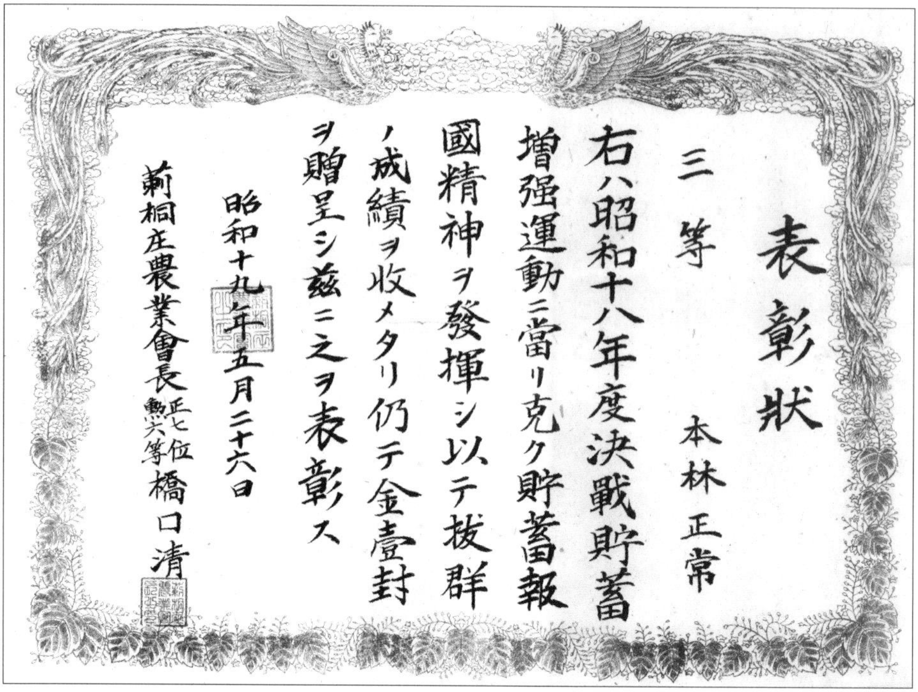
表彰狀

三等　本林正常

右ハ昭和十八年度決戰貯蓄增強運動ニ當リ克ク貯蓄報國精神ヲ發揮シ以テ拔群ノ成績ヲ收メタリ仍テ金壹封ヲ贈呈シ茲ニ之ヲ表彰ス

昭和十九年五月二十六日

莿桐庄農業會長　正七位勳六等　橋口清

◎昭和十三年中日戰爭爆發，昭和十六年展開節省糧食運動，昭和十九年令民間供應白金及鑽石。這張表彰狀裡的「本林正常」是誰呢？我在另一張文件裡發現：昭和十六年二月六日，林波改名本林正常。是因為「本來姓林很正常」的意思嗎？「本林正常」因昭和十八年度決戰儲蓄增強運動成績拔群，獲頒三等表彰狀。

莿桐鄉農會股券

莿農總發　莿桐第　一七一號

一　會員住址
二　會員　林美治　先生
三　股數　伍股
四　總金額　新台幣　伍拾元整
五　會員要遵守本會章程所記載一切之規約
六　本股券非經本會之承諾不得讓渡或提供為債務之擔保

茲證明前記會員依照本會章程繳納股金完訖此據

莿桐鄉農會　常務理事　林巽

中華民國　四十一年　一月　十七日

◎民國41年時的莿桐鄉農會股券，當時一股十元，農會理事是叔公林巽。

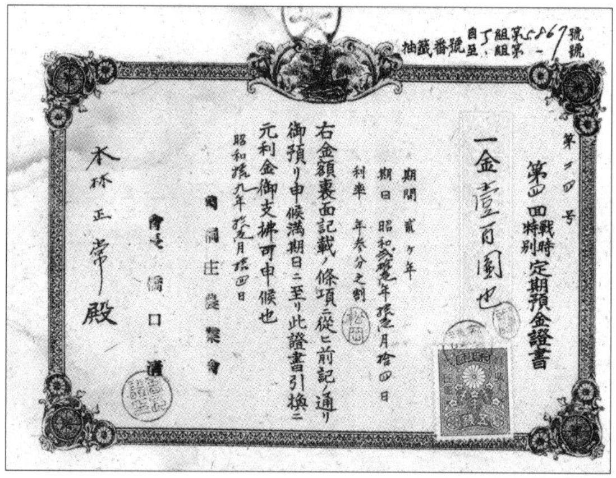
第四回戰時特別定期預金證書

一金壹百圓也

期間　貳ケ年

利率　年参分之割

右金額裏面記載ノ條項ニ從ヒ前記通リ御預リ申候滿期日ニ至リ此證書引換ニ元利金御支拂可申候也

莿桐庄農業會　會長　橋口清

本林正常　殿

◎昭和十九年，莿桐庄農業會戰時特別定期預金證書。

尋訪虎尾鎮長貢寮

林本土地五百甲

今年九十歲的林有香說：
林本土地五百甲，包括現在虎尾鎮的
長貢寮。因此我騎著機車一尋它的芳蹤。
想到曾祖父林本，八、九十年前
曾在這片土地上騎馬收租……

長貢寮在哪裡？

長貢寮在行政區域劃分上，屬於雲林縣虎尾鎮。它是個小地方，目前居住著約十戶人家，在一般的雲林縣地圖裡，尋不到它的芳蹤，除了本地人，問人家：「長貢寮在那裡？」也不會有人知道，去翻《台灣地名辭典》，也找不著。但它真的存在，只是更名為「東光寮」。

「由莿桐鄉往斗南的一號省道，離開莿桐村街上，經省農會農化廠再直直走，不久會遇到臺糖的小鐵枝路，一過鐵路，左轉小路就可到長貢寮。」但路口的路標上寫著：溪底寮。小路兩旁盡是農田，大部份種稻，少部份種瓜果，幾處村落散置田間，行走其間，很是舒服悠閒。到了溪底寮，屋前路旁三位老農夫，正在樹下納涼，湊合著開講，他們指著眼前一條農用道路，說道路的這邊屬莿桐鄉，那邊已是虎尾鎮，路頭有間土地廟，沿著路就到了長貢寮。但一路上還有些小叉路，停下來問在田間工作的婦人，婦人不只識路，連這塊地是誰的，那塊田是哪家種的，都很清楚。

長貢寮地因人名

彎入長貢寮，移幾步路，兩三眼即可望盡。左邊幾戶均是三合院，右邊先入眼的是一穀倉及磚房，接著二棟新式樓房。最特別的是樓房邊一棟已殘破日式建築，當地人說「長貢」以前就住這。據說「長貢」是日本人，日治時期

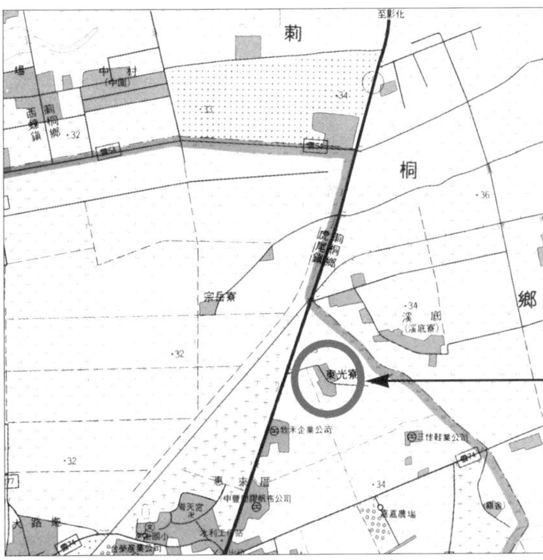

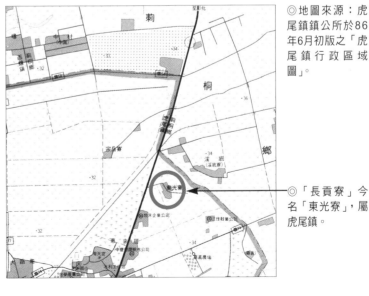

◎地圖來源：虎尾鎮鎮公所於86年6月初版之「虎尾鎮行政區域圖」。

◎「長貢寮」今名「東光寮」，屬虎尾鎮。

◎據當地人說，日人「長貢仔」即住此屋。攝於民國86年5月29日。

想著阿祖林本，八、九十年前，曾在這片土地上，騎馬巡田收租，土地依然，人事翻了好幾翻，讓人無從說起。林春德說：「那時都做你們的地，自己人要做那一塊，講一下就有。那時人少較親，現在大家散散去，隨人奮發，相打也不知彼此親，有牽連。」

在此買了很多土地，地因人名，這邊因此叫長貢寮。

我是從今年90歲的莿桐鄉人林有香先生那兒，第一次聽說長貢寮，他說：「林本的地有五百甲，從甘厝庄前的圳溝，一直到新虎尾溪邊都是。包括現在虎尾的惠來厝、溪埔寮、長貢寮、宗岳寮、黃朝清寮及鹿場的三塊厝寮。」又從今年82歲的甘厝村人林春德處聽說：「日人時代抓土匪，先辦桌請吃飯，同時憲兵圍住，插紅花白花就抓。那時有一個人在長貢寮幫長貢仔做事，聽說斗六中午請吃飯便想去，被長貢仔打嘴巴罵饞嘴，後來才知道幸好沒去，不然也會被插死。」

林本騎馬來收租

摩托車騎在平整道路上，邊

長貢寮裡的問候

長貢寮裡仍住著一戶屬於二房的族親—林連權。入長貢寮，左邊第二戶三合院便是。在長貢寮裡，彼此見面問候常是：「你要去田裡？」「回來了喔！」「來吃飯」。正當我同82歲的林連權伯父「相認」，聊著一些阿公阿祖的事，屋子裡媳婦卻傳來一句：「隨便講講，哪知是真假？」屋外燒稻草燻得長貢寮一片煙霧，但那氣味仍很好，是香的。便告別了長貢寮。林連權生六子，只有次子仍住長貢寮，餘分別在台北、斗六、員林與饒平。

◎今年82歲的林連權，屬林家二房族親，算是我的伯父，仍住在長貢寮。攝於民國86年5月29日。

東勢厝七十年滄海桑田

東勢厝的開基祖林本

林本在東勢厝有一千四百甲的土地。
今日萳桐老一輩的人，
像說天方夜譚般仍津津樂道。
七十年前阿祖開墾經營的臺南州虎尾郡
海口庄東勢厝農場，現在變成怎麼樣？
我迫不及待想去看看。

雲林縣東勢鄉緊鄰台西鄉，距海約八公里，84年底時共有4914戶，二萬人口，每平方公里人口密度約414人。由莿桐到東勢鄉的路平坦寬廣，路邊除了農田之外，東勢東路上樓房林立，東勢東路市場後的賜安宮，更是宮貌巍峨。很難想像，七十年前的這裡，只是一片有待開墾的荒地。

賜安宮前下象棋

由東勢東路穿過市場裡的小巷子就到了賜安宮，大白天裡賜安宮前的廣場邊榕樹下，不時總擺上五、六桌，圍著許多老一輩的鄉民下棋，當我問他們是否聽過林本這個人？馬上有人說聽過，但只知道林本以前來東勢厝開合作農場，若要更進一步知道，得問較多歲數的人，並指著樹下一位老先生。

黃添寶今年87歲，他說：「林本以前來這邊開農場時，我才七、八歲，幫農場裡種的甘蔗砍尾，以前甘蔗砍後先集中在賜安宮前埕裡，再載運往虎尾的製糖會社。林本如果還在應該有一百三、四十歲了，聽說林本一隻手指紅通通，人家說是胭脂手好福氣。」

鹹的甘蔗

回憶當年開墾的過程，黃添寶說：「以前東勢厝和牛埔頭，不太能住人，靠近海口的土地，太陽曬後蒸發，土上一片白雪雪的鹽，掃一掃一堆像沙崙，鹽地無法收成，土地多的人付稅付得快脫褲子。後來抽水灌溉，把鹽分壓下去，試著種甘蔗，結果種出來的甘蔗也是鹹的，砍了一下午的甘蔗，還不到一台車。田裡光禿禿的，一個女人脫褲子撒尿，遠遠一看就看到。」

◎東勢鄉賜安宮全景。攝於民國86年8月6日。

◎林本農場主要範圍在東勢厝，這是當時農場種植甘蔗的領收證。

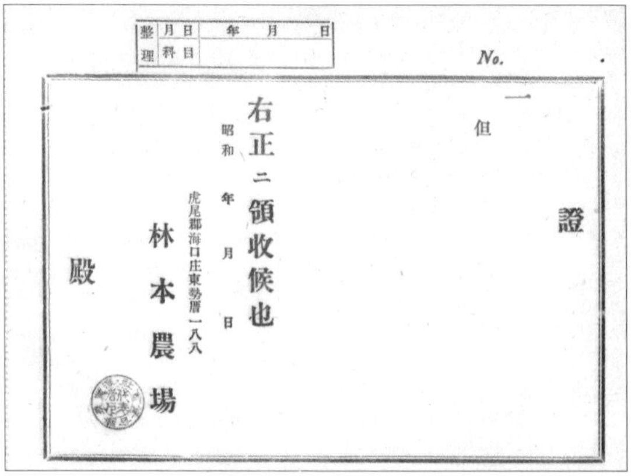
整理 月日 年 月 日
科目

No.

一
但

證

右正ニ領收候也

昭和 年 月 日

虎尾郡海口庄東勢厝一八八

林本農場

殿

虎尾溪！一片像海哩！

在一旁的82歲老先生，聽了忍不住地說：「以前不曾看過大火車，只見過拖甘蔗的小火車，十多歲還不曾出過門，傻得跟木頭一樣，庄役場說出五元可以至台北觀光，大家出不起，結果只有保正去。」黃添寶聽了說：「以前的艱苦，說給你聽，你也聽不懂。以前土匪來，大家逃難，空地多，滿地的石頭跟草，耕農真是可憐，這邊做做那邊做做，那邊有得吃就移那邊，像貓移穴一樣。阮老爸時常說：『虎尾溪！虎尾溪！一片像海哩！不知自己的祖先從哪裡來？』」

五百元買好幾甲地

「林本為了開墾農場，在東勢厝開街仔路又建屋，一開始只有一、二間不三不四的店，後來許多外地人來街仔路開店，那時一間店面五百元，連土地有六、七十坪。」不過五百元，在當時可買好幾甲的地。

林本桑的娛樂

現在連老一輩的人也搞不清楚，東勢鄉怎麼發展成今日這般的地步，就像賜安宮，以前他們至此學漢文，賜安宮前的廣場，以前還是水漥，現在他們每天來樹下下棋乘涼；以前沒水灌溉的鹽埔地，現在只要找古井師父來打，再牽電買個馬達，自己花二、三萬，地裡打出來的水就很足夠田裡用了。日治時期嚴禁賭博，如果賭博被捉到，會被打得很慘，有一次東勢厝人賭博被捉到，挨打時就向「警察大人」說：「林本桑也在賭博」，日本警察回答他：「林本桑是有錢人，他只是好玩娛樂，不是賭錢。」因此東勢厝人戲稱賭博為林本桑的娛樂。

東勢鄉滄海桑田什麼都改變了，不變的是老一輩的人，仍愛在賜安宮前玩林本桑的娛樂。

◎東勢鄉賜安宮前左側榕樹下，每天總有許多老一輩鄉民，至此下棋聊天。攝於民國86年8月6日。

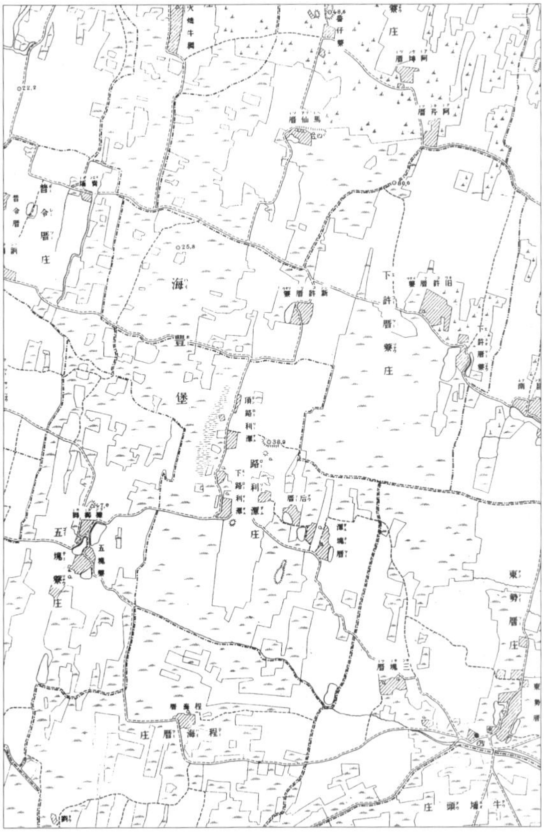

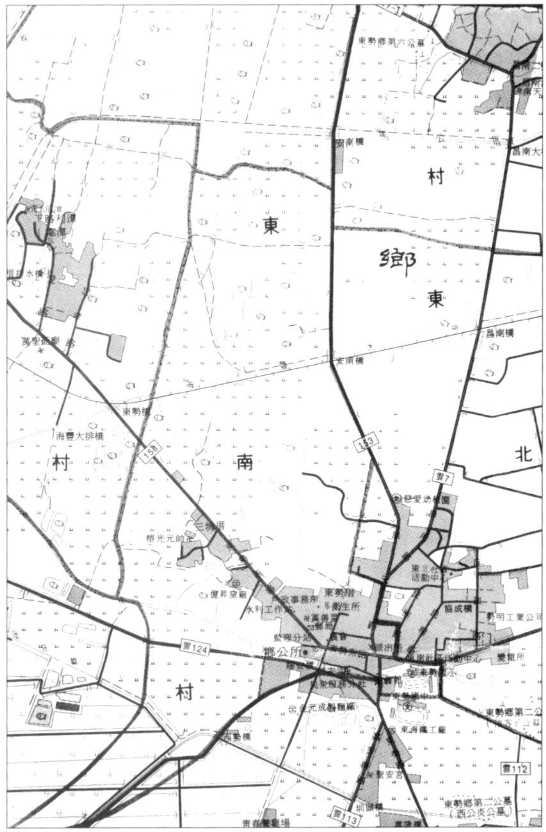

◎地圖來源：「台灣堡圖」，明治三十七年，臨時台灣土地調查局調製，大正四年台灣日日新報社再版。民國八十五年，遠流出版公司重新印行。

◎地圖來源：「雲林縣東勢鄉行政區域圖」，東勢鄉鄉公所於民國84年9月初版。

◎老一輩東勢鄉人戲稱賭博為「林本桑的娛樂」。攝於民國86年8月6日。

我的阿祖買下一千四百甲土地的契約書

林本在東勢厝有一千四百甲土地，
不只大家這麼說，連書上都這麼記載，
在《台灣自治制度改正十週年紀念人物史》
裡，我找到了一份大正十四年11月17日的
契約書，發現大家只知其一不知其二，
原來事情是這樣子的……

由墓地開墾成寸土寸金

大家都說林本在東勢厝土地一千四百甲，但我找到一份大正十四年(民國14年)，向海口庄台灣拓殖株式會社買土地的契約書，裡頭記載土地是由林本出資十萬円，江文蔚及辜皆的各出五萬円，三人合資購買，並向台灣商工銀行嘉義支店借三十五萬円。其中林本持分四分之二，並負責土地的經營。

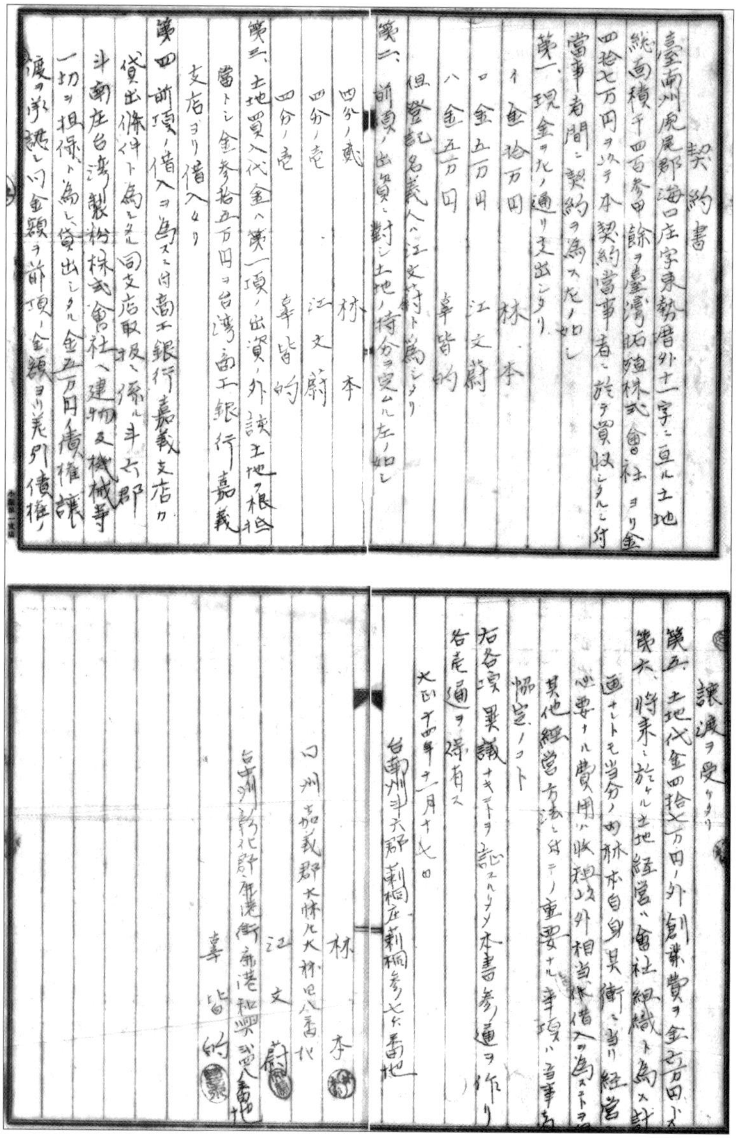
契約書
臺南州虎尾郡海口庄字東勢厝外十一字ニ亘ル土地
総面積千四百參甲餘ヲ臺灣拓殖株式會社ヨリ金
四拾七万円ヲ以テ本契約當事者ニ於テ買収シタルニ付
當事者間ニ契約ヲ為スコト左ノ如シ
第一、現金ヲ左ノ通リ支出シタリ
イ 金拾万円 林本
ロ 金五万円 江文蔚
ハ 金五万円 辜皆的
但登記名義人ハ江文蔚ト為シタリ
第二、前項ノ出資ニ對シ土地ノ持分ヲ定ムル左ノ如シ
四分ノ貳 林本
四分ノ壱 江文蔚
四分ノ壱 辜皆的
第三、土地買入代金ハ第一項ノ出資ノ外該土地ヲ根抵當トシ金參拾五万円ヲ台灣商工銀行嘉義支店ヨリ借入タリ
第四、前項ノ借入ヲ為スニ付商工銀行嘉義支店カ貸出條件ト為シタル同支店取扱ニ係ル斗六郡斗南庄台灣製粉株式會社ハ建物及機械等一切ヲ担保ト為シ貸出シタル金五万円ノ債權讓渡ヲ承認シ同金額ヲ前項ノ金額ヨリ差引債權ノ讓渡ヲ受ケタリ
第五、土地代金四拾七万円ノ外創業費ヲ金二万円トス
第六、將來ニ於ケル土地經營ハ會社組織ト為ス計画ナルトモ当分ノ内林本自身其衝ニ当リ經營必要ナル費用ハ收租以外相当借入ヲ為スコト
其他經營方法ニ付テノ重要ナル事項ハ當事者協定ノコト
右各項異議ナキコトヲ認メルタメ本書參通ヲ作リ各壱通ヲ保有ス
大正十四年十一月十七日
台南州斗六郡莿桐庄莿桐參七六番地
林本
同州嘉義郡大林庄大林四八番地
江文蔚
台中州彰化郡鹿港街鹿港和興四八番地
辜皆的

當時買下的土地包括東勢厝、程海厝、普令厝、牛埔頭等地。根據《雲林縣東勢鄉地方誌》記載：「日據中期，約在民國19年之間，林本向日方申請無人認領之墓地，大舉清墳，拓墾為佃，當時比較大者有鯉魚庄墓場和圳頭厝街墓場、四吉墓場等……。」其中鯉魚庄墓場就達七公頃有餘。除了墓地，大部份的

土地均不能立即耕種，因為土地飽含鹹份，需經灌溉改善土質。

今日台灣的土地寸土寸金，以坪計算，很難想像個人能買下成百上千甲的土地，由這份契約書，我們可以瞭解在72年前，台灣仍有許多土地有待開發，雖然是不毛之地，價格便宜，但此類大規模投資土地得冒風險，因為資金不足得向銀行融資來買土地開發，開發不成功，利息仍須照付，甚至賠上所有家產與土地。

誰是江文蔚？

在關於東勢厝開發的一堆文件中，常常可以看到「江文蔚」及「乾成農場」的相關帳簿。但我一直不知道江文蔚是誰？後來，92歲的表叔公廖裕堂說起我的六姑婆祖(林本的妹妹)嫁大林庄長江文蔚家，叔公形容大林江家房子大得像皇帝殿，我聽了才瞭解原來「江文蔚」是林本的妹婿，彼此有姻親的關係，難怪江文蔚家的「乾成農場」與林本家的「林本農場」，一起合作經營東勢厝農場。既通婚姻，也方便了事業上相往來。

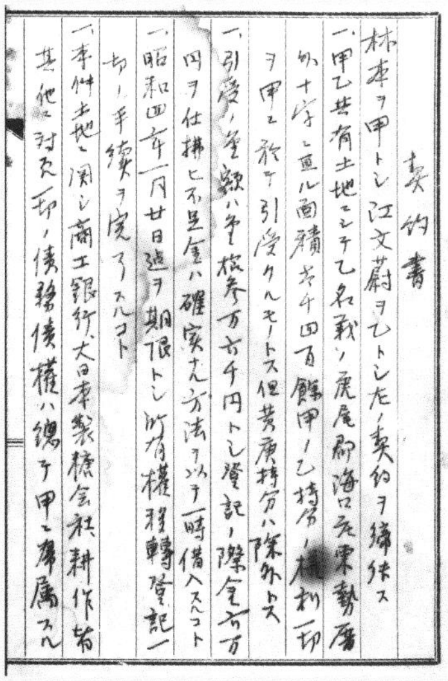

契約書

林本ヲ甲トシ江文蔚ヲ乙トシ左ノ契約ヲ締結ス

一、甲乙共有土地ニシテ乙名義ノ虎尾郡海口庄東勢厝外十字ニ亘ル面積壱千四百餘甲ノ乙持分ノ權利一切ヲ甲ニ於テ引受クルモノトス

一、昭和四年一月廿日迄ヲ期限トシ所有權移轉登記一切ノ手續ヲ完了スルコト

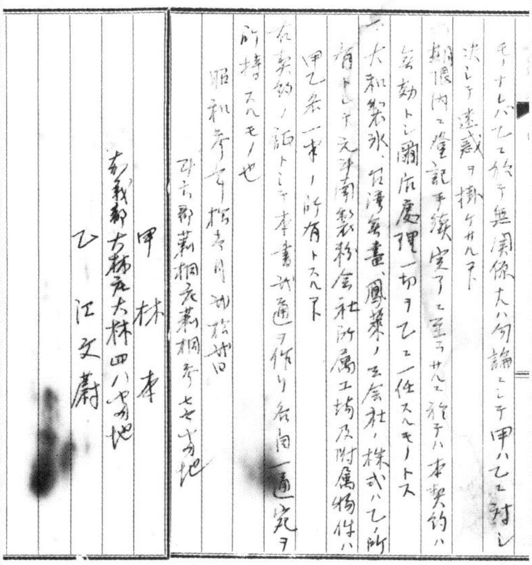

一、期限内ニ登記手續完了ニ至ラサル時ハ本契約ハ無効トシ

一、大和製氷、台湾畜畜、鳳梨ノ各会社ノ株式ハ乙所有トシ

右契約ノ証トシテ本書弐通ヲ作リ各自一通宛ヲ所持スルモノ也

昭和参年

甲 林本

乙 江文蔚

江文蔚氏（嘉義郡大林庄）

氏は當年五拾一歲、嘉義郡に於ける富紳也、地方有數の實業家として嘖然たる名聲を博するのみならず、今や其潛勢力の偉大なるものがある、大林庄に於て煙草賣捌業を經營し、家は數百甲歩の田畑を有し、豪農を以て一鄉に鳴る、嘉義郡大林庄長として滿十ヶ年勤續せられしが、本年勇退せらる、現に臺南州協議會員、臺南州土木委員、大林商工會長等其他各種の公職にあり、以て君が各方面に於ける信望と、手腕の靈活さとを推測するに足る。資性溫厚にして孝心厚く、友情に富み、其溫情人をして不知不識の内に、敬仰せしむるに至る今や實業界は勿論一般社會に其聲望を慕はれ、眞に屈指の好紳士なり。

◎出自《自治制度改正十周年紀念人物史》

他們是七十年前東勢厝的拓荒者

東勢厝人發揮傻牛精神

喜愛拍照的阿公林波，
連經營農場開墾土地也不忘記拍照，
也幸虧阿公拍下了當年拓墾的情景，
使我如臨其境，回到了從前那片不太能
住人的土地，體會昭和六年(民國二十年)
前後數年間開墾者糜爛做事、
傻拼活幹的傻牛精神。

「台灣人最經濟，最糜爛做事，田裡有一粒石頭，就要丟到野外；看到一棵雜草，也要掘起來，不讓它在園裡生長；一窪仔也要填起來，一縫一隙，都不放過。清晨三點半，天還沒光，就到園裡工作賺生活，做到沒暝沒日，傻傻去、傻傻做、傻傻拼，也不知以後會如何。不然人家怎麼會說：台灣人是傻牛。」今年78歲的黃添寶這樣說。

他還說：「以前人開墾，看這邊平平的，便挖二畦做做看，遇水窪便拿土填，只求三餐可以溫飽。也不管開墾的土地是不是有所有權，黃埔水窪，沒人種植的，鋤草後自己犁一犁，拼命做。就像牛，人家在磨刀了，牠還拼命吃草，也不知道快被牽去殺了，還是要吃飽。」

「四月二十五日沈東京，四月二十六日浮福建，」黃添寶說：「這是古早人說過的俗語，咱們撿人家的話講，若沒有浮寶島，沒有台灣人經濟、糜爛做，會哈死！幸虧寶島浮起來，我們才有得做。」

黃添寶住在東勢厝牛埔頭(現改為嘉隆村)，七、八歲時就到田裡砍蔗尾，看著鹽埔地種出鹹甘蔗；摘蔗葉、砍樹枝為屋頂；努力拓墾、辛勤耕種，收成卻少到付稅付得快脫褲子。

正因為這般糜爛做事、傻拼活幹的傻牛精神，讓東勢厝、牛埔頭一帶地方，由原來黃土水窪，不太能住人的土地，開墾成可以安居的家園。就讓我們來看看當時在荒地裡祈求開墾順利平安；引水灌溉、改善土質；種植甘蔗、棉花，辛勤耕耘、建立家園的感人情景。

拓墾家園

◎昭和六年(民國二十年)時，東勢厝、普令厝的補助簿。

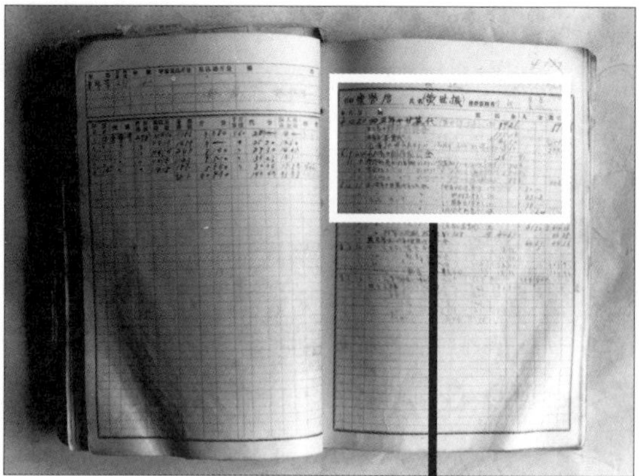

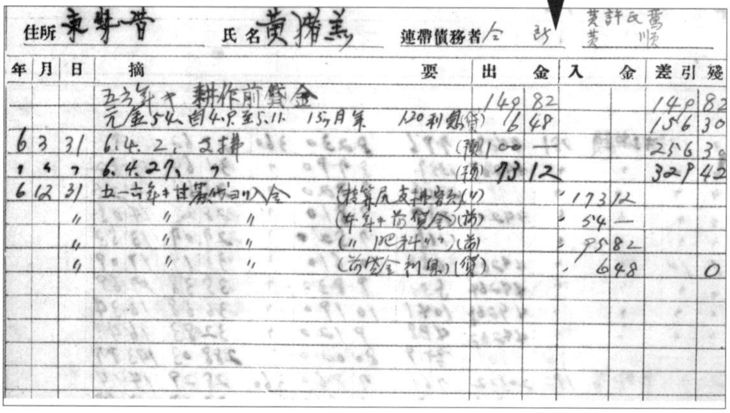

◎黃豬羔。伯父們都暱稱他為「豬羔仔叔公」，他是阿公林波的媽媽黃儒人娘家那邊的人，幫忙阿祖林本做些雜事及收租。阿祖的田地到哪裡，他比阿公還清楚，三伯父林英勝轉述「豬羔仔叔公」的形容：騎馬收租，一個月也收不完。

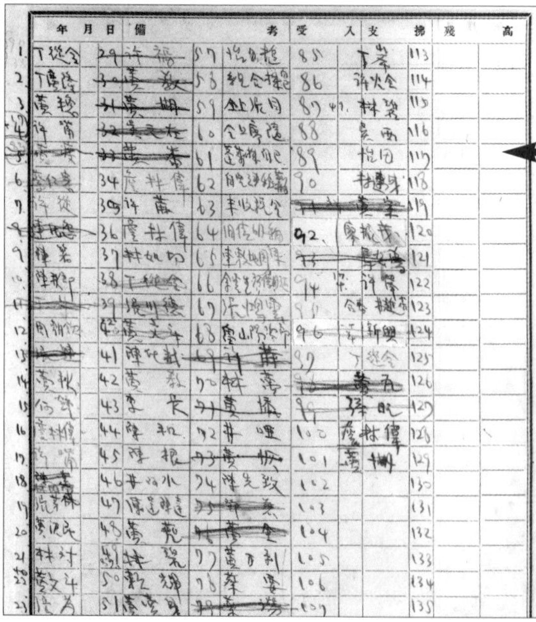

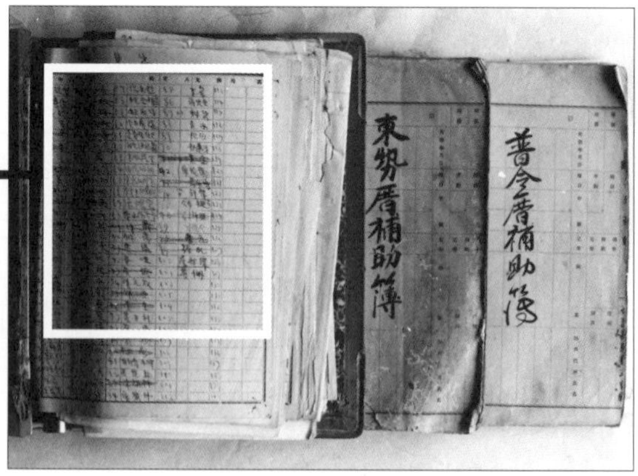

七十年改變一條街景

阿祖林本開創的一條街路

七十年的時間，
對台灣西部僻遠小村落的一條街，
會產生什麼樣的變化呢？

昭和七年(民國二十一年)，阿公林波完成阿祖林本籌組「海豐農事合資會社」的遺志，喜歡拍照的阿公並且以相機拍下當時的街景。今日我得以對照雲林縣東勢鄉東勢東路七十年前後的轉變。

今日東勢鄉鄉公所前的東勢東路，同台灣許多小鄉鎮裡的主要街道一般，一條街上五金行、藥局、小吃飲食店、銀樓、服飾店、百貨行、雜貨店、購物中心、鐘錶眼鏡行、快速沖印店……，一應俱全，很難聯想，七十年前的這裡，只是一條彎曲不整的街巷，幾乎沒有商店。

67年前的造街

黃夢熊老師今年65歲，任教於東勢國中，從民國70年起，即利用教學餘暇，走遍各村里，訪地方耆老，蒐集東勢鄉各村里之人、事、時、地、物等之原貌及演變歷程，十餘年來，不斷蒐集資料，整理撰寫成《雲林縣東勢鄉地方誌》。其中第二章東勢鄉隸屬村落沿革，關於東南村提到：民國9年，本村改隸屬於臺南州虎尾郡海口庄。地處海口庄之東7公里，為各部落交通中心位置，乃以此地設東勢厝派出所。當時東勢厝市街在三山國王廟(今賜安宮)旁，是一條彎曲不整的巷街，商店幾無，到民國19年，由來自莿桐鄉人士林本首倡提議「市街改進方案」，配合東勢鄉地方人士黃玉燕、黃文斗等協力規畫，拓寬改建而成整齊劃一、東西橫貫之市街。當時原東勢鄉住民，對商賈業之經營不感興趣，林本乃號召外地人士前來街上營商，商戶百分之八十以上均為外地人，不到數年之間，市街繁榮日盛。

◎黃夢熊老師任教於東勢國中，課餘撰成《雲林縣東勢鄉地方誌》一書。攝於86年9月3日。

荒地變市街

自大正十五年(民國十五年)，我的阿祖林本集資九十萬元，向海口庄台灣拓殖株式會社，買下一千四百甲土地，拓墾為佃，一直到昭和五年(民國十九年)的市街改進方案，期間並籌措「海豐農事合資會社」，辦理借貸事宜，鼓勵開

◎阿公林波(右一)與東勢厝開墾者合照於「海豐農事合資會社」前。阿公靠著的圓柱形磚柱，據說是阿祖林本為建設東勢厝街屋而特別燒製。約攝於昭和八年（民國22年）。

◎昭和六年（民國20年）左右，東勢東路上的屋子。

◎昭和六年（民國20年）左右，東勢東路的街景。

◎東勢東路街景。攝於86年8月6日。

◎仍住東勢鄉的親戚，張金源夫婦。此處原為林本在東勢厝時的居所。攝於民國85年9月3日。

整齊畫一之市街外，並在兩旁建築三十二戶當時算是「堂皇建築」的透天販厝，儼然若今日風行的社區造鎮計畫。屋子以竹管、土塊、磚塊合成，特別的是這三十二戶的騎樓柱子磚塊均是圓弧形，聽說是阿祖林本特別建磚窯場燒製，十分可愛。當時街上有間順發雜貨店，店主是阿媽的哥哥廖遠聲由西螺前來經營，於是大家均稱是「西螺店」。據老一輩東勢鄉人說當年一間店面值五百元，連土地有六、七十坪大，同樣的錢卻也可以買上好幾甲的土地，所以前來街上開店的有嘉義朴仔、臺南方面的人，本地人很少。

墾。只可惜昭和六年桂月，阿祖林本突然過逝，還來不及看到他多年努力的成果。一切後續事業，便由我的阿公林波繼續完成。

昭和七年(民國二十一年)，阿公林波完成阿祖林本籌組「海豐農事合資會社」的遺志，喜歡拍照的阿公並且以相機拍下當時的街景，也是合資會社的所在，今日我得以對照東勢東路七十年前後的轉變。

三十二戶堂皇建築

當年阿祖林本，除了拓寬彎曲不整之巷道，成為十米

◎不到一年光景，屋子又已拆了重建。攝於86年8月6日。

十米大道六十年不變

此後近六十年，這條十米大道，一直沒什麼改變，一直到民國78年，方才拓寬成現今十二米半之東勢東路。兩旁磚瓦建築亦因拓寬工程而改建成三、四層樓高之鋼筋水泥建築，昔日的三十二戶堂皇建築，隱身街上巷弄間，尚餘當年風影，市場前巷子裡一戶平房屋子，據說即是當年林本來東勢厝開墾時的居所，去年仍在，86年8月6日我再一次尋訪時，也已拆掉改建成三層樓房。走訪先祖開墾過的東勢厝，感到時勢的變遷、人事的轉移迅速。

開墾東勢厝阿祖林本獲頒賞狀

昭和五年(民國十九年)，阿祖林本獲大日本農會主事邀請赴日參加農事功勞者表彰式，我的阿公林波代表參加，領取了一張名譽賞狀，原因是：「農事改良獎勵及實行功績顯著」，還在明治神宮前拍了張紀念照片。除了林本，台灣共有二十五位獲頒賞狀，他們是誰呢？

昭和五年(民國十九年)10月28日，林本因大正十五年東勢厝農場一千四百甲地的買收及其後數年的開墾，獲大日本農會主事邀請赴日參加農事功勞者表彰式。11月26日我的阿公林波代表參加，領取了一張名譽賞狀，原因是：「農事改良獎勵及實行功績顯著」，還在明治神宮前拍了張紀念照片。

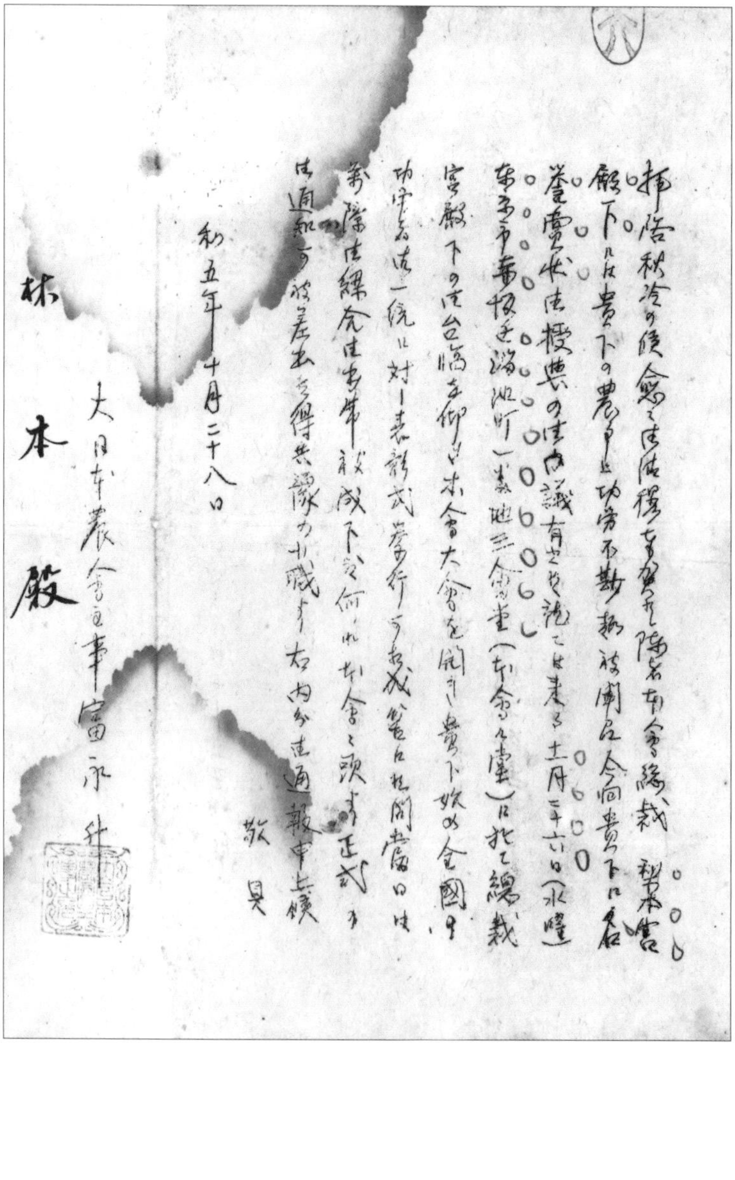
敬具
昭和五年十月二十八日
大日本農會主事 富永升
林本 殿

◎ 圖為大日本農會於昭和五年〈民國十九年〉寄給阿祖林本赴日本參加「大日本農會大會」之邀請函。

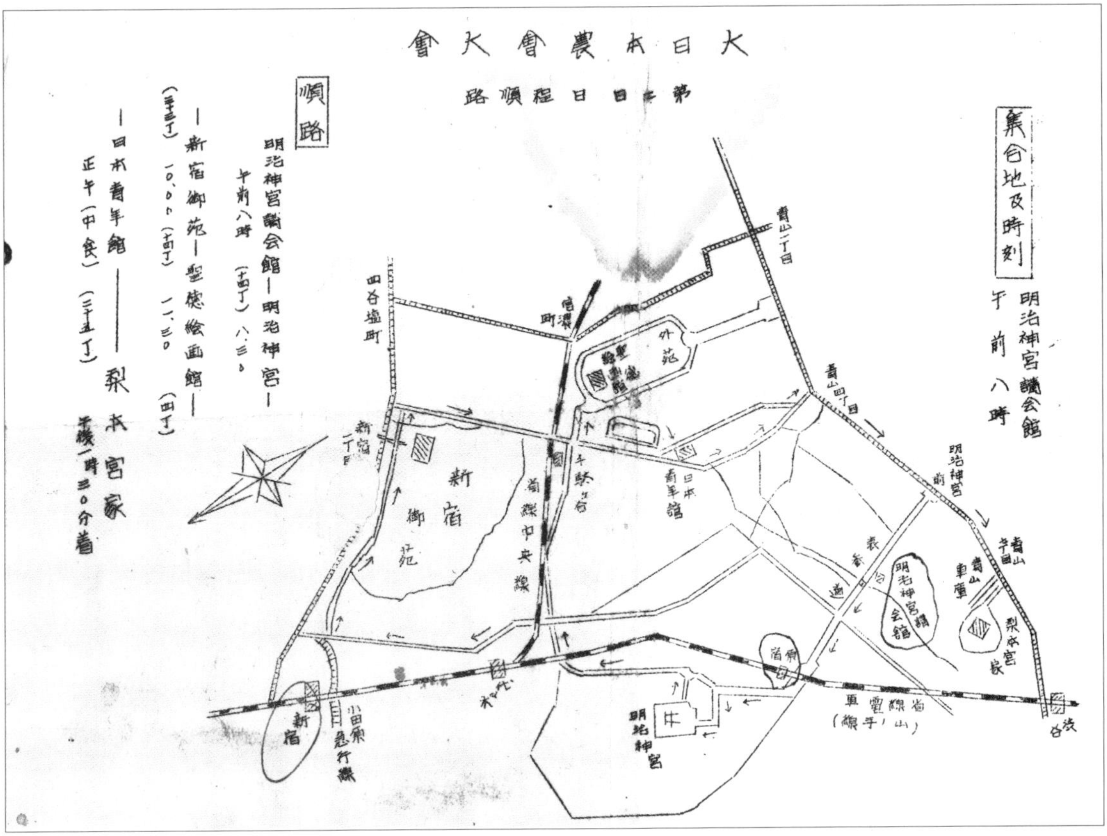

◎圖為邀請函內文及第二日日程表。

◎我的阿祖林本因為開墾東勢厝，「大日本農會」以農事改良、獎勵及實行「功績顯著」為由，於昭和五年頒與名譽賞狀及大日本農會總裁守正王手書「國本」兩字。

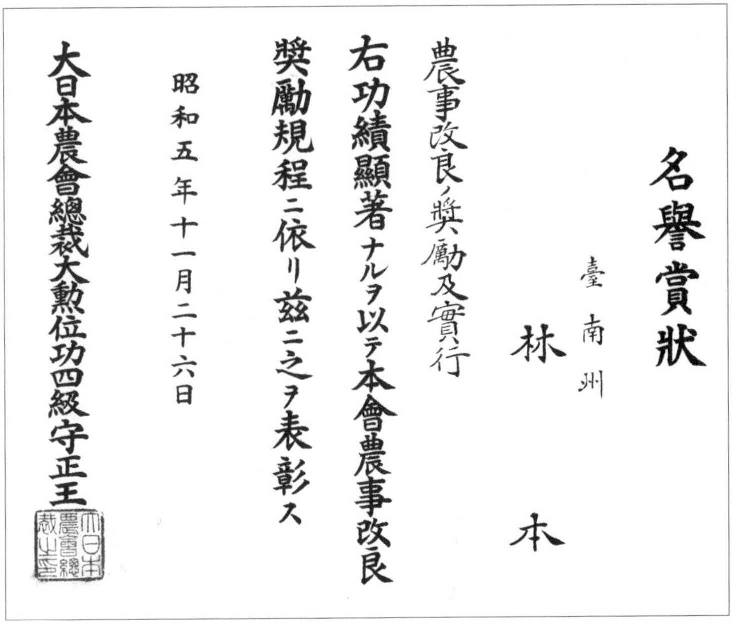

名譽賞狀

臺南州
林　本

農事改良ノ奬勵及實行
右功績顯著ナルヲ以テ本會農事改良
奬勵規程ニ依リ茲ニ之ヲ表彰ス

昭和五年十一月二十六日

大日本農會總裁大勲位功四級守正王

◎昭和五年在東京舉辦的「大日本農會大會」，除了頒獎「農事改良獎勵及實行」外，還包括農村風紀改良、農村設施經營、農業教育獎勵及實行、農村改良獎勵及實行。範圍除了日本列島外，尚包括台灣及朝鮮半島。農會、農事實行組合、農家組合或個人等，共606個單位及個人參加，其中來自台灣的有25位。資料來源：【大日本農會略史】，昭和五年11月，大日本農會出版。

臺北州

農事改良ノ獎勵及實行　高烶勇
同　鄭士印
同　謝有田
同　盧橇
同　郭扁
同　余有福
同　林順好
同　林福順
同　黃春木

新竹州

農村施設經營
農事改良ノ獎勵及實行　賴得鳳
農事改良ノ獎勵及實行　范德・逢
同　秦玉樹
同　鄭邦泗

臺中州

農事改良ノ獎勵及實行　黃約
同　蔡有

臺南州

農村施設經營　林天文
農事改良ノ獎勵及實行　徐阿地
同　林天樞
同　林本
同　謝天化
同　林文章

高雄州

農事改良ノ獎勵及實行　白石喜代治
同　陳聰鎮
同　林忠
同　莊先珍

◎ 這是參加「大日本農會大會」的台灣人名單。

海豐農事合資會社

讓阿公林波頭大的事

翻閱這些存在世上足足大我一倍年歲的
泛黃薄紙，我想知道的不是
財產目錄、損益計算，而是想瞭解，
當年讓阿公頭大的事情是什麼？

缺少數字、經濟概念，又看不懂日文的我，面對那一疊帳冊、以日文書寫的營業報告書，還包括厚厚一疊訴訟資料，真是頭大。整整六十年前的「海豐農事合資會社」到底是怎麼回事？翻閱這些存在世上足足大我一倍年歲的泛黃薄紙，我想知道的不是財產目錄、損益計算，而是想瞭解阿公林波親筆所寫，昭和七年(民國二十一年)至十一年的營業景況。當年讓阿公頭大的事情到底是什麼？

海豐農事合資會社簡介

海豐農事合資會社創立於昭和七年(民國二十一年)12月23日。位於當時的臺南州虎尾郡海口庄東勢厝一九七之二二番地。

海豐農事合資會社的成立與東勢厝的開拓有密切關係，我的阿祖林本為了讓東勢厝農場一千四百甲土地能充分利用，在昭和四、五年間即準備籌設自作農創設組合—「海豐農事合資會社」，並向日本當局申請許可中，同時也向臺灣商工銀行借款四十七萬一千五百九十元以資應用，可惜阿祖還來不及看到合資會社的設立，於昭和六年突然過世，由我的阿公林波繼續一切相關事宜。

營業ノ景況
一、當社ハ組織以來未曾有ノ旱魃ニ遭遇シ中間作ノ
如キ雜穀物ノ殆ド全滅ト云フ惨状ニシテ他作物モ殆ド
之ニ類ズルガ如キ状態ニテ漸ク六月上旬ニ至リ纔
雨來リト思ヘバ又水害甚ダシク全ク天惠ニ
惠マレズニテ之ヨリ以後ヤウヤク蔗苗大所ノ
通水ニ依リ浸潤水稻約壹百貳拾甲余並ニ昭和
九・十年期蔗作約壹百四拾甲余ノ見込アル
ノミニテ其他ハ全ク手ノ付ケ様ナク雜草ノ繁茂シ來リ
其他雜穀耕作ニ依ル雜耕作モ大旱魃ノタメ
執期ニ至リタルモ秋ノ大損難ナルハ誠ニ遺憾ニ堪ヘナイ
次第デアル九月下旬ニ至リ以上ノ被害ヲ補ハンガタメ
小麥ノ間作（水稻ノ裏及甘蔗ノ間作）ヲ計畫シ
更生ノ途ヲ開カントス

◎第一期自昭和七年十二月二十三日至昭和八年十月三十一日

昭和七年(民國二十一年)12月23日，海豐農事合資會社成立，出資者為：林波貳萬元、張同壹萬元、林陳氏滿壹萬元，資本金共是四萬元，此外另向臺灣商工銀行貸款三十餘

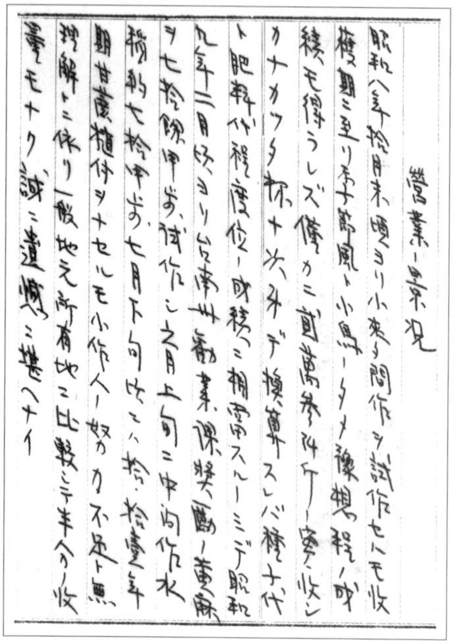

営業ノ景況

昭和八年拾月末頃ヨリ小作ヲ問作ヲ試作セルモ収
穫期ニ至リ季節風ト小鳥トノタメ豫想程ノ成
績モ得ラレズ僅カニ貳萬参仟斤ノ実ノ收シ
カナカッタ斯ナ次第デ換算スレバ種子代
ト肥料代程度位ノ成績ニ相當スルノミデ昭和
九年二月頃ヨリ台南州勧業課奨励ノ蓖麻
ヲ七拾餘甲歩試作シ之ガ上旬ニ中间作水
稲約七拾甲歩七月下旬ヒニハ拾壹年
期甘蔗植付ヲナセルモ小作人ノ努力不足ト無
理解トニ依リ一般他ノ所有地ニ比較シテ半分ノ收
量モナク誠ニ遺憾ニ堪ヘナイ

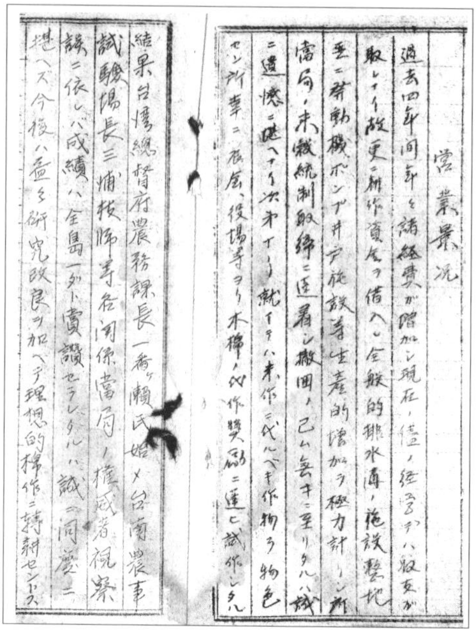

営業景況

過去四年間事ヲ諸経費ガ増加シ現在ノ儘ノ経営デハ収支ガ
取レナイ故更ニ耕作資金ヲ借入シ全般的排水溝ノ施設整地
並ニ発動機ポンプ井戸施設等生産的増加ヲ極力計ランシ所
當局ノ米職統制取締ニ逼ラシ撤回ノ己ム無キニ至リタルハ誠
ニ遺憾ニ堪ヘナイ次第ナリ就イテハ米作ニ代ルベキ作物ヲ物色
センデ所事ニ依ム役場等ヨリ木棉ノ代作奨励ニ運ビ試作シタル
結果台湾総督府農務課長一番ヶ瀬氏始メ台南農事
試驗場長三浦技師等各関係當局ノ権威者視察
談ニ依レバ成績ハ全島一ダト賞讃セラレタルハ誠ニ同慶ニ
堪ヘズ今後ハ益々研究改良ヲ加ヘテ理想的棉作ニ轉耕センドス

◎第三期自昭和九年十一月一日至昭和十年十月三十一日

◎第二期自昭和八年十月三十一日至昭和九年十月三十一日

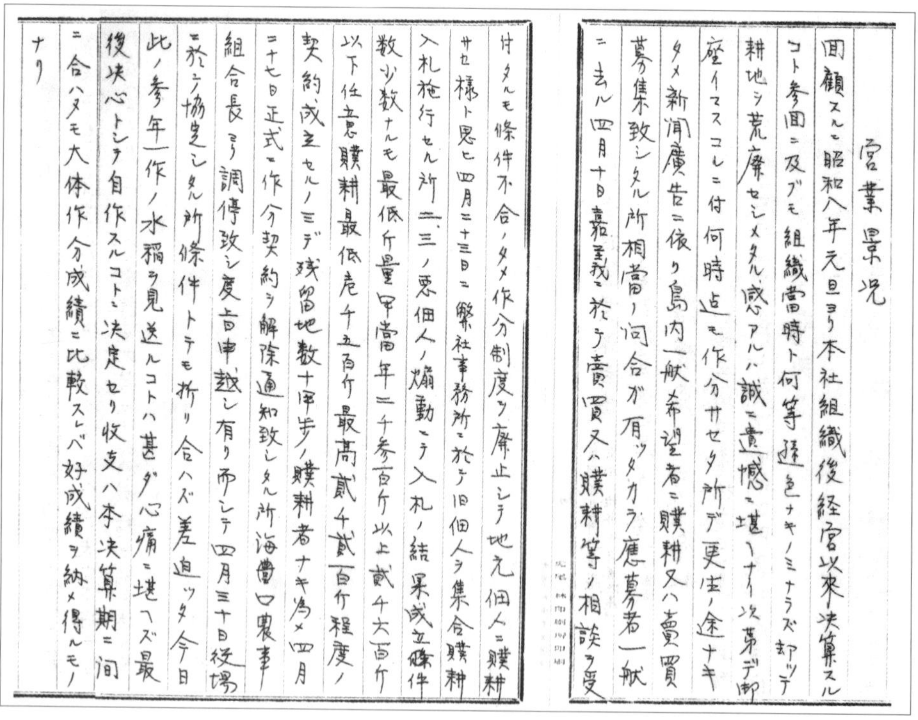

営業景況

回顧スルニ昭和八年元旦ヨリ本社組織後経営以来決算スル
コト参回ニ及ブモ組織當時ト何等變色ナキノミナラズ却ッテ
耕地ヲ荒廃セシメタルノ感アルハ誠ニ遺憾ニ堪ヘナイ次第デ御
座イマスコレニ付何時迄モ作分サセタ所デ更生ノ途ナキ
タメ新聞廣告ニ依リ島内一般希望者ニ贌耕又ハ賣買
募集致シタル所相當ノ問合ガ有ッタカラ應募者一般
ニ去ル四月十日嘉義ニ於テ賣買又ハ贌耕等ノ相談ヲ受
付タルモ條件不合ノタメ作分制度ヲ廃止シテ地元佃人ニ贌耕
サセ様ト思ヒ四月ニ十三日ニ繁社事務所ニ於テ旧佃人ヲ集合贌耕
入札施行セル所二、三ノ悪佃人ノ煽動ニテ入札ノ結果成立條件
数少数ナルモ最低斤量甲當年二千参百斤以上貳千六百斤
以下任意贌耕最低庄千五百斤最高貳千貳百斤程度ノ
契約成立セルノミデ残留地数十甲歩ノ贌耕者ナキ為メ四月
二十七日正式ニ作分契約ヲ解除通知致シタル所海豊口衆事
組合長ヨリ調停致シ度旨申越シ有リ而シテ四月三十日從場
ニ於テ協定シタル所條件トテモ折リ合ハズ差迫ッタ今日
此ノ参年一作ノ水稲ヲ見送ルコトハ甚ダ心痛ニ堪ヘズ最
後決心トシテ自作スルコトニ決定セリ收支ハ本決算期ニ間
ニ合ハヌモ大体作分成績ニ比較スレバ好成績ヲ納メ得ルモノ
ナリ

◎第四期自昭和十年十一月一日至昭和十一年十月三十一日

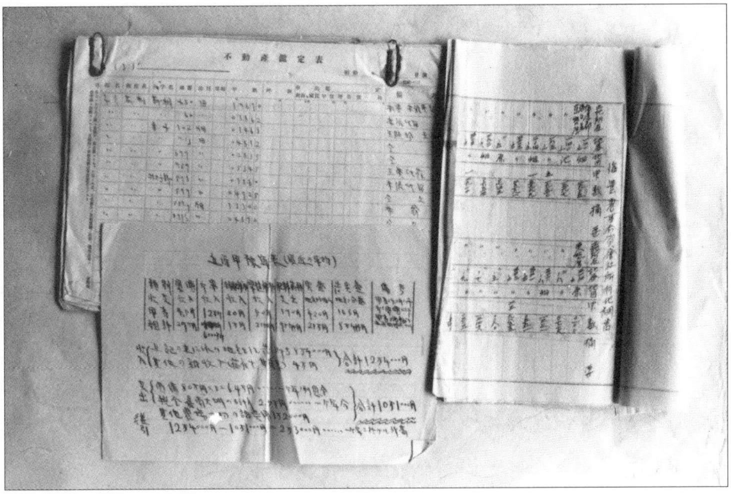

◎「海豐農事合資會社」土地現調書及不動產鑑定表。

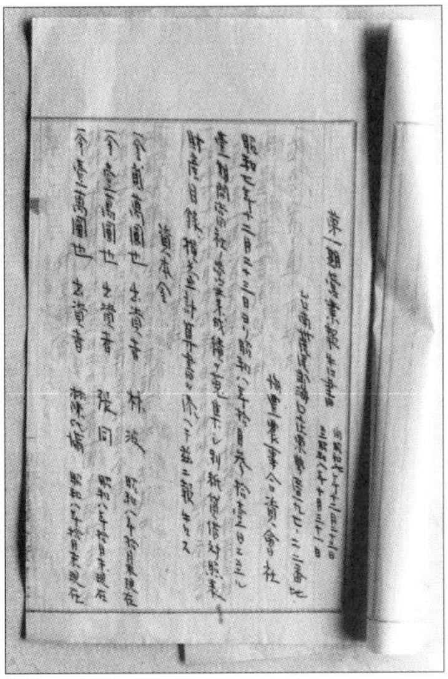

萬元以資應用，圖事業能夠廣大之發展。由林波任會社代表。

根據昭和八年1月30日制定實施的「海豐農事合資會社內規」，會社設總務部、農場部二部；總務部負責會社業務的統轄，農場部負責農場之經營，農場土地分三區：第一區　路利潭、下許厝寮所在土地，第二區　東勢厝、山寮、什張犁所在土地，第三區　五塊寮其他所在土地。涵蓋總土地甲數約三百九十三甲，建物十一間。提供貸款給農場內約一百二十名農人。

貸款款項包括：耕作前貸金、貸金、假拂金、當座預金、別段預金等項目，此外還有「假受金」是關於購買各式肥料、蔗苗等耕作之必需之貸款。

自昭和七年十二月二十三日至昭和十一年十月三十一日，海豐農事合資會社共經營了整整四個年頭。

參考資料：海豐農事合資會社內規、海豐農事合資會社一至四期營業報告書。

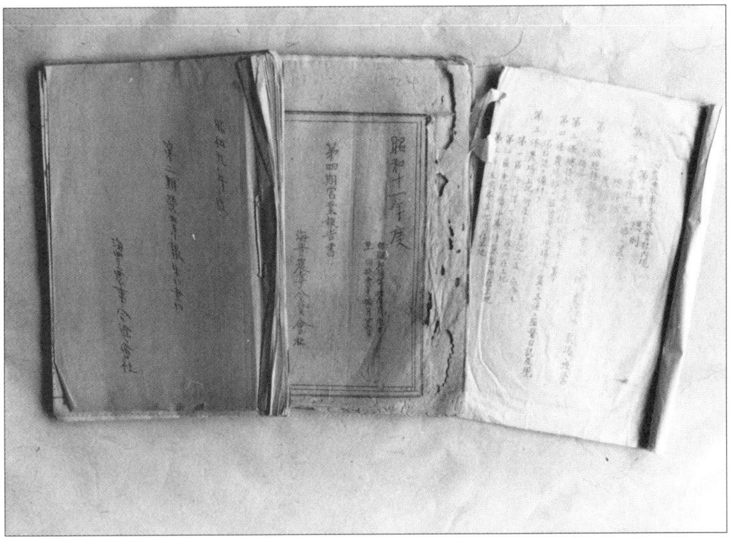

◎昭和八年的「海豐農事合資會社內規」及昭和八年至昭和十一年的「海豐農事合資會社營業報告書一至四期」。

時事變遷下林本家族的衰落

在訪談莿桐鄉、東勢鄉老一輩人的
過程中，常常被問：「你祖仔一千四百甲，
你們現在很好康？」其實不然。
但一千四百甲地怎麼不見了？
大家簡單地說是時勢變遷下失去的。
我在翻閱一疊訴訟資料後才明瞭阿公林波
替他的孫子取名「信義」的深意。

一千四百甲，但幾百甲的錢是借來的

我的尾姑婆林灼，今年74歲，她笑說：「小時候一直以為沒錢到銀行搬就有了，因為林本請了一日本人當秘書，專門跑銀行，林本總是叫秘書拿土地去銀行抵押抱些錢出來，再把這些錢貸款給農民。有時周轉不過來，銀行派人來家裡貼封條，但不貼正面，找個衣櫃貼在櫥櫃後面，意思意思而已。銀行經理是日本人，見到林本很好禮，趕快幫他提皮箱，說有林本桑來借貸，銀行才會熱鬧。」

林本大心肝作大事業，大正十四年向銀行借了四十七萬元，買下東勢厝一千四百甲土地。昭和六年8月24日阿祖林本突然過世，外人只知阿公林波繼承了大批的土地，但翻開昭和六年8月24日前後的催告書、通知書，就看見阿公林波還繼承了許多理不清的呆帳，「死不認帳」大概是這個意思吧。請看我從幾十張中挑出二張往返的「通知書」、「回答書」。現在看來挺有趣，但當時阿公大概難免傷腦筋！

一紙契約書，十一年東勢厝開墾劃下句點

我的三伯父林英勝形容當時的情景及阿公的心情，他說：「過去的田地是看天田，嘉南大圳的水灌溉不到東勢厝，完全靠馬達抽水淹甘蔗園，水不夠無法種稻，一直到嘉南大圳水來，三年一輪大部份種甘蔗、棉花或小麥，一年中半年乾旱，收不到田租，貸款的利息仍得照付。林波心想不如少做一點，不要說來一千多甲，但幾百甲的錢都是借來的。」終於在昭和十一年11月26日，阿公林波簽下一份契約書，海豐農事合資會社的土地及資產變成日人松田繁義所有。

一場官司從日治時代告到戰後

昭和十一年「海豐農事合資會社」賣給日人松田繁義後，並未解決銀行負債問題，原因是：會社當年資本金四萬元，經時價折扣為七千元，賣與松田繁義，同時松田得負擔會社之負債。結果阿公林波只拿到現金二千元，原本存在銀行三萬餘元，還被扣押償還會社債務。所以昭和十三年開始，阿公林波忙著告松田繁義。三伯父林英勝回憶：「一直告到戰後，錢仍未拿回來，土地也飛了，戰後又值四萬換一元，最慘！仍繼續告，在台北一告十多年，沒

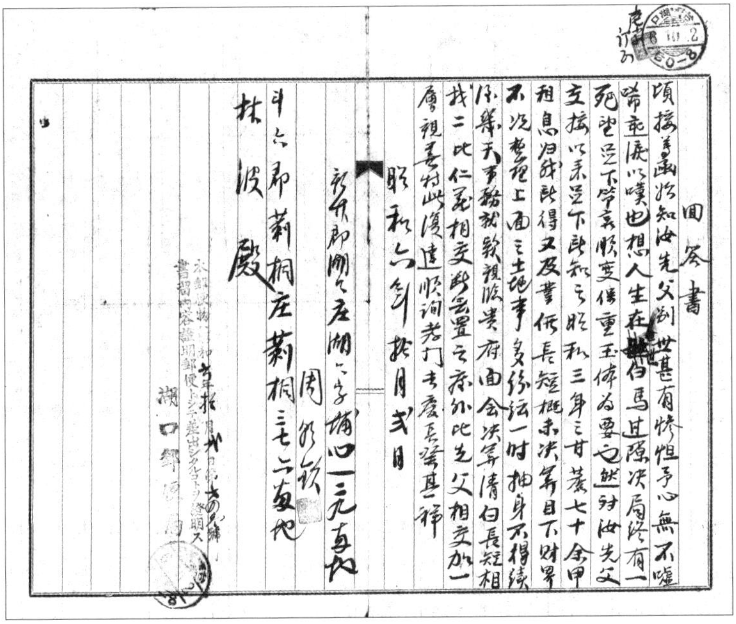

回答書

頃接華函始知汝先父剛逝甚有惻怛予心無不嗟嘆痛以嘆也想人生在世白馬過隙決局終有一死望足下節哀順變保重玉体為要也然對汝先父交接以來足下既知之昭和三年之甘蔗七十余甲租息归於賠得又及書係長短概未決算目下財界不况整理上面之土地事多紛紜一時抽身不得續俟鄙人事務就緒複回貴府面会決算清白長短相找二比仁麗相交斯雲置之孫外比先父相交加一層視善付此復達順詢老门吉慶長發其祥

昭和六年拾月弍日

新竹郡湖口庄湖口字埔心一三九番地

周朝欽

斗六郡莿桐庄莿桐三七六番地

林波殿

◎這封回答書文情並茂，首先對阿公喪父表達安慰之意，至於債務問題則表示過幾天再說。

◎都過了二十二天仍沒消息，阿公再寫張《通知書》，希望對方償清七十餘甲蔗田租息。

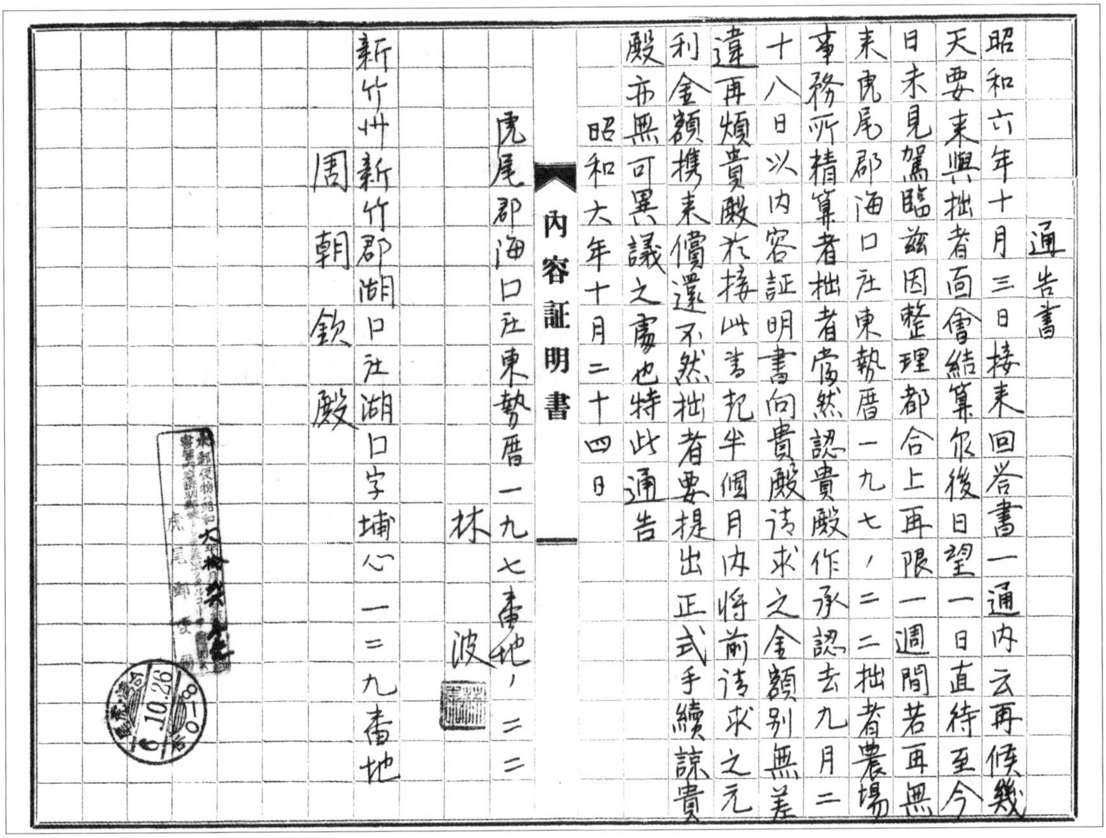

通告書

昭和六年十月三日接来回答書一通内云再候幾天要来與拙者面會結算依後日望一日直待至今日未見駕臨茲因整理都合上再限一週間若再無来虎尾郡海口庄東勢厝一九七ノ二二拙者農場事務所精算者拙者當然認貴殿作承認去九月二十八日以內容証明書向貴殿請求之金額別無差違再煩貴殿於接此書起半個月內将前請求之元利金額携来償還不然拙者要提出正式手續請貴殿亦無可異議之處也特此通告

昭和六年十月二十四日

虎尾郡海口庄東勢厝一九七番地ノ二二

林波

内容証明書

新竹州新竹郡湖口庄湖口字埔心一二九番地

周朝欽殿

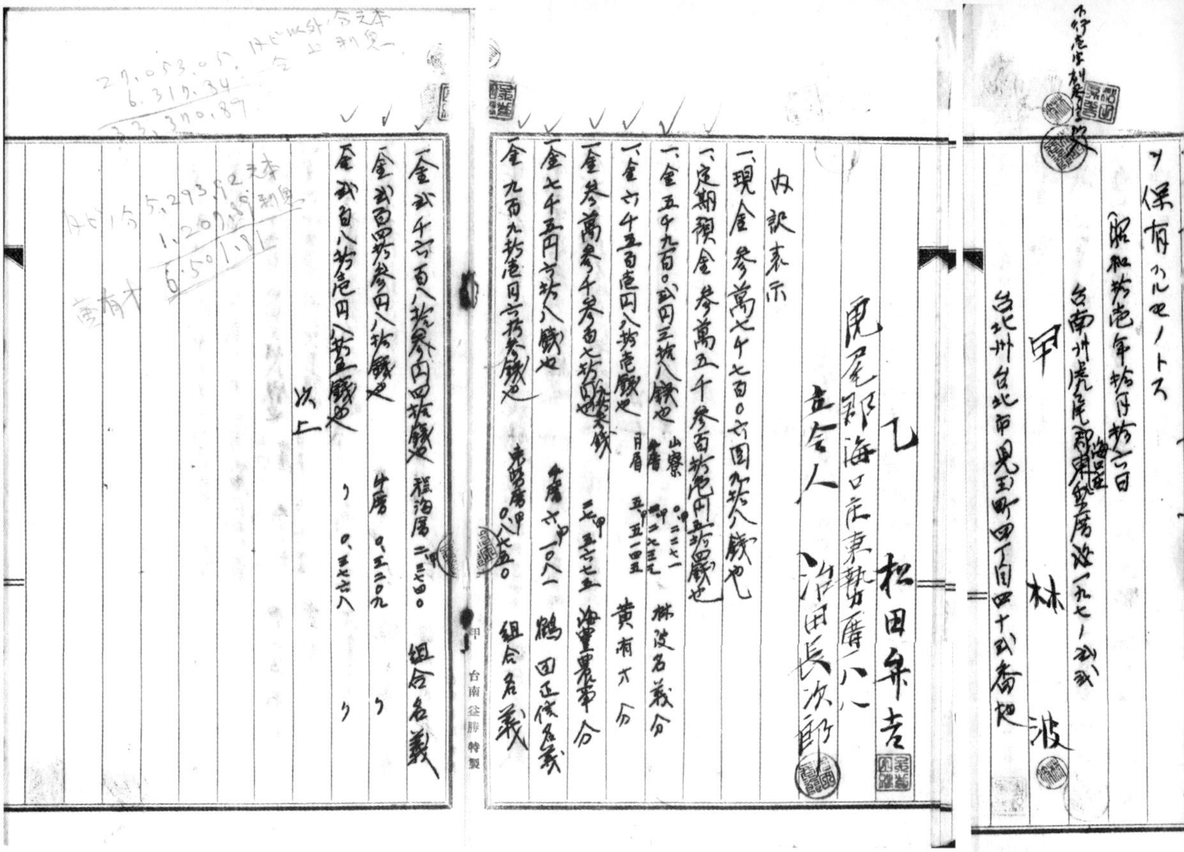

保有スルモノトス

昭和拾壹年拾貳月貳拾日

台南州虎尾郡海口庄東勢厝一九七ノ弐

台北州台北市児玉町四丁目四十弐番地

甲　林波

乙　松田泉吉

虎尾郡海口庄東勢厝一八

立會人　松田長次郎

内訳表示

以上

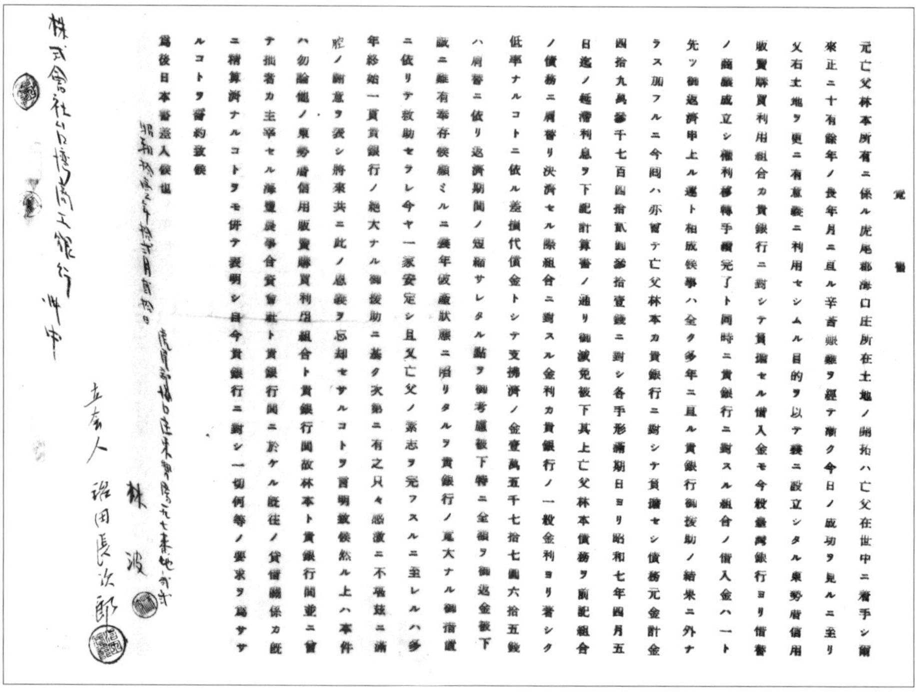

覺書

元亡父林本所有ニ係ル虎尾郡海口庄所在土地ノ開拓ハ亡父在世中ニ着手シ爾來正ニ十有餘年ノ長年月ニ亘ル辛苦艱難ヲ經テ漸ク今日ノ成功ヲ見ルニ至リ又右土地ヲ更ニ有意義ニ利用セシムル目的ヲ以テ茲ニ設立シタル東勢厝信用販賣購買利用組合カ貴銀行ニ對シテ負擔セル借入金モ今般貴銀行ヨリ借替ノ商議成立シ權利移轉手續完了ト同時ニ貴銀行ニ對スル組合ノ借入金ハ一ト先ツ御返濟申上ル運ト相成候事ハ全ク多年ニ亘ル貴銀行御援助ノ結果ニ外ナラス加フルニ今回ハ亦曾テ亡父林本カ貴銀行ニ對シテ負擔セシ債務元金計金四拾九萬參千七百四拾貳圓參拾壹錢ニ對シ各手形滿期日ヨリ昭和七年四月五日迄ノ延滯利息ヲ下記計算書ノ通リ御減免被下其上亡父林本債務ヲ前記組合ノ債務ニ肩替リ決濟セル際組合ニ對スル金利カ貴銀行ノ一般金利ヨリ著シク低率ナルコトニ依ル差損代償金トシテ支拂濟ノ金壹萬五千七拾七圓六拾五錢ハ肩替ニ依リ返濟期間ノ短縮サレタル點ヲ御考慮被下特ニ全額ヲ御返金被下誠ニ難有奉存候顧ミルニ幾年破產狀態ニ陥リタルヲ貴銀行ノ寬大ナル御指導ニ依リテ救助セラレ今ヤ一家安定シ且又亡父ノ素志ヲ完フスルニ至レルハ多年終始一貫貴銀行ノ絶大ナル御援助ニ基ク次第ニ有之只々感激ニ不堪茲ニ滿腔ノ謝意ヲ表シ將來共ニ此ノ恩義ヲ忘却セサルコトヲ言明致候然ル上ハ本件ハ勿論[illegible]ノ東勢厝信用販賣購買利用組合ト貴銀行間故林本ト貴銀行間並ニ曾テ拙者カ主宰セル海豐農事合資會社ト貴銀行間ニ於ケル既往ノ貸借關係カ既ニ精算濟ナルコトヲモ併テ表明シ自今貴銀行ニ對シ一切何等ノ要求ヲ爲サヽルコトヲ誓約致候

爲後日本書差入候也

昭和拾壹年拾貳月貳拾日

虎尾郡海口庄東勢厝一九七番地の弐

林波

立會人　松田長次郎

株式會社台灣商工銀行　御中

◎我從昭和十一年12月20日，阿公林波署名的一份「覺書」上看到，事實上阿祖林本向銀行借金加利息，對阿公的經營是很大的壓力，甚至已達破產的狀態。

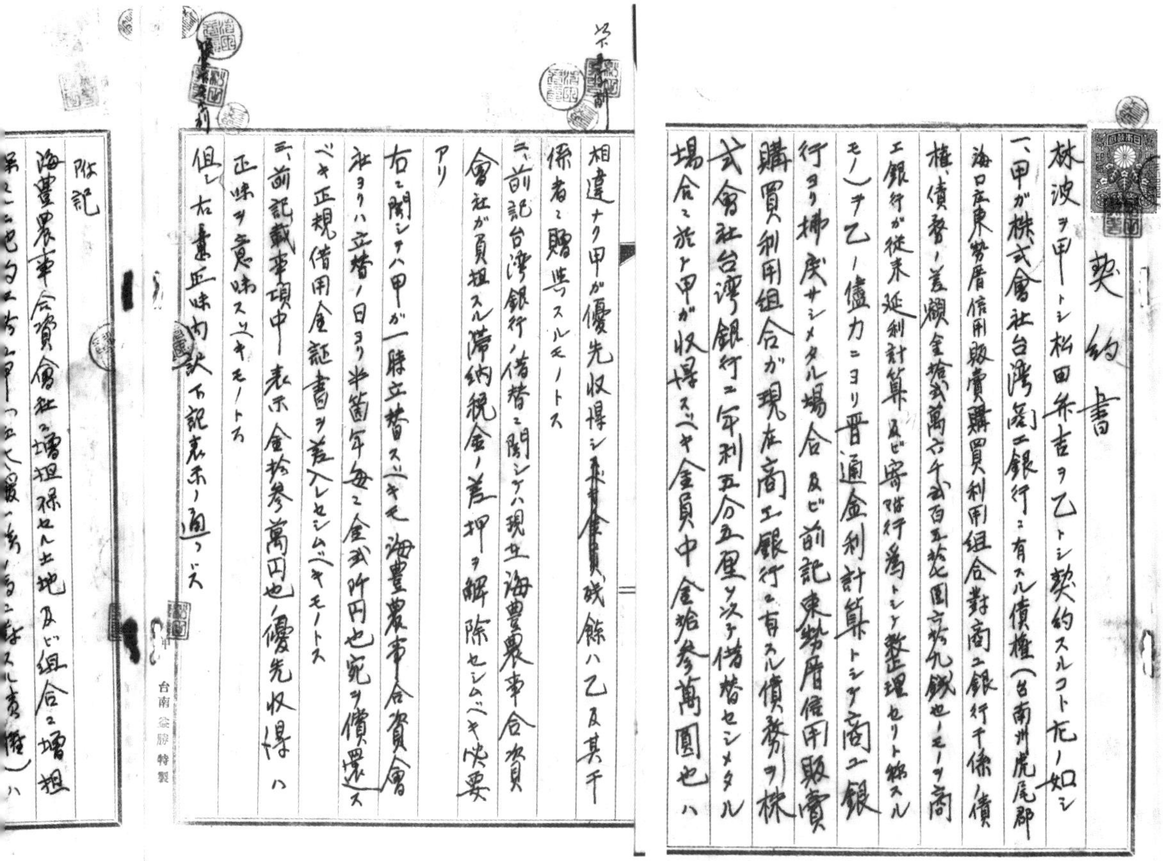

契約書

林波ヲ甲トシ松田糸吉ヲ乙トシ契約スルコト左ノ如シ

一、甲ガ株式會社台灣商工銀行ニ有スル債權（台南州虎尾郡海口庄東勢厝信用販賣購買利用組合對商工銀行千係債權、債務ノ差額金拾弐萬六千弐百五拾圓六拾九銭也ノモノヲ商工銀行ガ従來延利計算及ビ寄附行為トシテ整理セリト称スルモノ）ヲ乙ノ盡力ニヨリ普通金利計算トシテ商工銀行ヨリ拂戻サシメタル場合及ビ前記東勢厝信用販賣購買利用組合ガ現在商工銀行ニ有スル債務ヲ株式會社台灣銀行ニ年利五分五厘ヲ以テ借替セシメタル場合ニ於テ甲ガ収得スベキ金員中金拾参萬圓也ハ相違ナク甲ガ優先収得シ残餘ハ乙及其干係者ニ贈與スルモノトス

二、前記台灣銀行ノ借替ニ關シテハ現在海豐農事合資會社ガ負担スル滞納税金ノ差押ヲ解除セシムベキ必要アリ

右ニ關シテハ甲ガ一時立替スベキモ海豐農事合資會社ヨリハ立替ノ日ヨリ半箇年毎ニ金弐阡円也宛ヲ償還スベキ正規借用金証書ヲ差入レセシムベキモノトス

三、前記載事項中ニ表示金拾参萬円也ノ優先収得ハ正味ヲ意味スルモノトス

但シ右ニ正味内訳下記表示ノ通リトス

附記

海豐農事合資會社ニ増担保セル土地及ビ組合ニ増担

台南 ○靜 特製

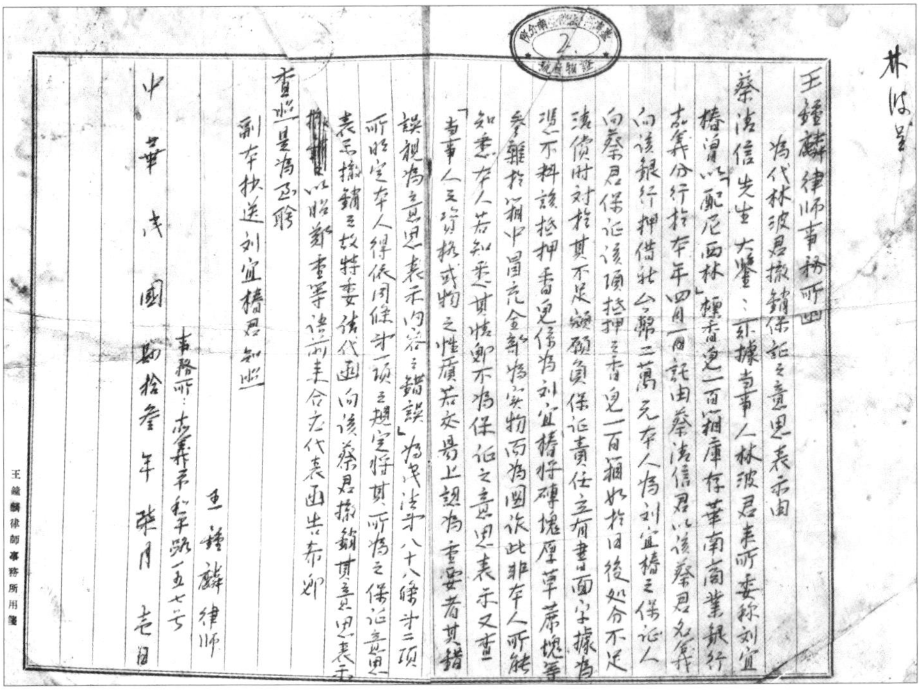

林波 呈

王鍾麟律師事務所函

為代林波君撤銷保証之意思表示由

蔡溢信先生大鑒：茲據當事人林波君來所委稱刘宜椿曾以「配尼西林」標香皂一百箱庫存華南商業銀行本萊分行於本年四月一日託由蔡溢信君以後蔡君允籌向該銀行押借壯谷幣二萬元本人為刘宜椿之保証人清償此對於其不足額願負保証責任立有書面字據為憑不料該抵押香皂係為刘宜椿將磚塊厚草蓆塊等參雜於箱中冒充全部為實物而為回收此非本人所能知悉本人若知悉其情節不為保証之意思表示又查「當事人之資格或物之性質若交易上認為重要者其錯誤視為意思表示內容之錯誤」為民法第八十八條第二項所明定本人得依同條第一項之規定將其所為之保証意思表示撤銷之故特委請代函向台端將撤銷其意思表示以昭鄭重等語前來合應代表函告希卿

查照是為至盼

副本抄送刘宜椿君知照

事務所：本萊市和平路一五七號　王鍾麟律師

中華民國四拾叁年柒月壹日

王鍾麟律師事務所用箋

◎這份契約書，賣了千甲土地卻沒拿到錢，等於白白奉送。

◎關於阿公投資生意被騙的事傳聞很多，意外翻到的信函，證實傳聞非空穴來風。

◎阿公留下厚厚一疊狀紙，花了阿公十多年寶貴的光陰。

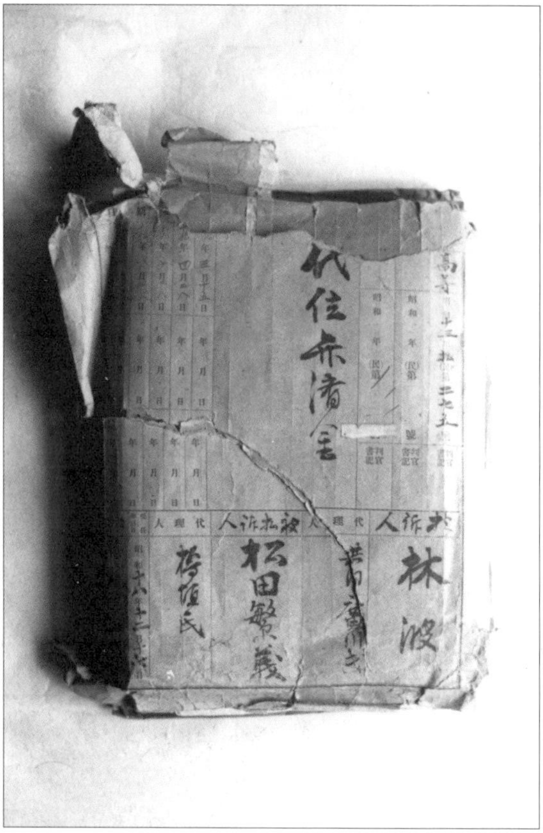

錢了回來拿塊地賣，再回台北告！」我找到一份陳情書，寫於民國三十五年四月，可以看出阿公林波對「臺灣重見青天」，「喜冤之重申」。只是「日產清理處」並未償還海豐農事合資會社之產業，阿公後來雖然放棄了訴訟，大概仍心有不甘，留下了厚厚一疊持續十多年的訴訟資料。時勢終究比人強。

林波深感信義為做人之本

提起阿公林波做生意，三伯父就有一肚子話說：「林波做生意都被莿桐以前有個做西裝的人設計騙了，例如這個人代表林波到台北南昌街樟腦局，說要供應木炭給樟腦局，拿了訂金，結果花掉，火炭也無法交，後來林波再拿錢出來還樟腦局。又有人找說要投資開報社，林波也說好，還在台北桂林路買了地。反正大家要錢都知道來找莿桐阿舍林波投資，他都說好，做的生意沒一次成功，結果人太正直、太信用人，反而被吃光光。」

三伯父說這些是他從以前台北桂林路「百月賓館」老闆方百川先生那裡聽來的，百月賓館的地就是從前林波買下要開報社用的。方百川向三伯父形容從前林波的地「死鳥飛不過」。這些全都事過境遷，重要的是民國57年我誕生時，阿公堅持名字一定要取「信義」。將近三十年後，我翻到一張將磚塊厚草席混充盤尼西林香皂一百箱，向華南商銀嘉義分行壓借新台幣二萬元的字據。我終於明白阿公取名「信義」之深意。

從滿月做戲一個月到賖米只能二斗

我聽今年83歲的四姑婆說：「你叔公林木河出生時，林本當時經濟最好，聽說滿月時，在廳前埕裡演了一個月的戲慶祝。」後來又在孩沙里的店仔頭聽說：「以前林木河七十多甲地讓人做，佃農向他說頭家收成不好，可不可以租少收些，林木河少收五十斤、一百斤也無所謂，後來失敗了，要跟人賖米，人家說最多只能賖他二斗。」告訴我這件事的黃學枝先生，今年75歲，他又說起族親伯父林頂立：「頂立仔以前發達時，回莿桐，紅紙到處貼著歡迎林頂立先生回鄉指導，大家都說那是我們頂立

陳情書

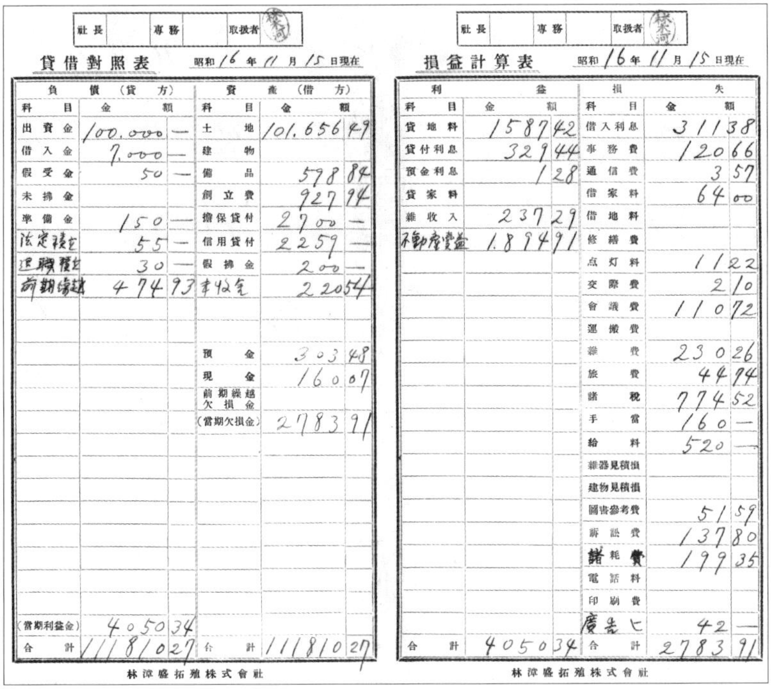

社長		專務		取扱者	

貸借對照表　昭和16年11月15日現在

負債（貸方）科目	金額		資產（借方）科目	金額	
出資金	100,000	—	土地	101,656	49
借入金	7,000	—	建物		
假受金	50	—	備品	578	84
未拂金			創立費	927	94
準備金	150	—	擔保貸付	2700	—
法定積立	55	—	信用貸付	2259	—
退職積立	30	—	假拂金	200	—
前期繰越	474	93	未收金	220	54
			預金	303	48
			現金	160	07
			前期繰越欠損金		
			（當期欠損金）	2783	91
（當期利益金）	4050	34			
合計	111810	27	合計	111810	27

林漳盛拓殖株式會社

社長		專務		取扱者	

損益計算表　昭和16年11月15日現在

利益 科目	金額		損失 科目	金額	
貸地料	1587	42	借入利息	311	38
貸付利息	329	44	事務費	120	66
預金利息	1	28	通信費	3	57
貸家料			借家料	64	00
雜收入	237	29	借地料		
不動產賣益	1.894	91	修繕費		
			点灯料	11	22
			交際費	2	10
			會議費	110	72
			運搬費		
			雜費	230	26
			旅費	44	94
			諸稅	774	52
			手當	160	—
			給料	520	—
			雜器見積損		
			建物見積損		
			圖書參考費	51	59
			訴訟費	137	80
			諸耗費	199	35
			電話料		
			印刷費		
			廣告費	42	—
合計	4050	34	合計	2783	91

林漳盛拓殖株式會社

◎ 阿公原本以為臺灣「重見青天」，日本時代海豐農事合資會社的產業會獲得妥善處理，於是寫了這封「陳情書」陳情。但他「喜寃之重申」的盼望，後來還是落空了。

◎「林漳盛拓殖株式會社」的損益、借貸對照表。

仔；一失敗大家就跑得不見人影。人就是這樣，像鳥仔一樣，有吃的時全靠攏聚過來，槍碰一聲，馬上飛光光。你還少年不知，我們這麼多歲就明白，世間就是要有錢最有用。」

時勢變遷若水流

昭和十三年(民國二十七年)林家公族創立「林漳盛拓殖株式會社」，將林家土地統一納入管理，各房分股份，另外留一部份祭祖。阿公林波任董事長，叔公林木河為書記。族親林旺條回憶說：「以前人弄一個土地管理委員會，每年三月初三，大家吃吃喝喝，馬馬虎虎談些事情，就散去。」林溪川的印象是：「林漳盛是公的財產，林家每個人發股份，後來事變砲擊，一個台北人有錢人疏散來莿桐，那時大家認為戰爭中活著算日子，很多人便將手中的股份，便宜賣給那個台北人，結果外地來的台北人變成會社的大股東。後來林木河上台北遇到此人，這個人說要賣掉股份，林木河回莿桐籌錢才再買回來，一塊一塊又轉賣莿桐人。」林

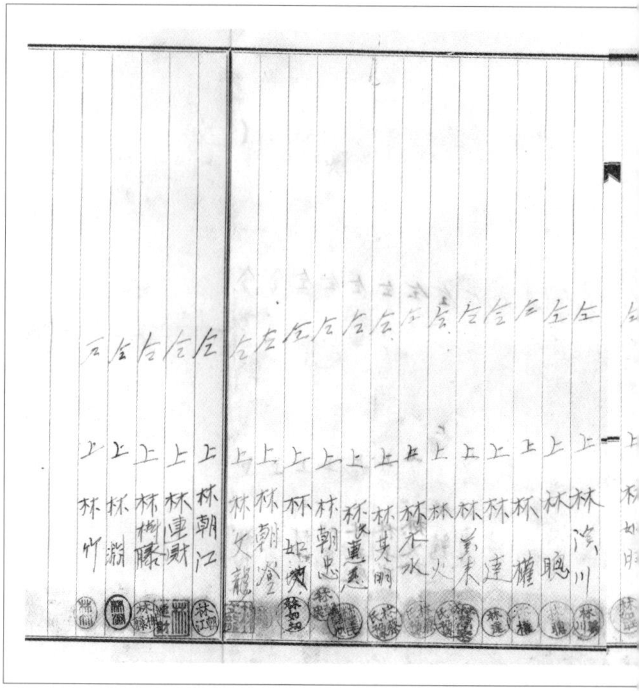

溪川記得當時一張股份五十元，大家沒錢時，又拿去賣給林波二十五元。林旺條認為之所以如此是因為：「以前土地多，每個人都是公子阿舍，做農、擔擔皆不行。光復後又經過四萬換一元、三七五減租……，大家庭普通生活開銷大，一沒錢每樣事情都行不通，又不懂得做生意，很多人開始賣地，很快的像水崩潰，整個大家族就潰敗了！」匆匆促促大環境轉變沒辦法應付，造成一大家族的衰落，林旺條仍說：「要體貼大環境如此！」

◎阿公林波幫叔公林木河以重複曝光手法拍的照片。

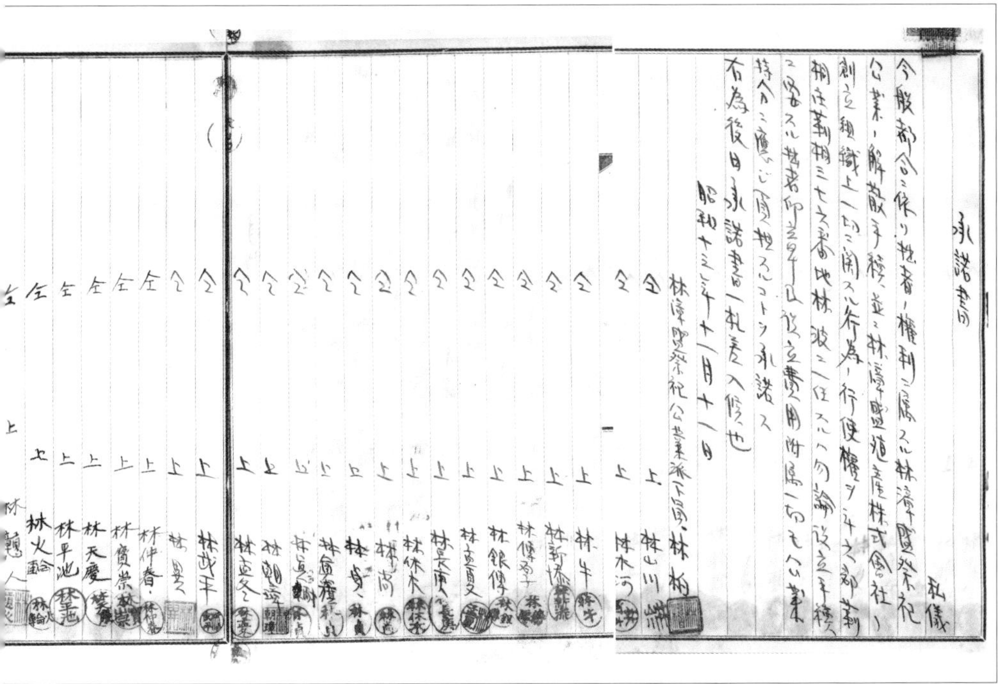
承諾書

私儀

今般都合ニ依リ拙者ノ權利ニ屬スル林濬哲祭祀公業ノ解散手續並ニ林濬哲殖產株式會社ノ創立組織上一切ニ關スル行為ノ行使權ヲ斗六郡莿桐庄莿桐三七六番地林波ニ一任スルハ勿論設立手續ニ要スル拙者印並ニ設立費用附屬一切モ公業持分ニ應シ負擔スルコトヲ承諾ス

右為後日承諾書一札差入候也

昭和十三年十一月十一日

林濬哲祭祀公業派下員 林柄

仝上 林山川

仝上 林木河

仝上 林牛

◎這張承諾書裡，可以看到林家各房族親的名字。

參億柒百萬元買柒甲貳分參厘地

大時代環境的變遷，反映在物價的波動上，最為明顯。

◎民國三十四年十二月二十四日　米價暴漲。

◎民國三十四年十二月二十九日　各地物價約為戰爭結束時的十倍。

◎民國三十五年一月十七日　臺南米價暴漲，一大斗超過貳萬元。

◎民國三十五年三月五日　物價上漲，臺灣銀行放出黃金以抑制物價。

◎民國三十五年五月二十日　開始發行台幣。

◎民國三十八年六月十五日　台幣幣制改革，舊台幣四萬元折合新台幣一元，新台幣五元折合美金一元。

◎從民國三十四年至民國四十年，每年物價上漲三點三倍，民間囤積及經營地下錢莊情形十分嚴重。（資料來源：中國時報編著《臺灣：戰後五十年》）

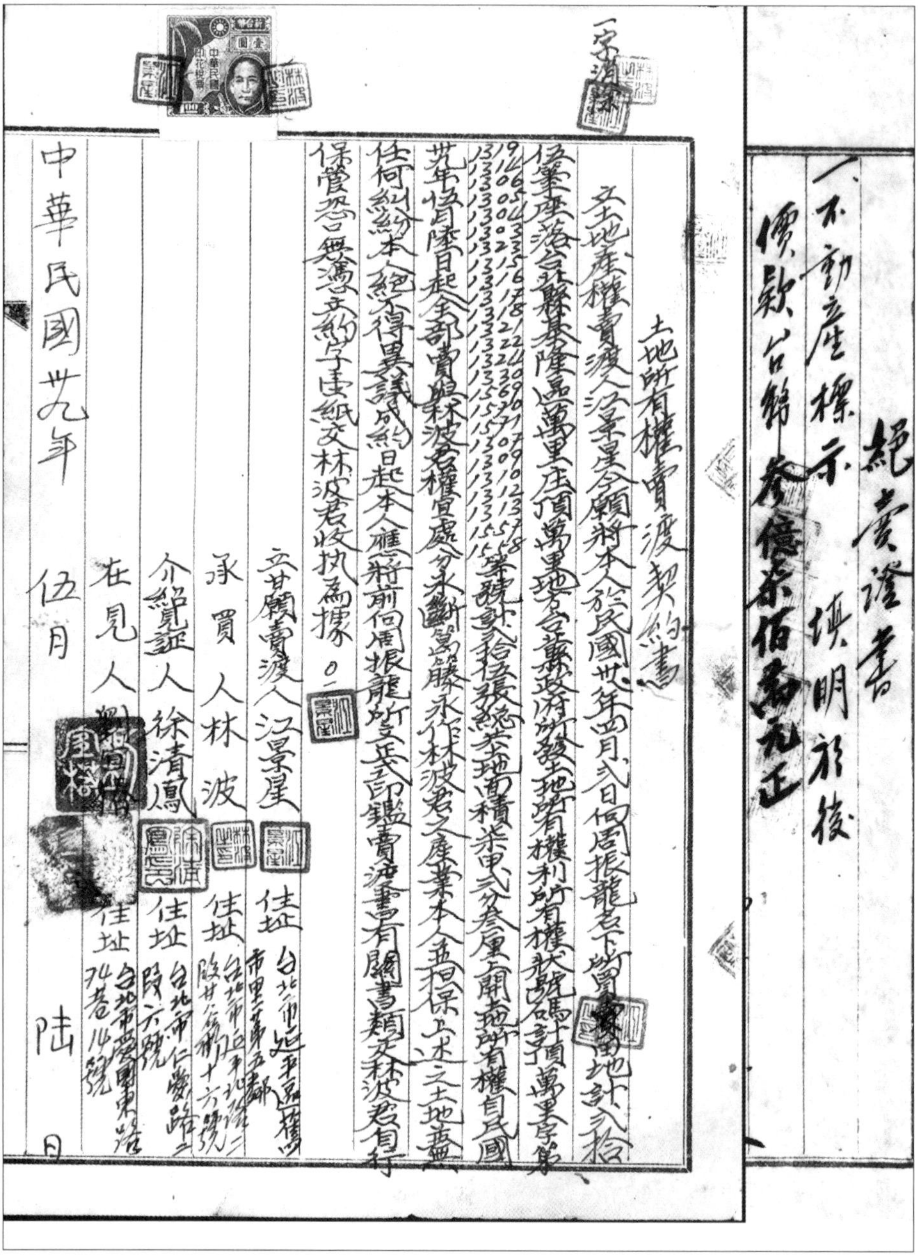

絕賣證書

一、不動產標示 填明於後

價款 台幣參億柒佰萬元正

土地所有權賣渡契約書

立土地產權賣渡人江景星今願將本人於民國卅九年四月弍日向周振龍名下所買[illegible]地計六拾伍筆座落台北縣基隆區萬里庄頂萬里地方台北縣政府所發土地所有權利所有權狀號碼計頂萬里字第[illegible]筆號計六拾伍張總共土地面積柒甲弍分叁厘上開土地所有權自民國卅九年伍月陸日起全部賣與林波君權宜處分永斷葛藤永作林波君之產業本人並保上述之土地並無任何糾紛本人絕不得異議成約日起本人應將前向周振龍所立民式印鑑賣渡書及有關書類交林波君自行保管恐口無憑立約字壹紙交林波君收執為據

立甘願賣渡人 江景星 住址 台北市[illegible]

承買人 林波 住址 台北市[illegible]

介紹見證人 徐清鳳 住址 台北市仁愛路二段六號

在見人 [illegible] 住址 台北市[illegible]

中華民國卅九年伍月陸日

◎我的阿公林波在民國三十九年五月，以參億柒百萬元，買下台北縣基隆區萬里庄頂萬里地方柒甲貳分參厘土地，幣值變化之大可為見證。

家鄉的傳說

雲林縣的莿桐鄉與東勢鄉，

均是臺灣典型的農業鄉，人與土地的情份是很深的。

走過先祖開墾過的土地，認識了我的故鄉，同時也聽見了鄉親父老口中娓娓道出

地名或人名的由來、人物傳奇、俚俗諺語、地方信仰或傳說……，

甚至連一口井，都有學問在！地方上流傳的故事，是最接近人、最接近土地的，

而且自然地耳語口傳了一代又一代，親切、溫暖地

閃動著人與土地的情感。

斗六地名的由來

從前臺灣的中南部，要建設新的公所（役所）時，嘉義和斗六的住民，互相競爭著要建設在自己的地方。這些人誰也不服輸，最後想出了一個決勝負的方法：斗六和嘉義都派出代表，各帶一斗的土來，放在秤上秤，在土比較重的那一方建設公所。

從前人認為：「土地含著不同的地氣，地氣較旺的地方，將來也比較有發展性。」嘉義人接受這樣的考量，但是土就這樣帶去的話會減輕，因此不能讓它乾燥著帶去。無論如何為了不輸斗六那一方，不得不讓土變得更重，因此在土裡摻雜著鹽，混合了鹽的土，很不容易乾燥而且也變得較重。

一天天接近雙方帶土來秤的日子……，秤的結果，嘉義的土重了許多，所以公所蓋在嘉義成為定局。負責此事者認為嘉義人來自像吳鳳那樣深具節義的地方，從此諸羅這個地名改為嘉義，意味著讚賞當地人：義氣可嘉。嘉義一斗的土加了鹽之後，重量相當於斗六的土一斗六升，所以斗六的地名就這樣產生了。

◎ 摘錄自：《臺灣地方傳說集》，臺灣藝術社，昭和十八年十二月二日初版發行

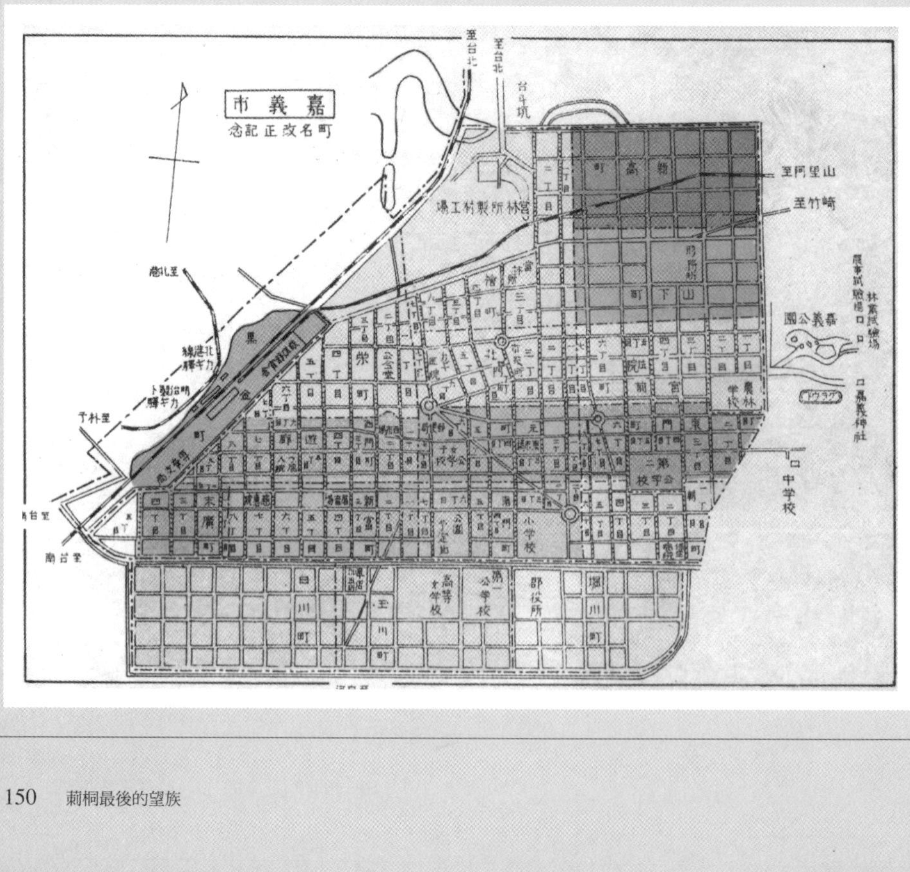

◎阿公收藏的嘉義市町名改正明信片。

能久親王的三樣寶貝

莿桐中山路上的天瑤宮，從前是林本家族的土地，日治時代捐建北白川宮遺跡所，聽說底下埋了三樣寶貝；而關於能久親王的死因眾說紛云，似乎能久親王分身有術，在臺灣死了四、五次，莿桐人也有此一說……

「能久親王和莿桐的緣份一定很深！因為能久親王的紀念碑下，埋著三樣寶貝：一隻劍、一串手珠還有一面鏡子。」今年75歲的林旺條，回憶小時候長谷總督親身來莿桐能久親王御遺跡所祭拜。從西螺到莿桐，警察、憲兵、重兵站一路，正要到莿桐時，風雨交加，一陣大雨，全部的人都濕透了。

「聽老一輩的人說日本憲兵騎的馬很高。騎在馬上四丈三，比亭仔腳還高，北白川宮本營至莿桐時住林本家，後來在大蒲林受傷，又送回林本家護龍療傷，林本怕家被拆掉建紀念碑，因此說是死在廟裡，結果媽祖間被拆掉建遺跡所。每年10月28日北白川宮的祭典，附近各地的人得來參拜，都會有人昏倒，因此準備一救護站。」今年69歲的林巽乾又說：「一直到光復後，10月28日的活動才取消，後來敲掉紀念碑，地下埋有一隻能久親王的指揮刀，現在還在莿桐，被莿桐人拿回去做紀念。」

◎圖片來源：朋友寄給阿公的明信片。大正十三年十一月，斗六郡舉行物產品評會、警察及衛生展覽會。〈見明信片上的紀念戳〉明信片圖為莿桐「北白川宮殿下御遺跡所」，石碑立於大正三年。

我的四姑婆林枝今年83歲，她記得每年10月28日，西螺、斗南、斗六一帶，五、六年級的學生，都用走的來參拜能久親王，中午在莿桐公學校吃便當，林本在家裡辦桌請老師們吃飯，提供茶水給學生喝，很熱鬧。至於當年能久親王至莿桐的情形，今年84歲埔仔人余波說：「當年日本仔佔臺灣，能久親王自北斗渡濁水溪至莿桐巷時，林本帶他糖廍內的家丁、佃農數十人，攜土槍、刀械至溪岸，準備和日人拼輸贏，土槍入槍藥入飽點火才要發射，日本人就已經對空打砲了，林本一看日本人武器這麼厲害，便撤退。後來能久親王在林本家住了一晚，白天在媽祖間辦公，大蒲林受傷後過世，運到臺南。」林溪川今年77歲，他說以前做孩仔時，不時也來遺跡所遊玩。

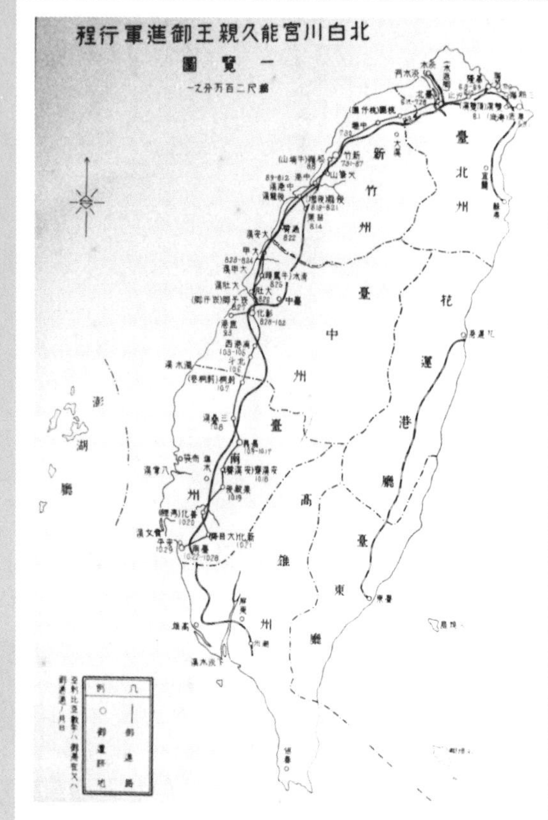

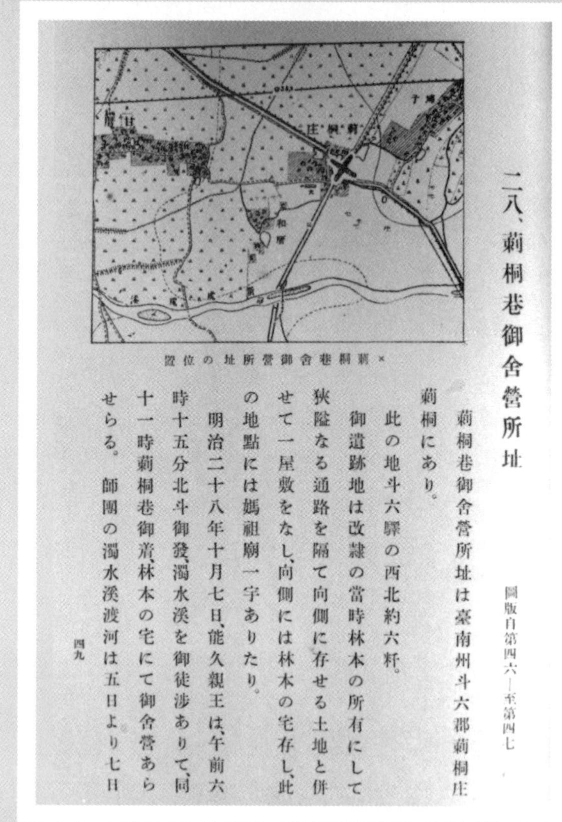

二八、莿桐巷御舍營所址

圖版自第四六—至第四七

×莿桐巷御舍營所址の位置

莿桐巷御舍營所址は臺南州斗六郡莿桐庄莿桐にあり。

此の地斗六驛の西北約六粁。

御遺跡地は改隷の當時林本の所有にして狹隘なる通路を隔て向側に存せる土地と併せて一屋敷をなし、向側には林本の宅存し、此の地點には媽祖廟一字ありたり。

明治二十八年十月七日、能久親王は、午前六時十五分北斗御發、濁水渓を御徒渉ありて、同十一時莿桐巷御着、林本の宅にて御舍營あらせらる。師團の濁水渓渡河は五日より七日

四九

◎資料來源：【北白川宮能久親王御遺跡】臺灣總督府內務局，昭和十年發行。

◎莿桐女子青年團，合照於北白川宮遺跡所前。後排左一為四姑婆林枝；後排右一為莿桐公學校校長。

孩沙里的古井與土匪

莿桐鄉振興里，以前叫孩沙里。孩沙里與新庄仔（今名新莊），合而為今莿桐鄉興桐村。孩沙里地名由來，可能為平埔族社譯音地名（註一）。新庄仔，為新建之村莊，在莿桐村西北約一公里處。

現在的振興里井然有序，路旁栽種的樹木還有村民認養，實在很難想像先前聽到的傳說：「清朝時孩沙里，很壞庄，全庄都是土匪，一到夜晚就蒙臉出外搶劫，早上才回來，全庄土匪很出名，聽說是地理的關係，孩沙里有一口井，喝了水就變土匪。」（註二）所以一進村裡，就先看看是不是有口井？

孩沙里村前村後，還不只三口井。

振興路16號旁巷內，由巷口便可望見一口井，加了鐵蓋。附近住的多是曾姓人家，曾正義就住16號，今年57歲，家中一半經營正義堂國術館，專治久年風傷、青傷、酸痛、閃挫，一半是理髮店。他聽他的老祖母說：「阮姓曾由大陸來臺灣，在孩沙里挖了這古井，有二百多年。」

「這口井一直到有自來水後才停止使用，有人認為要封掉填起來，但我認為留著做紀念也好。」曾正義認為這是庄內最早的古井，還沒有孩沙里就有這古井了！至於孩沙里名稱的由來，曾正義說：「日人統治時來這邊，看到一些小朋友，在一堆沙上玩要，所以就叫孩沙里。」

福天宮位於孩沙里中心，村內交通來往必經處。福天宮委員會廟祝吳清音（註三），今年64歲，他說：「廟地是鳥穴，所以聖母自己選住這兒。圳頭橋是鳥頭，道路彎彎是脖子，廟是鳥身，廟旁大榕樹是鳥翅。」

吳清音相信聖母做的是最好的選擇，因為連孩沙里的井都是「龍目井」。站在廟口，吳清音指著左前方說：「前頭不遠處，是

◎孩沙里振興路16號旁巷內的古井。攝於民國86年5月28日。聽曾正義說孩沙里這古井，有兩百多年歷史。

◎孩沙里的福天宮，據說是鳥穴。攝於民國86年5月28日。

龍喉，水一直汩出來，以前庄尾那片田，全吃這古井水。而庄裡另兩口井，則是龍肚與龍尾。」

「以前廖大彬做賊仔有名，晚頭仔就來躲在甘蔗園吃菸，由廟遠望庄頭甘蔗園就看得到。等天色暗了就進庄裡，偷撥稻、抓畜生。甚至於女人要出嫁，他前一夜跑去睡人家的某，真夭壽。後來被日本人抓走，怕他逃跑腳環鎖在腳骨筋。至於土匪是更早以前的事了！」

孩沙里福天宮前，隔著馬路，兩邊樹下各一家店仔頭(註四)，大家三三兩兩隨時聚散，十分自由自在，沒有人特意要來走走坐坐，卻時常每天不知不覺旋了好幾回，話題更是天南地北、海闊天空、從古至今、可文可武。坐在板凳上頭，翹起二郎腿。就這麼開講起來：

「廖大彬是麻園仔人，做賊仔專門，以前麻園仔多賊，日本仔開路通全庄。」(註五)

◎ 這口井據說是「龍喉」，曾經水汩汩湧出，灌溉孩沙里庄尾整片田。攝於民國86年5月28日。

「庄內有個目仔海住在廟後，很壞，豬走出來，被他抓到就是他的；畜生跑到他家裡面，就出不來。」

「以前雞、鴨、鵝，大家十分照顧，年節前入庄四角頭搭寮顧更，有路就要顧，怕賊仔入庄抓畜生，顧到年過。」

「那時那有錢偷，賊仔抓個畜生，壞名聲到現在，俗語說人吃名譽，現在人恐嚇取財，比土匪更惡質。」

「即使冬天缺水，庄尾龍目井，雙手汲水就有。可惜楊本縣來臺灣敗地理時，投入一石車及紅仁硃筆，井水就消了。」

註一：參閱〈雲林縣舊地名的探測〉，洪敏麟著，《雲林文獻》二十九期。
註二：林旺條口述。時間為84年4月4日，地點在莿桐村中山路。
註三：吳清音口述。時間為86年5月28日，地點在孩沙里福天宮。
註四：店仔頭，振興，曾藤國。
註五：黃學枝，75歲，興桐村孩沙里。

◎孩沙里福天宮前的店仔頭樹下，村民喜歡在此閒坐聊天。攝於民國86年5月28日。

土地公枴

莿桐鄉莿桐村南安路旁有一大片田地，每一畝地前均可見插著一竹枝，竹枝上頭劈開，夾著三枝馨香及一小疊壽金，名為「土地公枴」。

農民們相信在「八月半」時，田裡插上「土地公枴」，土地公夜半時會拄著土地公枴巡田，並保佑農作物收成好。

羊羔仔與黑溜ㄟ

從前，約在中秋過後農閒時，莿桐與孩沙里之間，有「迎暗景」的活動。

迎暗景有點類似迎神會裡的迎藝閣，但它更生動有趣、貼近生活，是農村人在農忙過後的娛樂，樸素而富於情味，如實反映了當時農村的生活況味與人情世故。

所謂的「藝閣」即為裝臺閣，分「詩意藝閣」及「蜈蚣閣」兩種。詩意藝閣的每一種裝演都是依照民間故事而來，或佈置為樓台亭閣、或成假山流水，然後請人（大多是小孩）依劇情需要扮演某些人物，如王昭君出塞、嫦娥奔月、孝子尋母、仙人泛舟等；蜈蚣閣則是形狀如蜈蚣曲長的藝閣，其扮演者高坐木板上，由人扛遊大街小巷（註一）。

孩沙里庄頭有一個阿伯叫「羊羔仔」，庄尾一個阿伯叫「黑溜ㄟ」，庄頭人用紙糊一隻鴨母追著吃黑溜；庄尾人則以紙糊一隻羊羔，一個人拿棍子追打羊羔。庄頭人拿著點番仔油的竹管仔，就著夜色簇擁那隻鴨母，追著黑溜到庄尾；庄尾人也不甘示弱，一路棒打羊羔上庄頭。每夜，庄頭迎至庄尾，再由庄尾迎回庄頭，人人興致高昂（註二）。

不只庄頭庄尾彼此較勁，鄰近的村莊間彼此也有迎暗景比賽。約八十年前，莿桐與孩沙里，在每年中秋節前後，由在地肚子邊有些錢的人，負擔出錢辦迎暗景比賽。要扮什麼出頭，各憑本事、所好，有所謂蜈蚣藝、也有桌仔藝。長長的蜈蚣藝，抬架上頭站六、七個少年仔，個個妝得美美的。

既比美醜、比變化、比熱鬧又展舞藝、敲鑼鼓、打拳頭。頭一夜由莿桐人迎暗景至孩沙里，隔一夜再由孩沙里人，迎他們的暗景至莿桐，並請公道人評判。在輸人不輸陣的心理下，各庄莫不竭盡所能，期能出奇制勝（註三）。但勝負並非是迎暗景比賽最終的目的。在一年辛勤努力後，有了收成，農村人創造出「迎暗景」來娛樂自己，又聯絡了彼此感情。

註一：《臺灣三百年》生活文化篇宗教民俗。
註二：曾正義口述。時間86年5月28日，地點於莿桐鄉興桐村孩沙里振興路。
註三：廖裕堂（民前6年生）口述。時間86年4月19日，地點於台北市。

女中丈夫—陳林氏寶

在雲林縣地方上，流傳一句俗諺：「要害瘋寶仔，顛倒瘋寶仔好」。從斗六到海口，都有跛寶仔的地。日人形容她是「女丈夫」，這是什麼緣故呢？

斗六附近，以前有一個女人，檳榔吃很大，脾氣又壞，走路一拐一拐，出門都坐人力車，人稱「瘋寶仔」。日人調查土地地籍時，大家想開她玩笑，便將一些沒人要的地，都插上有她名字的旗子，結果反而讓她擁有了許多土地，後來成為地方上很有勢的人，有人被日本人抓去關，她說讓他出來就可以出來，所以有了「要害瘋寶仔倒，顛倒瘋寶仔好。」這句俗諺（註一）。

大家都說瘋寶仔寮是插來的，背後原來是要害瘋寶仔乎死。（註二）

今年87歲的黃添寶，住在雲林縣東勢鄉嘉隆村，提起跛寶仔，他說：「本來要到斗六，去看跛寶仔的厝生成怎樣，到現在還沒去。」（註三），可見「跛寶仔」在雲林縣同「林本桑」一樣，名聲通大海。

「以前要買土地，得找跛寶仔，人家跟她說這片土地是她的，她才知道她有這片土地。」黃添寶說：「那是因為以前的土地，很多都是黃土、水窪，沒收成所以沒人要，日人來時劃地，土地劃是誰的誰就要繳稅，大家把土地都劃給跛寶仔，想讓她不夠本，付稅付死！沒想到後來土地發展，要買土地得找跛寶仔。」

陳林氏寶君

△出生地 臺灣嘉義廳

△現住所 臺灣嘉義廳斗六堡街五六四番地 電話二八

△生年月 明治七年四月十六日

材木 膠灰 酒類販賣業並質業

陳林氏寶君、明治七年四月十六日、生於嘉義廳斗六堡斗六街、自十二歲之時從定兄文秀才林愼恩、研究漢學、二十歲、嫁于他家、二十四歲之時即明治三十一年、其夫病死、於是二十五歲復歸實家、爾來獨立、使役僕婢、自從事農業、明治四十一年、投下其所得利益、經營材木商並膠灰商、又購買家屋田圃爲其所有、明治四十四年、購買斗六街俱樂部、轉居于此、自大正四年經營酒類商肇始質業、以迄今日、有十萬圓之資產、年々上納稅金千圓、可謂女丈夫、貧家有能者則以施與木棺金錢爲常、慈善之志至厚矣。養子曰陳奇孫曰陳村、親族中有資產名望之家多數也

註一：林春德（82歲）口述。時間86年5月28日，地點於莿桐鄉甘厝村。

註二：林有香（89歲）口述。時間86年5月27日，地點於莿桐鄉莿桐村光復路民生巷。

註三：陳林氏寶於明治四十四年，購買斗六街俱樂部，轉居於此。（大正人名辭典）

◎資料來源：《大正人名辭典》

紅磚房裡好賣地

前一陣子台糖興建的一批住宅，因為售價較便宜，引起民間建築公司的抗議，台糖則說明是因為加強利用開發台糖既有土地，所以土地成本較低。台糖許多的土地是怎麼來的？有此一說……

台糖虎尾總廠政風課長黃嘉益，今年60歲，已在台糖工作36年，他曾聽一老先生說：「當時糖廠邊有一紅磚房子，日本的製糖會社，把農民抓去關在紅磚房裡，一餐給一粒肉粽，不蓋章答應賣地的人就繼續關，直到他答應賣地，章蓋下去才放出去。」

黃嘉益解釋：「日治時代製糖會社的土地取得，是半強制性，以低廉的價格收購。從明治年間到大正年代，所有大日本製糖會社的土地戶籍清清楚楚，明治幾年向什麼人買哪塊地，地政資料記載得清清楚楚。以前的農民失去土地後又不懂得投資，不會理財，錢花完後，便長期與製糖會社合作，生活狀況不好。」

虎尾糖廠的前身是「大日本製糖株式會社」，成立於明治四十一年(西元1908年)，昭和十年(民國24年)增建龍巖工場(今褒忠鄉田洋村)，其規模之宏大與設備之齊全，當時冠蓋亞洲。昭和十八年(民國32年)大日本製糖株式會社改稱「大日本製糖興業株式會社」。

今雲林縣的斗六、莿桐、斗南、西螺、土庫、褒忠、東勢等鄉鎮，都是大日本製糖會社的原料區，虎尾鎮原名「五間厝」，因製糖會社之建立，人口逐漸集中而發展，可以說有糖廠才有虎尾！

◎昭和十六年，臺灣糖業圖。

保正就像雜貨店

我的阿公林波，曾在昭和十三年(民國27年)至昭和十五年(民國29年)間，擔任莿桐庄助役，所以家裡有一小冊子《莿桐庄勢一覽表》(昭和十四年版)，裡頭詳載莿桐的土地、戶口、教育、衛生等，甚至於包括莿桐庄共有幾隻豬、水牛、黃牛、山羊、雞、鴦、鵝、七面鳥。可以說將莿桐庄當時的一切鉅細靡遺地記載在這本子上。

在社會教化那欄，有「部落振興會」的名稱，其中新庄部落振興會的會長是林有香，今年92歲了，現在住在莿桐鄉埔仔村，我到他家裡向他請教，什麼是部落振興會？

他說：「部落振興會是昭和十三年中日戰爭後，昭和十四年時為推行皇民化，普遍在各村里設置的。當時一村里是一保，由各村里的保正兼部落振興會會長。保正在戰時還兼防空隊幹部，也負責配給米、水利的管制等，全都由保正總攬，保正就像雜貨店。昭和十六年開始，一個月有三十元可以領。」

附註：「保正還兼製糖會社的原料委員，原料委員在每年製糖會社開工期，得負責調度工人採收甘蔗及搬運，以供會社製糖。委員可從中獲取差價，因此大家在吃地瓜時，保正家可以吃雞、鴨，挖竹筍，在當時已算是很大的享受。」(虎尾糖廠政風課長黃嘉益口述)

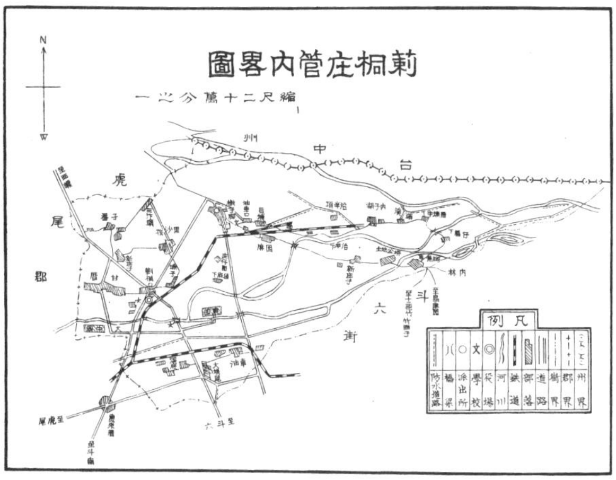

教育

性別	內地人 學齡兒童	內地人 就學兒童	內地人 就學步合	本島人 學齡兒童	本島人 就學兒童	本島人 就學步合
男	四三	三九	九〇、〇三%	一、六六〇	八四八	五一、〇九%
女	三〇	二九	九六、六六%	一、五八〇	三一二	一九、七四%

社會教育	青年團	婦人會	國語講習所	家長會	計
數	三	一六	一四	一六	四八
員	三、三六五	二、二三三	七七二	二、二三三	八、六〇〇人

社寺

社寺廟宇	神社	寺院	寺廟齋堂	神明會	計
	—	—	—	—	—

教派別信徒	神道	佛教	基督教(天主教)	計
	—	—	一	一

社會教化

部落名稱	會長名	創立年月日	會員數
莿桐部落振興會	林柏	昭和十三年七月一日	一九九人
番子〃	張傳享	昭和九年四月一日	二二四
三汴頭〃	林欽田	昭和十年七月四日	二六
孩沙里〃	陳懷	昭和九年四月五日	二〇七
新庄〃	林有香	昭和十年三月七日	二二一
甘厝〃	鐘福春	昭和五年六月三日	二六七
埔子〃	曾溪泉	昭和十三年七月二日	一二六
下麻園〃	林敬文	昭和十三年七月六日	七七
樹子腳〃	林漢	昭和十三年七月五日	二五七
麻園〃	郭仁正	昭和十三年七月五日	二一六
新庄子〃	陳德喜	昭和十三年七月八日	
湖子內〃	鄭天堂	昭和十三年七月一日	七四
莿蕉腳〃	張樹	昭和十三年七月七日	七九
油車〃	鐘日	昭和十三年十一月十四日	二九三
大埔尾〃	張平	昭和十三年七月一日	九〇
溪底〃	林樹	昭和九年四月一日	八六

州指定國語講習所	昭和十三年度修了者數 男	女	計	昭和十四年度末現在 男	女	昭和十四年度豫算
莿桐國語講習所	—	五五	五五		六四	六〇〇
番子〃	六	四八	五四	一九	四五	五二二
油車〃	一八	四二	六〇	一七	五一	六〇〇
大埔尾〃	一五	三九	五四	一六	二八	五一〇
新庄〃	二五	五一	七六	一四	六五	五一〇
甘厝〃	—	七〇	七〇	六七	六七	五一〇
孩沙里〃	一六	三〇	四六	五	三八	六〇〇
埔子〃	—	—	—	一九	四六	六〇〇
樹子腳〃	—	六一	六一	—	六〇	[illegible]

◎資料來源：昭和十四年版《莿桐庄勢一覽表》

火輪仔姆坐火車本事大

日治末，由於戰爭物資十分缺乏，一般人家都沒什麼東西可以吃。

莿桐有個婦人，大家稱呼她「火輪仔姆」，火輪仔姆有一項本事，至今仍被人津津樂道，那就是，火輪仔姆不識字，卻能將莿桐至台北的這條火車路跑透透，躲憲兵、躲查票、被捉到怎麼應付，火輪仔姆全套搭火車的本事樣樣行得通，最後憲兵全都熟了，還幫他們介紹鄉下小姐，當起媒人婆。

據說事情是這樣的，火輪仔姆都愛由莿桐拿自己醃製的肉乾、榨的麻油、土豆等吃食至台北，和台北的日本人換布料或穿過的外套。那時禁止私下殺豬，火輪仔姆有一次偷偷殺了隻小豬，為了能順利帶到台北交換東西，便幫小豬戴起帽子，幫牠穿襪子，還一路假裝哄著嬰兒，揹著到台北，那時火車很慢，早上坐晚上才到，火輪仔姆很厲害，坐火車都不用車票，從後邊偷跑上車，檢查車票時趕緊躲廁所，下車後也知道哪個巷子可以鑽出去。

萬一被憲兵抓到，火輪仔姆就說：「查某人家裡有小孩，加減賺吃，拿個東西至台北換，小孩才有衣服穿……」講著講著求情，最後說要介紹鄉下小姐給憲兵當女朋友。介紹來介紹去，結果後來專門當媒人，撮合了好幾對。

火輪仔姆總有辦法行得通。

口述：林久美，67歲；林英勝，60歲。
時間：86年8月7日。地點：台中市大墩十六街。

坐火車吃鴨蛋真高興

我的四姑婆林枝今年83歲，她在昭和三年時(民國17年)就讀台北第三高女。她回憶那時由莿桐北上台北，都是搭火車，搭火車最高興的事是吃火車上的鴨蛋。煮熟的鴨蛋，三個一角，沾鹽吃。因為那時家裡煮的蛋大都是菜脯蛋、蔥蛋，除非家中有人過生日，平時很少有機會吃到整顆的蛋，所以時至今日四姑婆最記得，坐火車時最高興有煮的鴨蛋吃。

平安歸來叫大轉

「日本仔來時，大家喊日本仔來，直直走，四處藏。日本仔看到跑的就殺，說是土匪，如果做正當事的不必跑。」今年87歲的黃添寶，常常聽他的阿爸說起日本仔來時那段往事，被打死也沒處討。

黃添寶說：「阮阿爸那時被日本人捉去，日本人拿稻草要他吃，吃完後看他的手結一層繭很厚，說他是做粗重、拿鋤頭的人，便放他走。阮阿爸被捉後放回來那一晚，阮大哥剛好出生，所以叫『大轉』，意思是人回來了，不要緊了、不用怕了！」

口述：黃添寶，87歲，雲林縣東勢鄉嘉隆村人。時間：86年8月6日。地點：東勢鄉賜安宮前。

◎東勢鄉人黃添寶，常聽他的阿爸說起日本仔來時的往事。

插花的是土匪

「日人時代要捉土匪，他先寵土匪。」今年82歲的林春德說。日人先在斗六請土匪吃飯，又送他東西，對他特別好，土匪們吃好鬥相報，說日本仔來真好康。幾次之後，一日辦桌招請全臺灣的土匪，同一日同一時在各地分別請。入宴前先幫土匪別上紅花、黃花，等土匪全坐定時，憲兵在外圍上好幾圈，時間一到，土匪發現情況不對，措手不及往外跳，只要戴上花的跳出來全被插死。

林春德會知道這件事，是因為從前長貢寮有個人，幫日本人長貢仔做事，他聽說斗六要請客便想去，結果被長貢仔打嘴巴罵饞嘴。後來才知道那是要命的一餐。

口述：林春德，82歲。時間：86年5月28日。地點：莿桐鄉甘厝村。

附註：根據《雲林縣志稿》大事記，明治三十五年(西元1902年)記載：日政府於5月25日舉行歸順式，囑去年歸順之簡水壽、張雍、劉容等及其所屬，囑其補行歸順儀式，同時又勸誘張大猷及其所屬出來歸順參加儀式。又分別在斗六、林圯埔、西螺、他里霧等地，同時舉行其他義軍之歸順式計畫，實施集體屠殺政策。

四書五經讀透透　不識黿鼈龜鼇竈

甘厝村頭雜貨店裡，二、三人聚在一起「開講」是日常事。聊起從前、提起漢文，他們興高采烈隨口就說：「四書五經讀透透，不識黿鼈龜鼇竈。」，像小孩子牙牙學語般開心。「附近住著一位老先生，書讀很多，會寫漢文，真博！常看他拿一本書在翻字。」才說著就帶著我去見他。

林來旺，今年83歲，一個人獨居，身體尚健朗，平日裡同人下下棋，檳榔香菸也少不了。說起他那十四字名言，笑得真開懷又有點不好意思，他說很久沒寫了，忘光光，字很難寫又都很像，四書五經很深，讀通是秀才資格，就是龍虎。

「漢字很難寫，但很準、會通。」興致一來，又說：「䫈就是見到山谷裡有女子，眼睛瞇起來看；埜就是墅；人說話為信；涉就是水止了，下面剩一些水可涉過…。」林來旺顫動著手，一筆一劃拼湊他心裡的漢字。他認為人就要做道德，小事讓人佔便宜沒關係，過了就算，不要生言造語。做人不貪不取、要中正，走正道自然天就保佑。

林來旺拿出從前手抄的歌本，怡然自得拉起中弦。

口述：林來旺，83歲。地點：甘厝村。時間：86年5月27日。
附註：溪底寮村民：王平作，81歲。王登鋒，68歲。黃江忠，64歲。他們對「四書五經讀透透，不識黿鼈龜鼇竈」這句俗諺，也是耳熟能詳。他們認為這句話是幽默從前人光讀書歌，所以會讀不會寫。
曾藤國則說，漢字雖難寫，臺灣話更難講。國語說「打你」就完了，台語的打你，口氣中還可以加上：搥、撞、踢、抽、打五種生動的形容。
曾藤國口述。地點：莿桐鄉興桐村孩沙里。時間：86年5月28日。

◎甘厝村人林來旺，平日喜歡下棋，興致來時拉中弦。

後記

莿桐三好

問起叔公對莿桐的感情，
老鄉長毫不猶豫的說：「莿桐有三好：
氣候好、土地沃、物產多。」

莿桐和平路20號，厚生診所，老醫生林異今年89歲，民國27年起就在莿桐開業，如今診所已休息停業，仍不時有人前來敲門看診。

林異是我的叔公，他曾任一屆莿桐鄉長、二屆農會理事長及一屆縣議員。叔公驕傲的說：「你可以去調查我有沒有用錢買票或吃了一塊錢。」林異叔公競選鄉長的政見很乾脆：實施民主政治、實現三民主義。我的爸爸說他小時候林異叔公常常到家裡找阿公聊天，每次就聊三民主義，講著講著不久阿公就睡著了，還打呼，阿媽便負起談論民主政治的重責大任。

去年我曾經找過叔公林異，但他臥病在床。今年四、五月間，幾次見面叔公精神好多了，每次他總一再的對我說：「人無病平安最要緊，子孫要教育，勤勞孝順錯不了。」叔公談到電視上播出白曉燕一事，感慨的說：「對的錢賺多多不要緊，該省的一定要節省。」

問起叔公對莿桐的感情，老鄉長毫不猶豫的說：「莿桐有三好：氣候好、土地沃、物產多。」他認為提高莿桐鄉民的文化水準最要緊，文化水準提高，生活水準就會跟著提高。

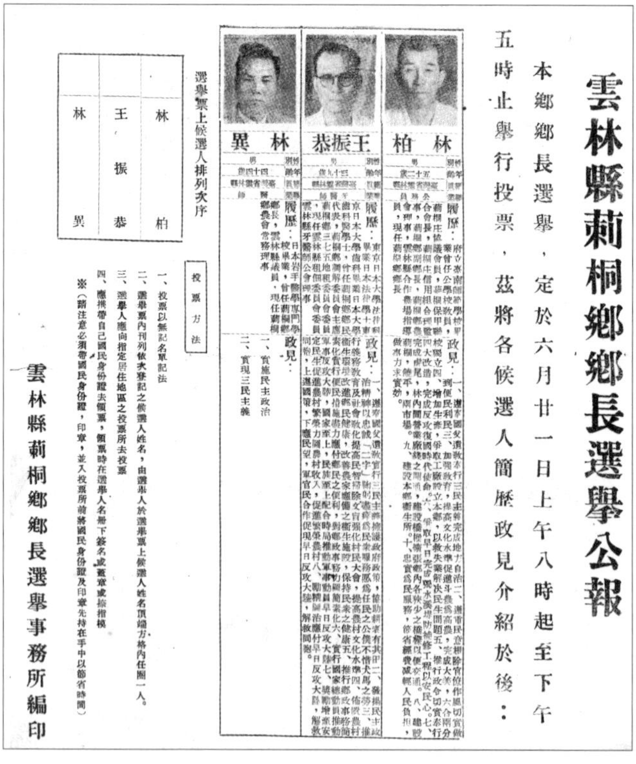
雲林縣莿桐鄉鄉長選舉公報

本鄉鄉長選舉，定於六月廿一日上午八時起至下午五時止舉行投票，茲將各候選人簡歷政見介紹於後：

林柏

王振恭

林異
履歷：日本岩手醫學專門學校畢業，曾任莿桐鄉鄉長，雲林縣議員，現任莿桐鄉農會常務理事
政見：
一、實施民主政治
二、實現三民主義

選舉票上候選人排列次序

林柏	王振恭	林異

投票方法

一、投票以無記名單記法
二、選舉票內刊列依次登記之候選人姓名，由選舉人於選舉票上候選人姓名頂端方格內任圈一人。
三、選舉人應向指定居住地區之投票所去投票
四、應携帶自己國民身份證去領票，領票時在選舉人名冊下簽名或蓋章或捺指模
※（請注意必須帶國民身份證，印章，並入投票所前將國民身份證及印章先持在手中以節省時間）

雲林縣莿桐鄉鄉長選舉事務所編印

◎民國四十年，莿桐鄉第一屆鄉長選舉的選舉公報，叔公林異的政見是：實施民主政治、實現三民主義。

家鄉的懷抱

每次回莿桐心裡總想：
「這裡就是出生懷抱我的地方，
我在這裡遙遙學步、牙牙學語……」
但我對它卻是陌生的。探尋家族故事，
讓我再次重溫家鄉的懷抱……

莿桐中山路上六十九號，在民國五十年代初期，開了家「順安西藥房」。民國五十五年九月，爸爸林英治從這兒出發，經西螺大橋，抵彰化縣福興鄉的埤頭，迎娶我的媽媽王淑美。

民國五十七年我出生，其後數年，就是在「順安西藥房」爸媽親人的懷抱中成長。五年後搬離莿桐。

每次回莿桐心裡總想：「這裡就是出生懷抱

◎民國55年，中山路上的「順安西藥房」。

◎「順安西藥房」今為「光陽機車行」。攝於民國86年9月23日。

◎記憶中莿桐家中的後院很精彩，有爸爸養的許多小鳥並栽植許多植物，媽媽在後院幫我和弟弟洗澡，圖為爸爸、媽媽與我在家中後院的留影。

◎爸爸抱著足歲的我，有子萬事足？

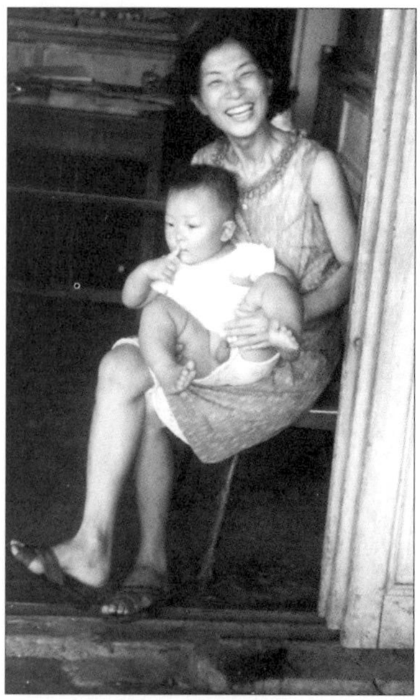

◎ 三十年前媽媽在莿桐家門口抱著我，很開心的笑著。

我的地方，我在這裡遙遙學步、牙牙學語，在莿桐國小操場學會騎腳踏車……」但我對它卻是陌生的。今年四月因為進行《莿桐最後的望族》研究調查計畫，年近三十的我得有機會，回頭好好看看這曾經懷抱著我成長的家鄉。

人說「三十年為一世」，又說「三十而立」，三十年前家鄉懷抱著我，三十年後我張臂迎向了家鄉……

探尋家族故事的過程中，我重溫家鄉的懷抱。

沈默的見證

阿公幾十年前拍照過的地方，
是哪裡？
現在變成什麼樣呢？
我不禁跟隨著阿公的腳步與眼睛，
大街小巷裡穿梭時空的隧道……

今日莿桐中山路上的天瑤宮，五十年前還是北白川宮遺跡所；而今年慶祝三十生日的莿桐教會今址，在民國五十年初時，還是一片水池；許多斗六人曾光顧過府前路附近的軍公教福利中心，大正十五年(民國15年)落成時是日本皇太子行啟紀念公館；不變的是位於西螺「雲林農田水利會西螺管理區」現址，六十年來，建築不變、功能不移，只是上頭高掛的紅太陽，轉成青天白日滿地紅。

政權的轉移、經濟結構的改組以及社會快速的變遷，連看似可以永恆存在的建築，也難保不被摧毀、永不改移。然而這些地方上顯著的建築，確是大家生活中共同的記憶，沈默見證了地方發展的歷史。

◎莿桐中山路130號現址，曾是日治時代的北白川宮遺跡所所在，石碑立於大正三年。

◎莿桐教會今址，在民國54年之前，是一片水塘。此照片約攝於昭和十六年(民國31年)。（上左）

◎莿桐教會建成於民國55年12月。攝於民國86年9月23日。（上右）

◎民國十五年時斗六市府前路的中山橋。

◎中山橋今景。攝於民國86年4月30日。

◎府前路101號國防部福利站(聯合福利中心)今景。攝於民國86年4月30日。

◎大正十五年(1926年)10月17日，斗六郡紀念公館落成。此行啟紀念公館為紀念大正十二年4月昭和皇太子來臺之建築。

◎雲林縣農田水利會西螺管理區現址，約建於昭和四年（民國18年），當時是「虎尾郡水利組合」，歷經近六十年時間，這棟建築一直沒什麼改變。民國35年至37年左右，它的大門一直懸著一副廖學昆所書的對聯：「水長水短及時為利」；「水養民生農政關心追禹跡：利滋國運糧官翹首祝堯天」。約攝於日治末期，民國30年左右。

◎臺灣省雲林縣農田水利會西螺區管理處的這棟建築，六十年來一直沒什麼改變。攝於民國86年9月23日。

耕耘心田

林本家族開墾過土地五百甲也罷，一千四百甲也罷，阿公留下的卻是比土地還寶貴可珍惜的。整理阿公留下的老照片與史料時，我才明瞭原來阿公是要我「耕耘心田」！

阿公的母校

阿公林波的明信片裡，有許多張是臺南師範學校的校景、上課情形及課外活動。那是因為大正十二年(民國12年)日本皇太子至臺南師院學校，校方發行了一套紀念明信片；同年11月，南師舉辦第三回校友會運動會，又發行了一套紀念明信片。當時我的阿公正就讀於臺南師範學校，所以買了許多明信片，由明信片解說中我意外得知，那時臺南赤崁樓竟然是南師的校舍！

思慕的心情

「各位同學，我們入學當初計有四十名數，共聚南師攻讀歷經五載，際此期間因中途赴日深造或退學外，結果三十三人獲得畢業；嗣後各奔前程，業經四十二年來未曾會面至今，尚存者僅二十一人，弟深信每位均思念日據同時，相信每一位同學心中均渴望有個機會聚首暢敘，藉以回憶這漫長四十二年間

◎民國11年3月10日，臺南師範學校桶盤淺新校舍(今樹林街現址)，落成啟用。

◎ 大正年間（民國初年）臺南赤崁樓竟然曾是臺南師範學校的校舍，不知道住在古蹟裡是什麼滋味？

的種種演變，以及互訴思慕的心情；為此發起開此一盛會……。」

—南師民國十年豫科二學級首居同學會錄。

情意綿棉

阿公林波自民國57年7月，在嘉義豪華餐廳參加了南師本科第五屆畢業同學首次聯誼會，此後每年均參加，參加的人每年均合影一張留念，一直到民國66年，已是第11次同學會，隔年民國67年，阿公過逝。

每次看阿公他們第一次同學會合照的照片，都很感動。上頭寫：

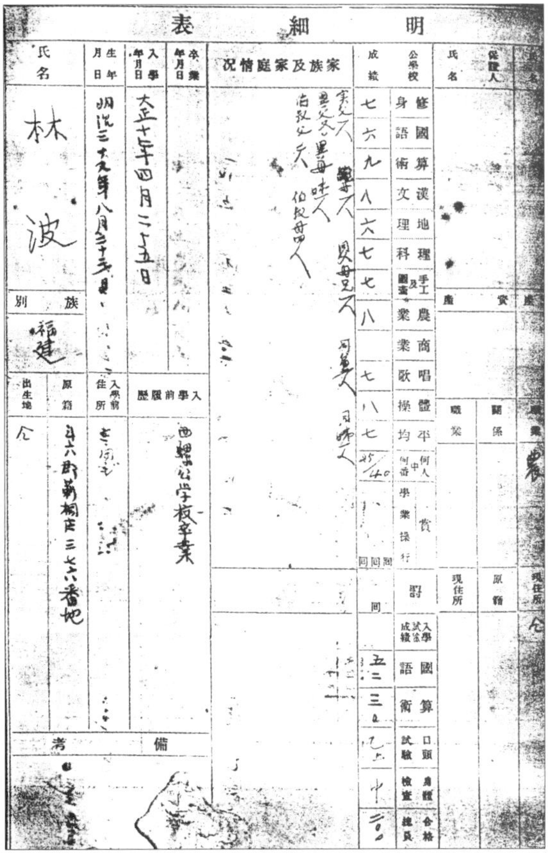

明細表

氏名：林波

生年月日：明治三十九年八月二十三日

入學年月日：大正十年四月二十五日

族別：福建

入學前履歷：西螺公學校卒業

家族及家庭情況

學業成績表

少時惜別各東西　建業興家自不同

但願年年欣此會　相逢莫笑白頭翁

有二位昔時同學未到，還擺上他們的照片在合照裡，真是情意綿綿。

這樣的情意讓我好奇，臺南師範學校現在怎麼樣了？

民國86年1月12日至1月17日，我特地南下臺南古都，想體會阿公當年穿梭過的街頭巷弄，吃過的小吃，並尋訪阿公76年前就讀的母校，現在是國立臺南師範學院，盼望能多知道些阿公的種種。一到門口，就覺很熟悉，因為大門口那棟大樓在明信片上見過。結果我在教務處一櫃子陳年資料裡找到阿公在南師五年的成績單。找到這份成績單讓我開心不已！

耕耘心田

《莿桐最後的望族》研究調查計畫進行期間，

◎ 竹山鎮牽手的老夫妻，林保寶攝(1968-)。攝於民國78年。

鄉親們不時會問一個問題：「你阿公土地那麼多，你們現在過得很好康吧！」由於說來話長，我只能笑而不答。心想我那可愛的阿公，留下比土地還寶貴的東西呢！開墾過的土地五百甲也罷，一千四百甲也罷，阿公通通不留，原來他是要子孫「耕耘心田」！

民國68年12月，愛拍照的阿公林波過世後一年，爸爸林英治買了台相機送我，並教我調相機的光圈、快門，那年我才12歲，迫不及待拍了一卷底片，18年後因此產生了《莿桐最後的望族》之可能。人生的因緣實在是很奇妙！

◎ 日月潭邵族，林波攝(1906-1978)。約攝於日治末期，民國30年左右。

◎《莿桐最後的望族》裡幾乎所有老照片均是阿公拍的，所有文件均是他悉心保留的。每每我不解時，心裡就浮現：「如果阿公還在的話就好了！」如果阿公還在的話，今年應已92高齡，如果他的記憶尚佳，那麼許多他拍的照片中，人、事、時、地、物，都可瞭解；許多他留下的文件，都可說明。然而阿公逝世近二十年了，樂天愛遊玩拍照的阿公，早不知神遊海會哪兒逍遙去了？

人生的邂逅與留別

端詳一張半個世紀前阿公林波拍的照片，照片上寫著：「恩師西城先生二十年邂逅紀念」。想及我與邵世光老師的緣份，正巧已十年，帶著相機拍下一張「恩師邵世光先生十年邂逅紀念」照片。

前一日朋友來電提及要幫老師慶生，並上陽明山洗溫泉，問我是否參加？本來電話裡已回答：「事忙不特意出門，改天有機會碰面再說。」心想邵老師的性情亦是不喜人如此大費周章的。

掛下電話便忙著翻閱幾冊老相本，尋找一張《蒴桐最後的望族》即將用上的照片。從前

◎昭和16年（民國30年），阿公林波(立者左六)與其老師西城先生(著和服者)邂逅二十年照片。

16. 6. 1.
恩師西城
先生二十年邂逅記念

◎認識邵世光老師轉眼已十年。民國86年9月11日，邵老師生日，攝於陽明山史紫忱老師家。

人拍照十分有意思，常常在照片裡下方加上一行字，寫著「……留別紀念、送別紀念、離別紀念；…還鄉留影紀念；歡迎…留念；…結婚紀念；…同學會存念；…修了、卒業、畢業紀念，……」。家裡的老相本，每一本裡總少不了有幾張這樣排排坐或排排站的相片，以前覺得這樣的紀念相片甚無聊無趣，總懶得多看它一眼，這回卻特別留心注意照片下方這短短一行字。

在一本相簿裡意外發現了一張照片上寫著：「恩師西城先生二十年邂逅紀念」。照片攝於昭和十六年(民國30年)6月1日。曾聽今年74歲的屘姑婆說：「西城老師在西螺公學校教書時，正好教了你阿公阿媽，後來你阿公阿媽結婚時，請西城老師當媒人。西城老師的先生原來是虎尾大日本製糖會社的職員，意外過世後，西城老師便回日本了。他每年總會寄孩子的衣服、餅乾來家裡，大家很歡喜。昭和十六年時，西城老師因想念大家而回臺灣，你阿公開車載著西城老師及我們一家人至阿里山、霧社等地遊玩，並拍了許多相片，過了半年多西城老師又回日本。原以為不會再見面，結果昭和十九年，我到東京又見面了。」這張照片想必即是西城老師昭和十六年回臺灣時，與二十年前她在西螺公學校教過學生的合照，光陰荏苒，當年的小朋友早已過而立之年。

轉眼阿公林波逝世近二十年，端詳這張寫著「恩師西城先生二十年邂逅紀念」一世紀前的照片，心頭一驚，人生的邂逅與別離，又能有幾個十年呢？

我與邵世光老師的緣份，正是十年前在一所學校裡「中國文化史」的課堂上。趕緊撥了電話告訴朋友，也要參加這聚會，並且帶著相機拍下一張「恩師邵世光先生十年邂逅紀念」照片。

不要忘記
自己最初的感動……

我們家祖孫三代在「照相」這件事情上「一脈相傳」。老家角落裡的舊照片，是我最初的感動，我忘記了嗎？

「人總是容易忘記自己最初的感動」。如果不是朋友提醒，我已經淹沒在資料堆裡不可自拔。「不要忘記自己最初的感動」朋友又說，這句話倒像是「師父」給徒弟參悟的「功課」。

什麼是我探尋家族故事最初的感動呢？我擦亮眼，想看清這發動的源頭。

老家角落裡的舊照片，是我最初的感動，「照」亮我「追蹤」家族故事的開頭。

這本書裡的照片是愛拍照的阿公，加上愛拍照的伯父們及爸爸，以及愛拍照的我，祖孫三代不知不覺在拍照這件事情上「一脈相傳」！而我「碰巧」遇上了。

「照相」是會遺傳的。我覺得這項遺傳真美妙！

阿公好像在一旁微微笑著，看我做這件事。

「不要忘記自己最初的感動」就像顆種籽，因緣成熟時自會發芽成枝繁葉茂，能庇蔭的大樹……。

◎ 爸爸拍攝鏡子裡寫字的我，我在鏡子裡也看到拍照的爸爸。那年我十二歲，小學四年級，爸爸送了我一台手調相機，從此我有了「攝影之眼」。

◎十二歲時爸爸教我調光圈快門，我現學現賣，馬上請爸爸跟弟弟當模特兒，拍了人生第一卷底片。

附錄一

文化薪傳的典型

我所認識的林保寶，是一位充滿熱忱、並有實幹精神的年輕藝術工作者，擅長於攝影及報導散文。

在一連串的本土田野攝影及文字發表過後，他談起有志於《莿桐最後的望族》的深入調查計畫。此計畫緣起於家族性珍貴的歷史文件及老照片的發現。林保寶的曾祖林本是日治時代首創「海豐農事合資會社」、促成雲林縣東勢鄉長足發展的地主望族。又因為林保寶的祖父林波深愛攝影，因而保全了大量牽連地方歷史發展的老照片。整理這一批文字史料及照片，再加上今昔對照式的田野調查，林保寶此一家族「尋根」的計畫，將有助於雲林縣莿桐鄉及東勢鄉地方史的建立。

近年來，臺灣的文化建設著重於社區文化的建立，而社區文化又必須奠基於地方歷史的共識。相信在新一代如林保寶的自覺性努力下，地方歷史將破土而出，形成具凝聚力的歷史情感，從而建立地方文化的特色。

民國86年間，林保寶不時挾大堆圖片資料來訪，與我探討有關他《莿桐最後的望族》家族史調查計畫的工作方法，其中包括了報導文學的寫作法，以及成書的編輯手法等。

《莿桐最後的望族》計畫始於年輕人尋根的單純熱情，實際工作起來卻需莫大耐力和技巧去面對龐雜、瑣細、難以判明及收拾的調查資料。半年下來，我眼見林保寶逐漸掌握了報導文學的技術，成為優秀的家族史調查工作者。

九月末，收到他《莿桐最後的望族》成書的草樣。翻閱其中充滿家族親情、且包含理性史料的圖文，深為這項工作的花落果熟而高興。

值此文化面貌劇烈轉型的二十世紀末，無數傳承的價值和歷史，都彷彿可以化為飛灰而無人在意；卻也能因新一代人的熱情，把灰燼重燃成明亮、跳躍的火焰；傳統文化的存續與否，端視新一代人的檢擇與愛護。

林保寶的《莿桐最後的望族》計畫，自然而不牽強的呈現了傳統儒家文化中，由家族之愛推廣向族群與歷史傳承之愛的特質，這也是華夏民族立足時空長流而歷久不衰的主要支柱。《莿桐最後的望族》家族史的成形，勢將引起更多有心人重整鄉土歷史，使我們的文化之根紮得更深、更穩，以面對新世紀的風風雨雨。

林保寶的《莿桐最後的望族》，是典型的文化薪傳。

漢聲雜誌副總編輯

顧家的莿桐人

看到《莿桐最後的望族》之計畫書，是在「國家文化藝術基金會」的審查會上，我樂見家族成員自己寫家族史，更期望一部以圖像與沾滿感情的筆鋒寫成的家族史；還有雲林，那學術研究的荒漠，竟能孕育出林保寶先生這樣顧家的人，我毫不遲疑地推薦這個計畫。

今年四月，林保寶表示想和我談談他的工作，當時我正忙著寫論文，只有晚上可以挪出時間，他毫不在意跑這麼一趟遠路到中研院。我看到他的熱情，以及素人史家的真誠，可惜我沒有太多的經驗可以與他分享，畢竟每個家族的價值是唯一的、有特色的，更是無可取代的。我肯定他的作法，也邀請他在我政大歷史研究所「家族史研究專題」課上，將他「回家的路」介紹給大家。

九月三十日林保寶依約而來，帶著半年來一步一腳印的成果，圖文並茂、人與土地並重，令人迫不及待地想追溯他祖先所走過的路。

《莿桐最後的望族》這本書，難免有一些小瑕疵，但這並不重要。我覺得它有幾個特色：一、文辭富於感情而不濫情，尤其發揮台語的表達方式，有鄉土之味道又不流於庸俗；二、圖像鮮明，敘述生動，帶領好奇心的讀者，一步一步地行經他的家人與祖先發榮滋長的土地，一氣呵成，沒有一絲勉強；三、勤於找尋相關史料，並利用訪談、調查，幾乎與歷史家相同的手法，這對非歷史科班出身的人而言，是一種勇敢的挑戰，而他成功了。

最重要的，林保寶作為一個不再是望族的後裔，他沒有抱怨，反而浸潤於祖父留下的資料與照片，領悟出耕耘心田的意境……總之，這是一本十分健康的書。

我不想介紹書的內容，那是越俎代庖，只將我看了這本書的一點心得，寫出來與讀者分享。

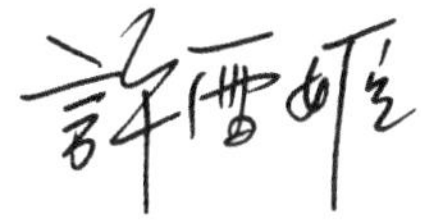

中央研究院近史所研究員

大家來做家族史

臺灣嚴重缺乏「歷史感」的主因之一，是由於我們一直不重視、不珍惜史料。既沒有保存、累積，便難以整理、研究，當然也無法製作出厚實、有情的臺灣史書籍。在這樣的環境中，即使有心的編者，也不免時有「巧婦難為無米之炊」之嘆。

從這個角度，來看《莿桐最後的望族》，便益發覺得彌足珍貴了。林保寶不但費盡心思，收集大量的家族老照片、歷史文件，而且鍥而不捨的，追訪、求證、記錄。最後展現出來的豐富成果，不但是他的家族故事，更是見證一頁臺灣地方變遷之重要實例。

臺灣史的一大特質，本來就是地方史和生活史。如果我們今日想要亡羊補牢，想要開始建立歷史感，只有像這樣，從每一個人、每個家族開始，自己動手發掘、珍視自家的史料做起，才是腳踏實地的做法罷。

《莿桐最後的望族》正是為我們樹立了這樣的極佳典範。期望這個追索的過程與成果，能夠集結出書，提供給更多有志之士參考，互相激勵向前，將點滴的實踐力量匯聚成「濁水溪」，灌溉、哺育這塊大地的世世代代。

莊展鵬

遠流出版公司編輯研發總監

在荊棘中探路

近百年前，曾祖父帶著祖父，父子倆由西螺小茄苳老家，雙雙入贅到虎尾惠來厝大路墘的傅家，給曾祖母、祖母兩人接枝。大路墘的庄後，過了一條大排，就是西螺的鹿場，隔壁就是莿桐。

祖父們入贅的傅家也是相當的「散赤」(貧窮)，打從父親有記憶開始，他就與祖父睡在小地主的牛棚裡長大。祖父沒有一丁點的土地，全家到處打工，替佃戶、地主們駛牛換一口飯吃，後來也向大地主租一小塊田來耕。

「你如果不做，就給別人做。」曾經聽父親描述，大地主總是騎著白馬，威風凜凜的來巡視田園兼收租，小佃農們總是盡其所能的招待、巴結大地主，送雞送鴨，深怕地主調租，或揚言要把土地收回給別人做。

如果祖父健在的話，今年已近百歲了。細讀保寶的《莿桐最後的望族》，訝然發現，依照祖父佃耕的土地位置分析，恰恰好都在保寶的曾祖父林本以長貢寮為中心的六百甲土地範圍之內或附近。內心，有難以言喻的感受。

偶有人問我說：「怎麼不回虎尾，為你出生的故鄉做一點事？」我總是支吾以對。說來慚愧，僅以家族史來說，我僅知道祖母叫傅荔，祖父叫廖純枝，外號豬高阿伯。至於這兩家怎麼來的，我完全空白。手頭上連一張祖父母的相片都沒有。一個貧窮佃農的後代，沒有留下什麼文件與老照片，加上家族成員間的不合與父親及長就搬離虎尾，到崙背開中藥店自立，長期脫離老家的臍帶，情感也漸疏離。

在為這疏離感到不安的同時，看《莿桐最後的望族》家族故事，倍感親切起來，心頭泛來點點的喜悅。

這時，我想起了保寶。保寶來電告知，因為受到我和新珠寫《老鎮新生》和《打開新港人的相簿》的影響，才開始回家認真地翻箱倒櫃起來，也才有《莿桐最後的望族》一書的發聲。在這背後，我看到一個誠懇、踏實、感性、充滿活力又懷抱著理想的青年的身影，他不計代價，不辭勞苦的翻出了一片即將被掩埋的大小歷史。

「在我很小的時候，就離開雲林縣莿桐鄉，總覺得莿桐無山、無水，有些荒漠疏遠。近來，卻在翻尋老家舊相本，種種的文史資料中，心漸漸被拉回莿桐老家，彷若潛藏心底的深處的某些感情被喚醒，一心想探個究竟。」保寶總結地說：「總可以說，我的老家在莿桐，不論我身在何處。」《莿桐最後的望族》終究的意義，是作者和其家族對自我與土地所產生的認同與情感。這份力量的茁壯，是臺灣社會走向本土化過程中，最寶貴的能源。

雲林縣的開發史，向來是學術界的一處死角，由於歷年來的文獻甚少，也就成為研究領域的荒地。正因為如此，任何一項田野調查與研究，都是讓這個荒地變成沃土的一個累積。

保寶這樣努力的成果告訴我們，雲林絕不是歷史研究的荒地，在荒地的下面，早有一片沃土在那等待人們去挖掘。從另外一面，我們也看見官方文化主管機構的無能與學術研究的現實。在這種情況下，雲林歷史研究的第一步，如何有方法地鼓勵民間人士，找出保存在民間的相關歷史史料(包括老照片)，並對於年長的報導人先做緊急的口述歷史，恐怕是整理雲林開發史的首要任務。

身為雲林的子弟，看見林保寶這位雲林莿桐林本家族的嫡裔，矢志整理這個家族由興盛轉至沒落的過程，這不僅讓我們看見百年前，一個農家鼎盛的光景，也藉著這個光景，讓我們看見雲林先民艱辛拓墾的一頁。

《莿桐最後的望族》只是一個堅定有力的起步，保寶的工作，就好像先民在荊棘中探路一樣，在疑無路的時候，終有乍見刺桐花開的喜悅。雖然，路還好長。

廖嘉展

作家、地方文史工作者

用影像修譜

從自詡「三飽」到護持佛家「三寶」，並自封戒名「果然」，一年來林保寶的改變不能說不大，為了採編對新人類而言有點艱澀的《蒴桐最後的望族》，他的心智日漸沈穩。

搭靠樹幹打盹的保寶，栽進湖水裡方才驚醒過來，他如是自在不羈，竟也幹起修譜的「苦差事」來。但是，當看到他的樣書，「果然」令人眼睛為之一亮，莫非巨蟹座愛鄉顧家的天性使然？或是家教使然？

林家三代都熱中攝影，而永遠的「新娘子媽媽」筆下的保寶兄弟倆的成長仍歷歷在目，在「允文允圖」的家學淵源中長大，要保寶不舞文弄圖談何容易！其實，他不為賺稿費，也不為發表，平日裡就養成隨時用照片和文字記載生活的良善品味；他的作品不拘泥傳統，圖文都散發出一股異於尋常的文學況味，採用他一貫的格調來編整自己家族的史料，家族史詩般的扉頁沛然而成，最能觸動識和不識的人們內心底層的鄉愁吧！

保有完好族譜的現代臺灣家庭並不多見，歷代親族系統表，每每終止於祖父輩的手書就無以為繼，或是由後代子孫用原子筆草草補述，相對於祖先懸腕執筆的墨跡，顯得不夠莊重；反觀設於美國猶他州鹽湖城的「猶他家譜學會」，採集了四十多個國家的家譜資料，攝製成一百四十多萬卷微縮紀錄片，保存在不畏天災人禍的洛磯山脈的花崗岩鑿成的六個巨大儲藏室裡，可見家譜文化的重要性，儼然人類共有的文化資產。

保寶用影像修譜，再以多元化編輯形式呈現，正符合「後現代」趨勢，提昇了新世代的接受度，才不致形成斷層。如果大家一起來尋根修譜，重整固有的濃郁家族觀念，結合所有的家族就是一個國族團體，生命共同體的理想就不僅僅止於搖旗吶喊而已。

張蒼松

中華民國攝影協會理事

說保寶

十月初，林保寶騎車送來《萷桐最後的望族》——林本家族史的尋根之旅調查報告的影印稿本。這厚厚的一本初稿，多達兩百八十餘頁，裡面涵蓋了萷桐與東勢兩地的開發史、十九世紀末迄今一百年的家族變遷，以及豐富的口述歷史與傳說。這是保寶最近一年多來潛心工作的結果，我手裡捧著稿本，心裡面暗暗為他喝采。

保寶的專長在於攝影與短篇散文，他自己從來沒有撰述歷史文章的經驗，這是他頭一次接觸家族史、也是第一次執行這麼大規模的圖文整合。我猜想，如果把這個工作交給一個地方史的專家、或擅長此道的田野工作者來做，可能會比保寶做得更熟練、更出色也說不定，但保寶紮紮實實的投石問路，卻做出了許多別人難以取代的成果來。

保寶讓別人難以取代的優勢，有的來自於先天條件，有的則是因為他的專業素養使然。首先，保寶本人就是林本家族的第四代傳人，他以子嗣的立場來寫自己的家族歷史，不但感情豐沛，而且一事一物都能與他耳目親歷的記憶連貫起來，這種近距離的觀察角度與學者的研究角度自然是不相同的，其間的差異不但與一般的治史方法不相違背，同時還可以是一種互補。第二，保寶的爺爺和父親都是攝影的愛好者，他們祖孫三代為故鄉的風土和家族的成員累積了為數可觀的照片，在保寶用心的編排下，出現了一些古今並列、新舊對比的照片，於景物上，呈現了台灣數十載的歷史變遷，於人物上，則帶出了人世間的生命消長與接續，而後者尤其可貴。第三，保寶的文字清麗，富於感情，和他的攝影風格相近，這種風格貫穿了整本家族史記，對讀者來說，是一種很特別的閱讀經驗，雖然有時候不免深情多於條理，但仍然瑕不掩瑜，可讀性很高。

我是去年六月才和保寶認識的，說起來相處的時間並算不長，但這段期間恰好也是保寶的家族史寫作從計劃到執行的階段，再加上今年年初我從淡水搬到新店來，與保寶的住處相隔不遠，我們經常在一起游泳、談天，話題就繞著他的調查報告打轉。我從頭到尾看著保寶如何修改計劃、如何克服電腦寫作、如何南北奔波的做完他的訪談，甚至看著他逐步逐步的擠過經濟上的關卡，見證了這部家族史的誕生；保寶的專純與毅力，是令人感佩的，但我覺得更值得一提的是，保寶用自己的精神與修養，延續著這個望族的美德。我在這裡舉兩個例子來說說：剛開始認識保寶的時候，我看他的創作大多不是生財事業，然而日子卻過得極其悠哉自在，因此一直以為他既是望族之後，理所當然擁有龐大的祖蔭可以依靠，可是後來我發現他們家族的產業早在台灣光復前夕就已經蕩然無存了，他做警察的父親所支撐起來的，也就是一個平凡的小康之家而已。回顧前代的風光，保寶不曾發過今非昔比的嘆惋，而對於眼前創作生活的簡樸拮据，保寶也不曾抱怨過，反而一派天真、過著樂道與敬業的日子。這使我想起保寶對他祖父林波的描述：記憶中的阿公總是和平安然，只喜養蘭、遊山玩水……阿公沒有留下土地財產，縈繞心頭的是他晚年遊山玩水，生活一派樂天從容、豁達溫和，即使遭逢巨變仍無怨無求的樣子。

保寶這裡所謂的巨變，指的是祖上一千四百甲土地在爺爺手上一夕易主的事件，保寶在家族史中沒有進一步指責日本商人的背信，也沒有傷感於光復初期的局勢對大地主的時不我予，爺爺的樂天與豁達，透過血緣的傳承，流淌在保寶寬厚與從容的文字之中。我相信這種美德的遺留實勝過萬貫家財，而這美德本身，就是所謂「望族之後」的具體呈現。

另一件事是今年九月，保寶的老師邵世光先生在陽明山過生日，保寶本來忙著家族史最後的截稿階段，同時又接下法鼓山文教基金會的文宣職務，他亟於想把手邊的事務出清，好準備接續新的工作，因此推辭了陽明山的聚會，但是後來他在爺爺的舊相簿中看到一張攝於昭和十六年的照片，上面寫「恩師西城先生邂逅二十年記念」，保寶於是放下手邊的工作，如期的出現在邵老師的生日宴會上，他不是為了應付繁文縟節，而是為了去拍攝一禎「邵世光先生邂逅十週年記念」的照片。

西城先生是爺爺就讀於西螺公學校時的日籍老師，她在丈夫意外身亡之後返回日本，一九四一年來台灣舊地重遊，因而有上述的舊照片留下來。邵世光先生是保寶就讀於世界新聞專校時的老師，她是錢穆先生的弟子，保寶對於中國文化的興趣與認識正是源於邵老師的引導，十年來，她期許保寶繼續拍照、讀書，做到「深情之外，必見文明」。

當我看到保寶拍攝邵世光老師那張照片時，內心是深受感動的，這是用生活、用生命在寫家族史啊。所以我認為保寶編寫《蔴桐最後的望族》——林本家族史的尋根之旅的第一層意義，在於家族成員自己撰寫家族歷史，豐富了切身的、近距離的史觀與體例，第二層意義、也是最可貴的意義，則是保寶自己身體力行，讓一個望族的固有美德轉化成個人的血肉質素。如果說家族史的重建旨在讓我們回顧過去、了解現在、借鑑於未來的話，那麼我在保寶的家族史撰寫的過程中看到了一個理想的典型：即那些令人緬懷的先民，他們古典的、敦厚的行誼，可以不只是歷史扉頁中的圖像與文字論述，同時也可以是後代子孫用來處世的圭臬。

林銓居

畫家

風中的傳說

三世以上不掃墳。我以為是的。

民國三十八年，我父親孑然一身自大陸來臺，上無源起，在臺灣，父親是家裡唯一的源頭。年年清明，我們在尋常裡過，自小這一段節氣是沒有的。香、燭、糕粿……從來不是我們認知的東西。

少了這一段經驗，不知該從何說起。因為政治，四十年的空白，稀薄的家族關連，在我們的這一個家族裡幾乎是一個徹底的斷裂。後來返鄉探親，人事全非，我父親的淒惻無人能解，四十年裡的生死傷亡，情誼是各自在各自的狹縫裡流轉，誰也不知道誰。

到我父親去世，葬於臺灣，年年清明，這是我們在臺灣第一個祭祀的祖塋。但是，我們不知道，這是我父親那一個時代的結束，還是我父親那一個時代的開始。

生命飄忽在風中，族親像一則傳說。生命於我，一直是一個孤獨單薄的點，游離沈浮，在大氣裡走。

知道保寶在著手他的家族發展史的時候，我心中不甚了了。生命總要開始，總要結束，不管是哪一支嫡裔或者旁庶，生命的故事總不會結束。重複再重複，這樣想的時候，其中沒有個我生命的傳承只轉授，單薄的生命，縱深的景是一個斷面。

後來保寶寄來了《莿桐最後的望族》，生命的凋零、起落與變遷，具體而明，潮汐的每一步來去，都那樣切近，在縱深的流轉裡，許多消逝的生命都和傳承的個我如影相形，什麼上六房、下六房、曾曾父祖，都是真實的、具體的、有形有線的人生行儀，顰笑舉止，或有才或無才，都是真實現世的一場邂逅與留別，碑記上的顯考顯妣，血肉之軀都和我們一樣，在具體的喜、怒、哀、樂裡起家立業。

小時候，我曾在荒墳間嬉戲，不知究裡的讀著碑上的刻文，現在才知道所謂的大二房、三大房都是人世那一張密密織造的網。湮遠的風裡流蕩的故事，像地表層層堆積的落葉，朽腐與分解產生養分，生命的滋養與飽滿，是這樣連牽與堆疊而起的。

莿桐林家族譜蒐羅可謂幸運，因為算是完整的。一幀幀老照片，前人的故事化在風裡，石火電光，就要散佚，但是因為這一本家族史，使得一個時代，迤邐的生活形跡，種種片段得以串連。七、八十年前的一場婚禮、一條街景，人、事、物，我流連其中，每一幀故事，因為一脈相連，格外令人感慨。路是這樣銜繫下來的，其中或有風雨悲愁，或有嘻笑荒謬，因為隔著歲月，都讓人變得從容悲憫而且寬和起來，也因為沈澱和距離，使人變得容易自其中汲取智慧。

先祖裡或許有個夙昔的典範，也或許有個

流蕩的痞子，遙遠卻真實。今與昔對照，骨子裡流著相承的血脈，探索和認識自己這一條路，變得隱微而確實存在起來；再加上時代，加上一個社會背景，縱深與旁支一脈延伸擴展出去的點都向上向下關連。個人與氏族、氏族與社會、傳統與現代、變遷與解構，是一張錯綜而綿密的織網，我們是這樣的在其中顯影，微而具體，道出生命的相通與牽繫，我們的心儘管可以各自孤獨遊走，但這一脈血緣無人能出離其外。

保寶是一個深情而細膩的人，他整個人即使說話也顯得安靜；處理資料，文字與觀點，皆質素純和。我讀著他的一頁頁溯源之旅，一條泛黃褪色的路，那裡面當然是感動了他，但是也感動著我。

煙遠的歲月舊了，但褪去有褪去的風華。為什麼要尋根？我孤獨的在他的情境裡走著我自己遠古深蒼的路。姑、叔、姨、舅，所有散佚的都在胸中重逢，套一句保寶愛惜的話，「感半瓢飲，源自弱水三千；謝一缽花，擷出春光無垠。」我在三千浩瀚裡，走著我的春光路。

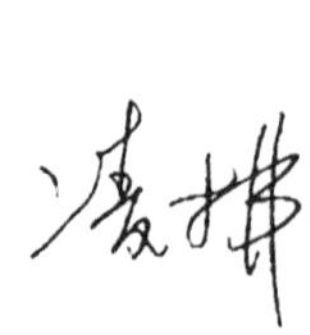

植物的朋友、作家

家族的親情與記憶

年初一個冬日的午後，與老友林懷民不期而遇。老林取出一疊老照片的影印，比一本書還厚，說起他正在編的新舞「家族合唱」。

翻閱一幅幅的照片影印，記錄著百多年來台灣人的群像，男的清朗英挺，女的文雅大方，以前的台灣人竟然那麼神氣好看，那麼有尊嚴與自信，都是在日本人的統治下呢！

就是在那個午後，我見識到影像的力量，千言萬語凝止在那一瞬間，有歷史、記憶，更讓我看到了台灣人的精神與面貌。也就是在這厚厚一疊的影像中，我初識了林保寶的家族，他的祖父林波慶祝了七天七夜的婚禮，兒子滿月演了一個月的戲，族人圍在墓園前掃墓……

這類生活的禮儀、人生的過程，在林保寶尋根的家族史一書中，更為完整全面地展現。憑著他的愛鄉愛先人的熱情，回到老家雲林莿桐，從出土塵封的家族照相簿，整理文件契約，到訪談故舊親戚，以及奔走各地找資料，他終於為讀者拼湊了一個家族的興與衰，活現了曾經富甲一方的曾祖父林本的傳奇，為我們塑造出一段精彩的台灣鄉土史。莿桐林家不只是屬於有血緣的族人，翻閱這本尋根史，也在其中找到了我們自己的影像。

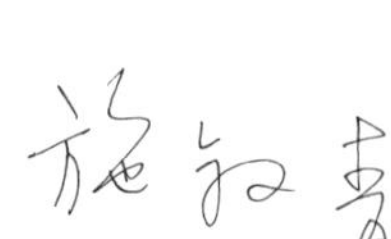

作家

附錄二

台灣蒴桐林本家族記事

關於林本家族

「林本 嘉義縣西螺堡莿桐巷庄三百七十六番地

林本莿桐巷豪族也。富約十五萬元。古來以名家聞於遠近。曾祖父林穀。詔安人。乾隆中移居於嘉義。起田園於莿桐巷。旦暮耕於野。如此者凡二世。父良創始糖廍。廢蹼耕租納。頒煮糖利潤。以獲巨利。林本生于此家。成長於竹籬雞犬之間。自幼讀書。慧敏超群。鄰人咸稱林家有後。……」

—摘自《臺灣列紳傳》，臺灣總督府，大正五年四月二十日發行。

「林本 製糖業、貸地業 出生地、現住所 嘉義廳西螺堡莿桐巷庄

生年月 明治十年九月二十九日

林本君嘉義廳西螺堡莿桐巷庄人、嘉永年間祖父壽者始興其家、父良紹之、從事于製糖業以至於現時、資產數十萬、聲望頗望矣、……」

—摘自《大正人名辭典》增補之部，東洋新報社，大正四年發行。

在整理林本家族史的過程中，我收集了許多史料、書籍。面對這些資料及成千上萬條的大事記，如何由莿桐林本家族記事，忠實呈顯出林本家族的由來發展與起落變遷，以及其與雲林地方或臺灣發生時事之間前後明確的關連處為何，是進行整理「臺灣莿桐林本家族記事」中一直思考的。

這也是一初步的工作。

【主要資料來源】

大正人名辭典、臺灣列紳傳、自治制度改正十周年紀念人物史、林漳盛系統圖、林波履歷書、雲林縣誌稿卷首大事記、莿桐國民小學創校七十週年校慶專輯、莿桐鄉農會七十年誌、西螺鎮農會成立七十五週年綜合辦公大樓落成紀念誌、雲林縣東勢鄉地方誌、雲林農田水利會西螺區管理處創設簡史、虎尾糖廠之起源、臺灣糖業年譜、臺灣大年表、中外百年大事記、臺灣三百年等相關文件。

干支	年號	西元	臺灣莿桐林本家族記事	時事
壬申	同治十一年	1872	◎林壽逝。	◎臺灣產糖三萬三千六百擔輸往倫敦。
乙亥	光緒元年	1875		◎臺灣隸屬福建省，置台灣、臺北二府。嘉義縣隸屬臺灣府，雲林地區大部份隸屬嘉義縣。◎解除內地人民渡臺禁令。
丁丑	光緒三年	1877	◎九月二十九日林本誕生於福建省彰化縣溪洲堡埔仔莊(今雲林縣莿桐鄉莿桐村)。	◎獎勵內地人民來臺開墾。
己卯	光緒五年	1879		◎官墾裁撤，豪族握有土地。
乙酉	光緒十一年	1885	◎林本幼於莿桐書房，師事漢文先生鑽研漢文學，慧敏超群，鄉人咸稱林家有後。	◎臺灣正式建省。
丁亥	光緒十三年	1887		◎雲林置縣。
戊子	光緒十四年	1888	◎林良逝。	
壬辰	光緒十八年	1892	◎林本續林良，經營莿桐一帶數所舊式糖廍。	
甲午	光緒二十年	1894		◎倪贊元輯雲林縣采訪冊十卷。
乙未	明治二十八年 光緒二十一年	1895	◎十月七日午前六時十五分，能久親王由彰化北斗渡濁水溪，十一時抵莿桐巷林本舊宅。	◎四月十四日中日馬關條約換約，割讓臺灣。五月二日臺灣紳民起兵抗日，成立臺灣民主國。五月初六日，日軍登陸澳底，以武力征服臺灣。◎開始進行甘蔗品種改良。
丙申	明治二十九年 光緒二十二年	1896	◎一月 林本捐地建莿桐憲兵屯田所。	◎日人開始治臺，頒「六三法」。◎設臺北、臺灣(後改臺中)、台南三縣及澎湖廳。◎臺灣義軍及山胞抗日活動不斷。
丁酉	明治三十年 光緒二十三年	1897		◎全臺施行戒嚴令。◎天主教士洪瑕玉至樹仔腳佈教。
戊戌	明治三十一年 光緒二十四年	1898	◎二月 林聰任溪洲堡樹仔腳區保正。◎三月 林本列名日本赤十字社正社員。◎十二月 林本任西螺堡莿桐巷庄保正。	◎後藤新平任臺灣總督府民政長官。◎公佈保甲法、匪徒刑罰令。
己亥	明治三十二年 光緒二十五年	1899		◎莿桐媽祖廟(今莿桐村中山路天瑤宮址)腐朽倒壞。
庚子	明治三十三年 光緒二十六年	1900	◎莿桐巷憲兵屯田所被廢。◎林本捐地建警察官吏派出所。	◎十二月二十八日 斗六郵便局莿桐出張所成立。◎臺灣製糖會社創立(大製糖會社創始)。
辛丑	明治三十四年 光緒二十七年	1901	◎林聰任樹仔腳庄長。◎四月 林本任莿桐巷庄地方稅委員。	◎新渡戶稻造提出「糖業改良意見書」。◎樹仔腳教會初建。◎七月十日 西螺公學校成立。◎第二次官制改革，設二十廳制。十一月 雲林支廳改為斗六廳。
壬寅	明治三十五年 光緒二十八年	1902	◎八月 林本為臨時台灣土地調查莿桐巷庄委員。◎十一月 林本任莿桐巷區區長。	◎六月十四日 臺灣糖業獎勵規則發布，特設臨時糖務局。◎莿桐巷庄改莿桐巷區。◎臺灣製糖會社橋仔頭工場作業開始(新式糖場創

				始)。
癸卯	明治三十六年 光緒二十九年	1903	◎一月 林本依願解任保正。◎二月 林本任日本赤十字社台灣支部斗六委員部莿桐巷分區委員；以寄附金名列於名譽贊助員，被贈徽章一個。◎三月 依莿桐巷區街長職務勉勵，被賞與慰問金。◎十月 林本捐北白川宮能久親王殿下，明治二十八年舊八月中御陣御遺跡地。◎林煌生(林本之長子)。	◎莿桐北白川宮御遺跡以「木標」表示。
甲辰	明治三十七年 光緒三十年	1904	◎四月 林本被免同街長，依在職務勉勵，被賞與慰問金。◎九月 林本被貸與製糖機械器具費，總價格三千五百二元，五年間獎勵金。◎林本任斗六廳農會，西螺地方支會幹事。	◎四月 行政區域變更，莿桐巷區被廢。◎九月 糖務局糖業講習生養成規則制訂。◎十月六日 嘉義發生大地震，波及各地，斗六廳損害嚴重。◎鳳山廳振詳製糖場設立(改良糖廍創始)。
乙巳	明治三十八年 光緒三十一年	1905	◎四月 林本依獻金功，被賞賜木杯。◎六月 林本捐街庄長會議室及擊劍場建設費，被賞賜木杯。	◎四月 嘉義大震災。◎十一月一日 第一次全臺臨時戶口調查。◎製糖場原料採取區域制施行。
丙午	明治三十九年 光緒三十二年	1906	◎三月 林本增加於製糖機械運轉六十噸。◎八月二十三日 林波生 (林本之次子)。◎十月 自三十八年十一月至三十九年十月，製糖487549斤。◎十二月二十四日 廖裕堂生 (林波之表弟)。	◎三月十八日嘉義、斗六大地震。◎九月二十七日 斗六公學校樹仔腳分教場成立。◎十一月 臺灣民政長官後藤新平去職。
丁未	明治四十年 光緒三十三年	1907	◎七月 林本出品東京勸業博覽會於玉塘，受頒紀念三等賞，賞狀及紀念章。◎十月 林本改良糖廍，自三十九年十一月至四十年十月，生產砂糖674600斤。	◎一月二十日 斗六新署落成。◎六月 西螺公學校新校舍竣工。
戊申	明治四十一年 光緒三十四年	1908	◎五月二十五日 廖隨生。◎十月 林本改良糖廍，自四十年十一月至四十一年十月，生產砂糖606100斤。◎十二月 林本受頒台灣糖業協會第一回甘蔗品評會，二等賞金及賞狀。	◎十一月 大日本製糖株式會社於五間厝設立粗砂製糖工場。◎進行土地政策，收奪大量土地。
己酉	明治四十二年 宣統元年	1909	◎十一月 林本改良糖廍，資本金20000円，石油發動機一晝夜壓榨能力四十噸，一年製糖預計510000斤。◎黃儒人逝 (林本之正妻)。	◎三月 斗六製糖合資會社設立。◎十月 地方制度改正，廢止斗六廳。嘉義廳下置斗六、西螺、土庫、下湖口、北港五支廳。◎十月斗六廳農會全部與鹽水港廳農會大部份合併為嘉義廳農會。
庚戌	明治四十三年 宣統二年	1910	◎一月 林本捐莿桐巷警察官吏派出所新築費，獲贈木杯一個。◎林聰任樹仔腳區區長。	◎廢街庄制，改為區制。
辛亥	明治四十四年 宣統三年	1911		◎十一月 中華民國成立。◎十一月六日 大日本製糖株式會社在五間厝設白糖工場。
壬子	大正元年 民國元年	1912	◎八月 林本獲頒臺灣紳章。◎十一月 林聰獲頒臺灣紳章。◎林堅生 (林本之三子)。	◎六月 雲林地區大水災，甘蔗減收六成。◎六月二十六日 「土庫事件」。◎七月三十日日本明治天皇崩。

甲寅	大正三年 民國三年	1914	◎四月一日 林波就讀西螺公學校第一學年。◎林本捐資台中中學校創設基金。	◎莿桐「北白川親王莿桐巷遺跡碑」改立石碑。◎臺人自籌基金創設「台中中學校」。
乙卯	大正四年 民國元年	1915	◎五月十三日 林枝生 (林本之四女)。	
丙辰	大正五年 民國五年	1916	◎五月五日 林本獲臺灣勸業共進會甘蔗銀賞牌。◎林本名列《臺灣人名辭典》、《臺灣列紳傳》。	◎四月十日 臺灣勸業共進會舉行開館式。
丁巳	大正六年 民國六年	1917	◎五月十四日 林木河生(林本之么子)。◎林本任大日本製糖會社農參事、西螺信用組合長。	◎九月三日 西螺信用組合設立。
戊午	大正七年 民國七年	1918		◎九月二十日 有限責任樹仔腳信用組合設立。
己未	大正八年 民國八年	1919		◎文官總督執政。
庚申	大正九年 民國九年	1920	◎三月 林波自西螺公學校卒業。◎四月二十五日 林波就讀東京市大成中學校第一學年。◎七月 林煌逝 (時年十七歲，因腳氣病病逝日本東京)。◎林本任斗六郡莿桐庄協議會員。	◎四月二十日 西螺公學校莿桐分教場創辦。◎九月一日地方制度改正，實施州、市、街庄制。臺南州下設斗六、虎尾、北港三郡。◎九月 嘉南大圳工程開始。◎莿桐庄役場設立。◎十月一日 莿桐巷改稱莿桐。
辛酉	大正十年 民國十年	1921	◎二月二十日 林煌死亡骨灰運回臺灣。林波自東京大成中學校退校。◎四月十三日 林耀生 (林本之五女)。 ◎四月二十五日 林波就讀台南師範學校。◎林本資產八十萬円，土地約六百甲。	◎莿桐巷分教場改為莿桐公學校。◎東勢厝公學校成立。◎公共埤圳官田溪埤圳組合改稱「公共埤圳嘉南大圳組合」。◎虎尾郡海口庄設立臺灣拓殖會社。
癸亥	大正十二年 民國十二年	1923	◎林本任虎尾郡水利組合評議員。◎三月 廖裕堂自樹仔腳公校畢業。◎十一月七日 廖隨就讀台北第三高女。	◎三月二十日 虎尾郡水利組合成立。◎四月二十日 日本皇太子至臺南師範學校。
甲子	大正十三年 民國十三年	1924	◎一月二十一日 林灼生 (林本之么女)。◎林本任專賣局煙草賣捌人指定。	◎十一月二十八日至十一月三十日 斗六郡物產品評會、教育展覽會、警察及衛生展覽會。
乙丑	大正十四年 民國十四年	1925	◎林堅畢業於莿桐國小第一屆。◎五月九日 林波於臺南孔廟內泮池，救助將陷溺之兒童。	◎六月 二林蔗農組合成立，為臺灣農民組合的濫觴。
丙寅	昭和元年 民國十五年	1926	◎林本向海口庄臺灣拓殖會社購東勢厝一千四百甲地，開墾為農場。◎三月 林波畢業於臺南師範學校。◎三月二十一日 林波任莿桐公學校訓導。◎十二月二十日 辭公學校訓導。	◎十月十七日 斗六郡紀念公館落成。
丁卯	昭和二年 民國十六年	1927	◎三月十二日 廖隨畢業於台北第三高女。◎六月二日 林波、廖隨結婚。	◎樹仔腳公學校新校舍落成。
戊辰	昭和三年 民國十七年	1928	◎林本獲頒御大禮紀念章 (敘實業功勞者)。◎林枝就讀於臺北第三高女。	
庚午	昭和五年 民國十九年	1930	◎五月十日 林久美生 (林波長女)。◎五月十一日 林本獲頒農事改良獎勵及實行名譽賞狀。◎林本於海口庄東勢厝首倡提議「市街改進方案」。籌設「海豐農事組合會社」。◎十一月 林波代表林本，赴日本參加大日本農會大會，	◎五月 嘉南大圳工程完工。

			農事功勞者表彰式。	
辛未	昭和六年 民國二十年	1931	◎六月七日 林惠美生 (林波次女)。◎八月二十四日 林本逝。林波續一切相關事業。	◎九一八事變。 ◎七月二十八日【自治制度改正十週年紀念人物史】發行。
壬申	昭和七年 民國二十一年	1932	◎三月十八日 林枝畢業於臺北第三高女補習科。◎五月二十九日 林英藏生 (林波之長男)。◎七月三日 林波任有限責任東勢厝信用販賣購買利用組合理事。◎十二月二十三日 林波任海豐農事合資會社代表 (董事長)。	◎臺灣新民報由週刊改日刊。
癸酉	昭和八年 民國二十二年	1933	◎一月一日 林波任海豐農事合資會社代表者，月俸七十圓。◎林堅逝 (時年二十一歲，就讀於北二中四年級，因肺病死亡)。◎三月六日 林波任嘉南大圳組合會議員。◎三月 廖裕堂畢業於臺灣總督府臺北醫學專門學校。◎四月十八日 林波於「臺灣新民報」發表〈如何打開嘉南大圳窮況〉一文。◎十月二十六日 林英輝生 (林波次男)。	◎台北第三高女創校三十五週年。
乙亥	昭和十年 民國二十四年	1935	◎十一月十日 東勢厝信用販賣購買利用組合落成。	◎大日本製糖株式會社，增建龍岩工場(今褒忠鄉田洋村)，規模設備冠蓋亞洲。◎舉行第一屆市會議員及街庄協議員選舉。
丙子	昭和十一年 民國二十五年	1936	◎五月一日 林波解任海豐農事合資會社代表。◎九月三十日 林波解任嘉南大圳組合會議員。	◎五月八日 有限責任樹仔腳信用組合，變更為保證責任樹仔腳信用購買販賣利用組合。◎日本積極獎勵日人移往臺灣。
丁丑	昭和十二年 民國二十六年	1937	◎三月 林波提出：海外旅遊保證書、返納書、外國旅券附願。申請赴大陸商業視察。◎四月十日至五月十九日林波經日本，赴大陸奉天、新京、天津、北平、南京、上海、漢口、長沙、廣東、香港、廈門、汕頭等地商業視察。◎六月二十八日 林英勝生 (林波之三子)。	◎七七事變。◎皇民化運動，禁用漢文。◎推行陋習改革運動。
戊寅	昭和十三年 民國二十七年	1938	◎一月三十一日 林波任：莿桐庄助役、日本赤十字社臺灣支部臺南州部斗六郡莿桐庄分區副長。◎七月六日 林波任臺南州畜產會議員。◎十二月十五日 林波任林漳盛拓殖株式會社代表。	◎中日戰爭爆發。◎十二月 出版【鄉土部隊寫真帖】－中支戰線篇。◎實施「志願兵制度」。◎施行「燈火管制規則」。
己卯	昭和十四年 民國二十八年	1939	◎二月十一日 林波 國語常用家庭認定。◎三月一日 林波任樹仔腳信用購買利用販賣組合理事。◎四月二十九日林波因品行方正、事務熟達、皇民化促進努力、顯著，獲贈花瓶。◎十二月十五日 林波任莿桐庄助役，因事務勉勵，獲金百拾六円。	◎總督小林躋造至東京時，宣布治臺重點為：皇民化、工業化、南進基地化。◎出版【莿桐庄勢一覽表】(昭和十四年版)。◎施行「米配給統制規則」。
庚辰	昭和十五年 民國二十九年	1940	◎三月二十二日 林波任樹仔腳信用組合理事，月俸七十三円。◎六月二十九日 林波任莿桐庄助役，因事務勉勵，獲金五十七円。◎八月九日 林波代表斗六郡支部，參與臺南州甘蔗耕種改善競作會。◎八月三十一日 林波	◎皇紀紀元二六００年，積極推行皇民化運動，鼓勵臺灣人改日本姓名。◎斗六湖山巖廟，改為日式寺廟。◎九月十日 臺南州下各地，舉行甘蔗耕種改善座談會一星期。◎西

			任莿桐庄助役，因事務勉勵，獲金四十八円；林波依願免莿桐庄助役一職；林波解任日本赤十字社臺灣支部臺南州部斗六郡莿桐庄分區副長。◎十月二十一日 林英治生(林波之四子)。	螺大橋停工。
辛巳	昭和十六年 民國三十年	1941	◎二月六日 林波改姓名為本林正常。◎六月二十八日 林波任皇民奉公會斗六郡支會奉公委員。◎七月二日 林波參與皇民奉公會莿桐庄分會。	◎二月二十二日 總督府向日本本土招募移民三十二戶來臺，住臺南州虎尾新生地。◎四月一日 莿桐、樹仔腳、東勢厝等公學校名稱改為國民學校。◎四月十九日 臺灣皇民奉公會舉行創立大會。◎展開節省糧食運動。
壬午	昭和十七年 民國三十一年	1942	◎三月三十日 林波 莿桐庄後援會依囑。◎九月十日 林波莿桐庄防衛團任命。◎九月二十八日 林波 生活部長顧問依囑。	
癸未	昭和十八年 民國三十二年	1943	◎二月十七日 林波任樹仔腳信用組合理事。◎四月一日林波因支那事變大東亞戰爭防空業務盡責，獲贈表彰狀；林波任莿桐庄警防團團長。	◎實施限制電力消費。◎實施六年國民義務教育。◎五月 總督長谷川至臺南州，視察主要工廠生產情形。◎十二月二十四日 公共埤圳嘉南大圳組合改稱嘉南大圳水利組合。
甲申	昭和十九年 民國三十三年	1944	◎二月十一日 林波任莿桐皇民奉公會委員。◎五月二十六日 林波因昭和十八年度決戰儲蓄增強運動，獲贈三等表彰狀。◎六月十二日 林波莿桐庄農業會參與委囑。◎五月二十一日 林陳滿逝(林本繼妻)。	◎一月二十一日 保證責任樹仔腳信用購買販賣利用組合變更為莿桐庄農業會，會址遷至莿桐。◎三月二十四日 西螺購買販賣利用組合改稱西螺街農業會。◎斗六、虎尾水利組合，合併於嘉南大圳水利組合。◎令民間供應白金及鑽石。◎盟軍連日來襲，死傷慘重。◎正式實施「臺民徵兵制度」。
乙酉	昭和二十年 民國三十四年	1945	◎六月二十六日 林波任莿桐庄帝國在鄉軍人分會名譽顧問。◎七月十日 林波參與斗六郡國民義勇隊。◎七月十一日 林波參與莿桐庄國民義勇隊。◎八月十日 林波參與臺灣戰時會斗六郡支會。◎十二月十日 林波任自治協會理事。	◎四月二十二日 盟機襲虎尾鎮。◎七月一日盟機襲臺南州下，中部以南普遍被炸。◎八月十五日 日本投降。◎九月一日 國民政府公布臺灣省行政長官公署組織大綱，並任陳儀為臺灣省行政長官。◎九月九日 日本在南京簽降書。◎十月二十五日 舉行臺灣本島受降典禮。◎十月二十八日 郡改為區、街庄改為鄉鎮；區設區署、鄉鎮設鄉公所。◎十月三十一日 東勢鄉農會成立。
丙戌	民國三十五年	1946	◎三月 林波當選莿桐鄉鄉民代表。組合監事當選。◎林波任斗六區建設委員會委員。◎八月 林波任莿桐鄉鄉民調解委員。	◎一月七日 臺南縣政府成立。◎一月十二日臺南州改為臺南縣，原斗六、虎尾、北港三郡改為區。區設區署，隸屬臺南縣政府。◎一月十九日至二十日 各街庄役場改組成立鄉鎮公所。◎莿桐庄農業會改為莿桐鄉合作社。◎三月 各鄉鎮代表選舉。◎九月二十二

				日 東勢鄉成立。◎十月 鄉鎮長選舉。◎十一月三十日 嘉南大圳水利組合改稱嘉南大圳農田水利會。
丁亥	民國三十六年	1947		◎二二八事件。◎五月十六日 臺灣省行政長官公署撤銷；省政府成立。
戊子	民國三十七年	1948		◎十一月 各鄉鎮長改選。
己丑	民國三十八年	1949		◎四月 推行三七五減租。◎十月二十七日 各鄉鎮農業會、合作社合併改稱農會。
庚寅	民國三十九年	1950		◎一月二十三日 省議會通過新設雲林縣。◎八月十六日 行政院核定雲林縣治設斗六鎮。◎九月二十五日 中國國民黨雲林縣黨務籌備處成立。◎十月二十五日 雲林縣政府成立。
癸巳	民國四十二年	1953	◎林廖隨參加雲林縣第二屆議會議員選舉。	
壬寅	民國五十一年	1962	◎林廖隨當選第十屆臺灣模範母親。	
戊申	民國五十七年	1968	◎七月林波參加臺南師範本科第五屆畢業同學首次聯誼會於嘉義豪華餐廳。	
戊午	民國六十七年	1978	◎十一月二十四日 林波逝。	
辛酉	民國七十年	1981	◎一月臺灣文獻臺灣名勝古蹟調查林衡道調查莿桐林宅。	
壬戌	民國七十三年	1982	◎六月十七日 廖隨逝。	

附錄三

《莿桐最後的望族》工作日誌

八十五年

11月24日

至國家文化藝術基金會領取申請表格，並至樹火紀念紙博物館，借閱申請資料。

11月28日

這幾天在電話中，同夏瑞紅、廖嘉展、湯碧雲、陳宗仁，張蒼松等朋友，討論表格中「評估本計畫對社會之影響，並敘述個人或團體發展階段中，需實施本計畫之原因。」為了這兩百字的原由，斟酌又斟酌，討論又討論，過程中朋友的建議十分珍貴，對於思路的拓展與看法的開闊幫助很大，並說：加油！感謝朋友們的鼓勵與幫忙。瑞紅想了個標題：莿桐最後的貴族，最後定為：莿桐最後的望族。

12月2日

將初步擬定的資料帶至中國時報請盧美杏幫忙電腦打字。填一份表格真辛苦！察覺使用電腦的必要性。

12月10日

晨帶相關資料至埔里請教廖嘉展，及表格中支出預算如何擬定。下午至南投省文獻會查資料。

12月11日

至雲林縣立文化中心查資料，發覺關於雲林縣的文史資料甚少，許多縣市積極推展之社區總體營造、文獻史料整理等工作，雲林文化中心似仍未有動靜，這不能光推說經費不足就不做，不能光喊窮，只注重在物質硬體上的建設。有時即使有了經費，用來辦一些浮面的活動，而不進行扎根的工作，實在太可惜了！尤其主事的博物組，應該積極動起來。正由於雲林縣終究是自己的故鄉，文化精神上的荒漠，更需投入心力，勉力為之。

12月14日

至漢聲，奚淞推薦函寫道：「整理這一批文字史料及照片，再加上今昔對照式的田野調查，此一家族尋根計畫，將有助於雲林縣莿桐鄉及東勢鄉地方史的建立。……相信在新一代如林信義的自覺性努力下，地方歷史將破土而出，形成具凝聚力的歷史情感，從而建立地方文化的特色。」

12月16日

至宜蘭縣立文化中心，參閱宜蘭文獻雜誌、叢刊等，購買《宜蘭傳統漢人家族之研究》及《宜蘭耆老談日治下的軍事與教育》。

12月21日

中國時報文化新聞中心執行副主任湯碧雲之推薦函終於寫成，「林信義計畫以八個月的時間，全心全力進行莿桐最後的望族之相關計畫，這不只是一部家族史，更是與臺灣人民息息相關之生活史，我們樂見其成。」

12月23日

《莿桐最後的望族》補助申請書，施耀宗完成電腦打字。

12月26日

接雲林縣立文化中心之邀請函。邀請至文化中心舉辦「莿桐最後的望族老照片及文史資料展」。

12月27日

接廖嘉展傳真：在荊棘中探路——初看林保寶的《莿桐最後的望族》。他說：「雲林縣的開發史，向來是學術界的一處死角，由於歷年來的文獻甚少，也就成為研究領域的荒地。正因如此，任何一項田野調查與研究，都是讓這個荒地變成沃土的一個累積。……保寶現在要做的事，就好像先民在荊棘中探路一樣，在疑無路的時候，終有乍見莿桐花開的喜悅。」這真是「砥礪自己有更堅定邁向未來的勇氣」。有時真像小孩子，需要別人的鼓勵才開心。

12月31日

晨至台北市立圖書館拿「素書樓」陳文瑛主任寫的推薦函，下午將《莿桐最後的望族》相關資料表格送交財團法人國家文化藝術基金會。日記裡寫道：「生命若有奇蹟，自己畢竟時來運轉。人的欲望像一朵花，最好盡量保守它，不讓它一下子盡放。因為盡放的花只有剎那的興奮，過去了花就謝了，就要面對不能逆轉的黯淡和凋殘。」還寫了四個字：愛惜光陰。

八十六年

86年1月1日

為中國時報浮世繪版至法鼓山安和分院摘錄整理林懷民「家族合唱」演講。

林懷民提到：今年開始編新舞，題目暫訂為「家族合唱」，他思考如何讓老照片呈現在雲門的舞臺上，同時設法蒐集更多相片。「……在舊相片裡，所有的人那麼慎重端莊，不管穿著何種時代的服裝，都有清朗之氣。那一張張懷抱希望，帶著悲苦或歡欣的臉孔，使我著迷。我從未如此摯愛臺灣人，也從未如此為不斷受著天災人禍改朝換代煎熬的臺灣人感到悲哀、不平。這些照片使我多認識了自己，也使我多了一份勇氣努力去把心裡一些沈澱的感想，透過舞蹈講出來。」

1月8日

林懷民同其秘書林家駒，至新店住處挑選有關家族合照老照片。

1月15日

至臺南師範學院，在教務處查到了阿公民國10年至15年間就讀時的成績單，幾天在臺南閒逛，體會遙想阿公當時的生活情景。

1月20日

由於林懷民的介紹，今天至遠流出版公司臺灣館，與莊展鵬、黃盛璘，聊聊那些家族照片、史料可能呈現的方式；至國家文化藝術基金會，變更申請計畫項目，只針對調查與研究項目提出申請；至中國時報，夏瑞紅說：「要大量熟悉那一時代的一切，寫出來的東西才可能生動。」感到做「莿桐最後的望族」研究調查計畫，是一種勞累活，過程將會很勞累，可是又很有意義，非做不可的活兒。日記裡寫：在外奔波一天，在這樣的雨夜裡，屋裡點上不只一盞燈、一盆炭火。腳邊是可愛的嗯妹，有書可看，紙筆可寫，仍覺甚幸。

1月23日

日記裡頭寫：日子這樣寫寫照照下去，我將做成了什麼？沒做成什麼？

還是要自己多努力！

1月28日

在梁正居的攝影集上看到他講的一段話：做為一種個人風格的標記，攝影常常成為一種微弱的聲音；做為一種對生活環境不斷的關注工作，映像資料的累積，能提供更多瞭解的機會，它的聲音是巨大而持續的。

1月31日

「莿桐最後的望族」通過初審審查。打電話告訴奚淞，他說：「那太好了」！謝謝。

2月8日

大年初二，在竹山家中翻閱民國70年漢聲雜誌

「我們的古蹟」，發現上個月去臺南時，廣安宮前的虱目魚粥依然。很多人在不同的時空下走過臺灣，這是一條很長很長又怎麼也走不完的路，即使別人走過，還是要親身走過一次，今年走過，明年依然可以再走一回。

2月9日

大年初三，由眾堂兄弟組成的「兄弟會」，今年正式開始，堂哥們公推爸爸林英治為首席顧問，訂每年大年初三為聚會日，依排行大小輪流做東請客。但願年年欣此會！

2月18日

「名譽、金錢或愛情，什麼都沒有這不算什麼。我有一顆能為一切現世光影而跳躍的心就很夠了。這顆心不僅能夠夢想一切，而且可以完全實現它。一切花草既都能從陽光下得到生機，各自於陽春煙景中芳菲一時。我的生命上的花朵，也待發展、待開放，必有驚人的美麗與芳香。」沈從文所言。深有同感。國家文化藝術基金會獎助處請申請者提供補充相關文獻資料。

2月21日

至漢聲，他們的春聯上寫：小題大作細處求周全；科學地理人文天地我通攬。又有：日日好日。新春奚淞寫贈：勤行精進無放逸。又：但將世事花花看，莫把心田草草耕。

2月23日

組裝電腦。

3月25日

同人間副刊作家往南投途中，得知「莿桐最後的望族」通過複審。

3月31日

接國家文化藝術基金會公函：台端申請本會八十六年度第三期補助「莿桐最後的望族」計畫乙案，本會同意補助新台幣貳拾萬元整。

4月4日

回莿桐，訪林正成談帝爺會、來臺祖；林旺條談埔仔部、來臺祖、林本、北白川宮能久親王；訪林巽乾談埔仔宗廟、林漳盛祖先墓及拓殖株式會社、北白川宮能久親王與莿桐；林正吉談帝爺公。

4月5日

回莿桐埔仔墓地掃墓、老家大廳祭祖。拍照記錄過程。

4月9日

舊清明。訪高獅、余波談林本家族、林本、莿桐的發展；林慶堂、林正吉談帝爺公、帝爺會；林景松、林仲篪談族譜、來臺祖；再訪林旺條談林本家族事。採訪帝爺公生日，帝爺會過程。

4月10日

至雲林縣政府民政課，借《雲林縣志稿》一套。雨中同林正成至埔仔墓地尋古墓、看墓碑。

4月14日

回台北沖洗清明節及舊清明帝爺生所拍底片八卷。

4月16日

打電話向許雪姬教授請教研究計畫之進行並約4月21日中研院當面請益。

4月17日

至中央圖書館臺灣分館找尋資料，翻拍《北白川宮能久親王御遺跡》一書。書海浩瀚，壓得我有些透不過氣，跑去漢聲找奚淞聊聊。他說：「你的研究調查計畫，可以由二個層面來做：一是學術性的考證，理性的查證工作。二是文學性、體驗性的心情，感性的接近。這方面是尋根的歷程記錄；此外「地方傳說」的記錄採集，也很重要。」至中國時報找夏瑞紅聊天，她說：「首先你腦子裡要有二個藍圖：一、研究調查的大概結構是什麼樣子？二、工作流程如何的安排。最重要的是：這件事情不是任何人做的，是林信義做的，要有情味，自己也做得很舒服，如此碰出來的東西才能感動人。但你還是要去請教大家，因為人有侷限，跟大家談談之後，能擴充你對這題目的想法，引發更深入的興趣。」

4月18日

至中山女高找阿媽廖隨在學資料。在臺灣分館看到一本昭和十九年出版《臺灣地方傳說集》，裡頭一則有關嘉義與斗六地名傳說甚有趣。確定一年代、聽到一則故事、翻到一頁傳說，都該慶幸。至屘姑婆家，屘姑婆說了關於曾祖父林本撿骨等事。打電話至台中問大姑姑阿媽生日；與四姑婆約月底台中見。打查號台問臺灣省林姓宗親會，惜查無相關資料；中山女高一時也尚查不到……，我想任何人能給的幫助有限，得有一顆鍥而不捨的心與敏感的嗅覺及一些運氣。

4月19日

至臺灣分館翻看台北耆老會談專輯、高縣鄉土史料、近代臺灣口述歷史…等書，思考訪談時如何提問題、問些什麼？至廖裕堂叔公家問一些日治時代莿桐派出所、公學校、役場等舊址，叔公並說了迎暗景及帝爺公的事情。提供《臺灣美學文件》一張阿公林波於日治末期拍攝日月潭・邵族之獵裝肖像中的服飾及武器配件圖。

4月20日

看漢聲出版《中國歷史影像》，一張影像處理得妥當勝過千言萬語。一串的影像正是歷史之流。沖洗翻拍史料之底片及叔公照片。

4月21日

下午二點依約至遠流。莊展鵬談其八年前赴大陸原鄉認祖的經驗與記憶，並說：「你的方便是你可以去解讀家族中的老照片，而不只是影像的呈現。研究調查時間很短，能把家族的口述歷史部份做起來就不得了了！此外把臺灣前後幾期的地圖蒐集起來，可對比解讀其中變遷。」黃盛璘則建議：「以你們家族在莿桐開發的整個歷程來做研究，就很夠了。能力、時間容許的範圍先做，將來有機會還可以進一步延伸。這沒人做過，你怎麼做都是第一步，先做出一個初步的成果，也許是解讀了很多的老照片，這便是一個很好的起點。」莊展鵬又說：「最主要是趕快做家族的口述歷史，這沒人能代替你，晚一天就少一點，常常回當地與老一輩人交談，這幾個人明天不曉得怎樣？趕快！先錄音下來。」夜七點至中央研究院近史所，許雪姬教授就我攜帶的資料，提供幾點大概方向，她說：「很多東西需看有什麼菜，才能決定我們要做什麼菜。一、家族成員中重要傳。二、族譜、家族源流的介紹。三、簡單概括家族產業。四、重要史料的整理。五、附錄。包括年表、大事記、史料目錄等。通過『莿桐最後的望族』此一研究計畫，基本上是鼓勵地方人士自己做家族史、地方史，能夠做出興趣來。可藉你們的研究作深一層的研究。也可以比較生動的筆法寫，以你是一個家人的心情來看一個家族史。」此外許教授並簡要講解了如何查資料、查哪些資料及口述歷史的製作、記錄，建議看遠流即將出版的書《大家來做口述歷史》。

4月22日

影印《雲林縣志稿》中的大事記，回來後即將手頭上有的相關資料，一一抄於空白處；一些資料來自老照片上印出的年代、事件，一些來自紀念冊或賞狀、證書，有的則是族譜、履歷上記載，甚至來自明信片上的紀念戳。中山女高教務處來電，已查到廖隨在學資料。打電話至師大歷史系，請教溫振華教授關於舊式糖廍的研究。

4月23日

繼續整理年表大事記，並準備明天至台中請問四姑婆、大姑姑的資料。打電話至成功中學查叔公林堅的在學資料。

4月24日

至台中請教四姑婆一些老照片中的人物、地點、拍攝的年代；就讀三高女時的情景；在莿桐公學校教書的情景及老家生活的種種。請大姑姑辨識一些老照片中的人物、地點及拍攝的年代。

4月28日

回竹山。

4月29日

晨由林內經樹仔腳回莿桐，一路大卡車不斷，塵土飛揚。每次回莿桐都不知會「發現」什麼或「知道」些什麼，都有些累，又不得不去尋、去問、去找。至莿桐鄉公所拿了份莿桐鄉地圖，訪叔公林異談莿桐三好。又在莿桐街上查問舊役場、農會所在。下午至西螺水利會查資料，水利會行政股長魏伯齊熱心提供資料，並帶我至家中拜訪其父親魏中茂談雲林水利的演變，並蒙借老照片五張。

4月30日

回莿桐，再至林異叔公家；訪高獅談莿桐種種；訪卜牧師談莿桐教會成立經過及興建；至天瑤宮訪林溪川叔公，談林本。莿桐的陽光很大，曬得人發昏，午飯吃不下，在老家睡了午覺。醒後在儲藏室找出幾本阿公的書。下午回竹山途中經斗六，在府前路見中山橋，發現從前的福利中心就是大正十五年落成的皇太子行啟紀念館。

5月5日

至中國時報，夏瑞紅送我她去年至日本研習考察報告：報紙在日本「社區運動」中的角色與功能，她謙虛地說：沒什麼高深的研究與學問在其中，我卻看見了平實與真誠。她又說：「每個人有每個人的特質，依個人特質做成的東西才是真實不虛的」。要向瑞紅學習：簡潔實在、條理分明而有內容，並且謙虛，追求盡善盡美。談話中提及補助款是研究後才下來，不濟急…。

5月6日

一整個下午都在構思如何呈現「莿桐最後的望族」，請莿桐人說莿桐、莿桐人家的廳堂，莿桐人一些生活上的小事如桑椹茶、圓仔冰、冬暖夏涼的老家，照相的傳承…。瑞紅來電話：「銀行定期存款到期，繼續放在銀行只是多了利息錢，若存在你那兒，可生出一冊研究報告，我覺得意義比較大。」瑞紅的美意，讓人感動，更告訴自己認真做好「莿桐最後的望族」研究調查報告。

5月19日至5月24日

在台北新店記錄整理回莿桐採訪時錄製的錄音帶。

5月26日

由台北回竹山。與虎尾糖廠政風課長約5月30日拜訪糖廠。

5月27日

至莿桐。訪林有香談族譜、部落振興會、莿桐農會、國校沿革、甘厝村的過去及林本。訪林正吉、林來旺談俗諺；訪今年帝爺會爐主林正雄；至埤頭墘(今西螺鎮東興里)林氏家廟，名曰「忠孝堂」，一對聯：「溯源流於九牧冠裳永在；合閩粵為一堂廟貌長新。」又有一句：「福潮兮萬派總是同源」。下午在埔仔村大樹下聽說林本、林頂立事。

5月28日

回莿桐途中繞至湖仔內，至孩沙里尋聽說的古井，聽曾正義、吳清音、曾藤國、黃學校等人說了許多關於古井、土匪、地理的生動精彩地方傳說。下午訪林春德談埔仔廍、林本、帝爺會、長貢寮、瘋寶仔等。至西螺鎮農會，總務股長鍾茂雄提供西螺農會七十五週年紀念誌。訪莿桐水利會林義仁續族譜。

5月29日

至斗六地政事務所訪林昭雄續族譜；莿桐林異、林巽乾、林德助、林志明、林彩清、林志生等人續族譜。至溪底寮；長貢寮訪林連權，長貢寮地名由來甚有趣。至埔仔訪林真旗談來臺祖。

5月30日

一早與爸爸開車至虎尾糖廠，八點準時抵達，與副廠長、政風課長黃嘉益談糖廠的演變與發展。

6月4日

寫成「雨中尋墓記」；「第一次看到族譜」完成一部份。

6月5日

寫成「第一次看到族譜」，帝爺會的文稿初步寫成。

6月6日

繼續整理年表大事記至民國40年。挑照片、配照片，想得頭都硬掉，只好騎車到山裡繞了一圈，也和嗯妹散步，又到隔壁躺著聽水聲，並洗了澡才清醒。夜整理日誌。

6月10日

想到可以寫一篇認識臺灣的刺桐樹。

6月14日

至素書樓聽許雪姬教授講「日治時期臺灣的史蹟保存」。

6月15日

花了五個夜晚每天一小時，終於打完「我知道的祖先都是從掃墓時認識的」。開始打「雨中尋墓記」。

6月17日

寫成「雨中尋墓記」。速度快了許多，真開心！

6月21日

告訴自己：每個人總有每個人的路要走。

6月22日

今天日記裡只寫三個字：多開心！

6月12日

寫成「第一次看到族譜」；「一方碑文」一篇。開始在電腦裡寫「玄天上帝神明會」。日記裡寫：事情多又非做不可時，就一件一件的解決它。寫不寫、拍不拍，都不是那麼重要的，而是在每天生活的日子裡。

6月25日

寫成「玄天上帝神明會」。

6月27日

開始將手抄「莿桐林本家族記事」轉輸入電腦。電腦桌前的玻璃換成透明玻璃，從此更愛坐在電腦桌前打電腦。

6月28日

至二二八紀念館聽莊永明先生講「島國顯影」。購買掃瞄器及印表機。

7月3日

開始將照片輸入電腦。

7月7日

寫成「長貢寮」。

7月8日

寫成「四書五經讀透透……。」。

7月9日

寫成「迎暗景」與「瘋寶仔」二篇地方傳說。

7月10日

寫成「甘厝庄與莿桐巷」及「孩沙里的古井與土匪」。

7月12日

繼續昨日工作。「莿桐最後的望族」開始進行電腦編排工作，由施耀宗幫忙電腦影像處理與排版。至漢聲，奚淞提醒：不要忘記自己最初的感動，又說寫寫這段日子的日記也不錯。

7月13日

張蒼松幫忙翻譯一篇日文「嘉義與斗六」，並建議要常常將手邊的照片拿出來看。

7月14日

寫了第一篇日記「愛惜光陰」。

7月19日

「我的老家在蘭桐」、「我知道的祖先都是從掃墓時認識的」二篇重新打稿。

7月21日

寫成「最初的感動」。

7月22日

「林本家族記事」寫成電腦初稿。

7月24日

電腦排版「第一次看到族譜」時有感，補寫「有傳·無傳」一篇。開始電腦編寫「蘭桐最後的望族」工作日誌；「蘭桐一隻虎林本」。

7月25日

電腦編排「蘭桐玄天上帝神明會」時，臨時決定其後接「大年初三兄弟會」。接雲門舞集寄來1997秋季公演「家族合唱」邀請函。

7月28日

寫成「蘭桐一隻虎林本」。寫「人格者·樂天派林波」。

7月27日

寫成「警察爸爸」、「人生有樂地」、「新娘子媽媽」三篇。

7月30日

寫成「阿媽的鏡子、風琴與時鐘」。

7月31日

寫成「七十年前一場七天七夜的婚禮」、「三個姑婆穿一套結婚禮服」二篇。「蘭桐最後的望族」家族史文字部份，大致完成。完成電腦編排「阿媽的鏡子風琴與時鐘」。

8月1日

完成電腦編排「警察爸爸」、「新娘子媽媽」二篇。

8月2日

編寫「工作日誌」。下午至漢聲，奚淞就「蘭桐最後的望族」家族史部份的初步編排樣稿，給予寶貴意見。他看了後建議：「一、整體得全部考慮周到，需明確而理性。二、現有標題下，可加一副標，作為內容界定用。三、開頭宜有一清楚的序文。」又說：「段落清楚了，再要考慮篇章間的起承轉合。此外每篇文章的行文要清楚、爽朗，讓人明白：你的行動是什麼？行動後的結果是什麼？發現了什麼？讓你的意念、行動、工作過程浮現。」「試著做一客觀的導遊，以客觀的眼光、讀者的眼光，引導別人看你蒐集整理的這些資料，透過大結構的確立，周全的目錄，小標題的處理，不同段落寫作風格、語氣的轉變，文序、圖序，種種善巧方便，誘導人一一進入，來看你的尋根行動。你個人的小感覺先隱忍著，先讓人進入大結構，再適時加入你直接的感覺。」

8月3日

回竹山，一路思考著昨日奚淞的建議。

8月4日

至雲林科技大學共同科。談話中，註冊主任陳三郎先生提及早上他在相館，聽一老先生說從前種種，十分精彩。其中一段就是「陳林氏寶」。可見地方傳說永遠在茶餘飯後傳述。

8月5日

下午至埔里廖嘉展家，他看著初步整理的家族史部份，聊天時說：「第一階段先不要太在意那些硬梆梆的東西，就你所理解、能力範圍內，在不誇張、不造作的情況下去呈現你的研究調查；第二階段便可以處理硬梆梆的東西。」又說：「從家族部份處理到與地方的發展關係，就差不多了，最後一部份，比較難寫的是：你怎麼重新看待家族的演變，以你自己或家族成員的角度來看。這部份很有意思的是你是家族的一份子，較容易理解家族中的一切，資料取得容易，與家族成員的互動互信密切，跟外人來做就是不一樣。」廖嘉展建議：「整個研究調查以一本書的結構來處理，讓一貫的東西出來，想像的空間再擴展，讓很多意象的東西開闊活起來。好的東西是讓人整個看完後，震撼會出來。」「別人的意見多聽聽，但要回到自己最原始的情感。」「目前以完成的部份看來很親切，資料的豐富性也夠，且加入了人的感情。即將進行的地方史部份，宜注意與你們家族的關鍵點是什麼？抓出這地方與你們家族來此開發的歷史相關處；還要注意家族史與地方史前後相呼應的部份。」

8月6日

今日爸爸一同出門。晨至雲林縣立文化中心，取消「莿桐最後的望族」展覽檔期。至莿桐補拍照片。下午至東勢鄉賜安宮前，聽聽老一輩的東勢鄉人，說當年開墾的情形，「臺灣人是傻牛」這句話讓我印象深深。回程至虎尾鎮鎮公所拿了一張虎尾鎮地圖，經莿桐時並爬上農會大樓頂樓，拍下今日莿桐全景，再繞至湖仔內看鎮華宮沿革。夜打電話給堂哥們，問問他們對兄弟會的感覺及想法，並聯絡大姑姑、三伯父明日至台中拜訪及借照片。

8月7日

「莿桐最後的望族」研究調查至今始有「如火如荼」進行著的感覺。至台中三伯父家，借了五冊相本及幾百張明信片，並拍照。

8月8日至12日

沖洗拍攝底片，整理蒐集採訪的資料及錄音。挑選照片及幻燈片。

8月13日

至台北屘姑婆家，請屘姑婆及丈公看一張闔家照片，確認拍攝年代及照片中人。

8月14日

重編「尋根之旅」。構想「認識我的故鄉」架構及編排，挑選相關照片及文件。日記裡寫：凡事往長遠看。

8月22日

寫成「庭與堂」、「兄弟會」。

8月27日

至雲門訪林懷民談「家族合唱」。一見面林懷民就問研究調查做的怎麼樣了？我回答快做好了，他笑說好像他也有功勞似的。談及「家族合唱」，他說：「家族合唱是這一年來在生活中，心裡沈澱的感想，透過舞蹈講出來。家族合唱最初的感動來自照片，四處蒐集來的二千多張老照片，讓人十分難以割捨。好照片它能喚醒每一個人生活裡面的東西。家族合唱始終講的是生命的流動，人的生命的事情。到最後也許講的事情也不重要了，因為家族合唱本身自有一種動人的力量打動著人，它的豐富性，讓每一個人有不一樣的感受，觀看的同時，自己的生命經驗也浮現出來。」

8月28日

寫地方傳說「紅磚房裡好賣地」。颱風天。日記裡記著一個句子：手栽花木盡成蔭。

8月29日

寫了好幾篇地方傳說「火輪仔姆坐火車」、「平安歸來叫大轉」、「插花的是土匪」、「保正像雜貨店」。

8月30日

寫「認識我的故鄉」開頭的圖片說明22則。重編圖片順序。

8月31日

開始在電腦裡編排地方史部份。日記裡寫：寬心耐意，別急慢慢來！「雲門舞集」演出組長杜惠萍，拿提供照片使用的同意書來讓我簽名。雲門十分重視每一小環節，均希望做到讓人沒話說，彼此皆大歡喜。

9月1日

寫「海豐農事合資會社」。

9月2日

書桌、電腦前一片人性化，做起研究調查的種種因此順心多了。日記裡寫：事情是死的，人心是活的。要化繁為簡。

9月4日

寫「認識我的故鄉」十五篇刊頭的文字，並修改標題。浮現一篇「由一張催告書發現林本經營一家煉瓦公司」構想。日記裡記：晨仰望天光雲影，下午雷電交加、大雨傾盆，連嗯妹都不敢躲在床下，跑出來趴在椅邊腳下。

9月5日至6日

寫「莿桐最後的望族」一篇。

9月7日

一整天下午飯後直至深夜，電腦編「莿桐最後的望族」地方史部份。並列印，施耀宗幫忙列印了一個晚上。

9月8日

寫「人與土地的故事」刊頭，修改「認識我的故鄉」十五篇刊頭。

9月9日

修改增補地方史前十五章，列印初稿，並加圖說。寫「家鄉的懷抱」。日記裡抄了聖嚴師父一段話：平易近人而有用，是一般人該有的心態和觀念。

9月10日

翻看老照片，發現一張照片寫著「恩師西城先生邂逅二十年紀念」，覺很有意思，繼續找出照片裡添加說明紀念的。寫「人生的邂逅與留別」刊頭。日記裡寫：隨忙隨閑，動靜從容。又：人在意的有時是一同情、尊重與諒解。

9月11日

邵世光老師生日，想及我與邵世光老師剛好邂逅十年，特地跑上陽明山拍張紀念照。

9月12日

寫成「人生的邂逅與留別」。

9月13日

修改「家鄉的懷抱」。

9月14日

編成「人與土地的故事」地方傳說十二篇。日記裡寫：不要做個讓人麻煩的人。　又：一笑！一開顏！

9月17日

增補修改「尋根之旅」裡的「我的鄉愁與遠方」、「生命的擴展」、「福潮兮萬派總是同源」、「藤本大藏的花籃」、「感謝族親們的熱心」。

9月18日

寫「耕耘心田」圖說。日記裡寫：有時候，靜靜的就好！翻看中國時報編著《臺灣戰後五十年》裡頭有一則：民國40年4月23日，可口可樂五十箱，被視為奢侈品，不准進口。

9月19日

寫「耕耘心田」刊頭、「沈默的見證」刊頭。編寫《莿桐最後的望族》之「目錄」。

9月20日

同許雪姬教授約9月30日至政大歷史系，與她班上的學生談談「莿桐最後的望族」。

9月23日

至莿桐，補充缺少的資料。至西螺歸還魏中茂先生照片。昨天拿「莿桐最後的望族」初步樣稿，給爸爸媽媽看，今天晚上爸爸忽然學電視唱著：「真好！真好！出國比賽，拿冠軍、框金牌，光榮回轉來。」表示他的讚美。

9月24日

至台中四姑婆林枝家借老照片，及請問照片中人是誰，並拍照。又至三伯父林英勝家借照片，及確認闔家照的拍攝年代、人物，大姑姑也在。意外見到三伯父的結婚照，聽了一套禮服穿三代的故事。

9月25日

寫「感謝」、「阿公的詩」。再整理一次家族史「尋根之旅」。寫「一套禮服傳三代 四場婚禮好風光」。整理補充「認識我的故鄉」的圖說。

9月26日

續寫「工作日誌」。挑「目錄」用的照片。繼續補充完成「認識我的故鄉」圖說及修正。

9月27日

電腦編寫「認識我的故鄉」所有圖說。電腦修正、補充、增編「尋根之旅」。購買張蒼松著之《典藏艋舺歲月》。

9月28日

電腦修正、補充、增編「認識我的故鄉」。日記裡記載：綿綿陰雨、整日陰寒，晨近十一點才開始電腦編排工作，現已超過深夜十二點，總算整個「過程」今天可初步完成。謝天謝地！從四月初至今整整半年，時序由入夏已然過中秋。其中的辛苦、壓力、堅持與專注、開心、挫折、喜悅等種種心情夾雜。

9月30日

應許雪姬教授之邀，至政大歷史研究所，其「家族史研究專題」課上，報告「蒴桐最後的望族」，介紹我回家的路與大家分享。

報告後許雪姬教授總結時說：「由家族史中，可以看到社會的變遷，從一個家族的綿延發展、史料保存、史料解釋的角度上來看，家族史應該都是可以提倡發展的。……有人可能覺得我這個家族在地方上沒什麼了不起，但是否了不起是時代的事情，自己從自己的家族中下來，就應該覺得了不起。」

10月1日

晨在法鼓山文教基金會遇著聖嚴法師，聖嚴法師笑著說是不是又有我寫的日記可以看？致上「蒴桐最後的望族」，我說這回不只是日記，而是研究調查初稿。

將初次影印的十冊《蒴桐最後的望族》，分送或寄達下列人士：許雪姬、奚淞、林懷民、夏瑞紅、林銓居、張蒼松、莊展鵬、凌拂、廖嘉展、施叔青。並請贈言及提供建議。奚淞建議一鼓作氣，把自序也完成，寫自序要像站在高處，綜覽全局，客觀地帶領讀者進入書中的世界，這項工作沒人能替代作者自己。

10月6日

上星期三，媽媽由家裡寄來爸爸種了半年的芋頭，因為我上月回家時，吃得津津有味、讚不絕口，媽媽便將田裡還有的通通寄上。包裹裡還添了牙膏、餅乾、咖啡、三合一麥片、八寶粥、杏仁派等。

10月7日

今日看了一句子「無客盡日靜，有風終夜涼」，特別喜歡，下午至漢聲時便請奚淞以毛筆寫下。奚淞以「發電廠型的年輕人」形容我，聊天時他說：「我相信到頭來你的興趣，不真正在攝影上，而是攝影背後的東西，攝影可以說是你的修行法門。」並說生活裡隨時的修行是可能的。每次至漢聲同奚淞聊天，總覺奚淞一席話，勝讀十年書。開心！奚淞的出版推薦函寫成，十分感謝他的快手快腳。接許雪姬教授序「顧家的蒴桐人」。

10月9日

日記裡寫：不管是個人或團體一定要走出、開展出一條自己的路。

10月12日

至真善美戲院看「穿過婆家村」紀錄片。

10月15日

《蒴桐最後的望族》裡一篇「大年初三兄弟會」在中國時報浮世繪版刊出。接張蒼松序「用影像修譜一種一棵蒼勁的家族樹」。接嘉展寄來「嘉義風華」老照片展覽海報。政大地政學系博士班研究生張怡敏來電約18日上午來訪。

10月17日

晨接李純慧傳真：「書收到，也於前幾天看完，最愛看工作日誌，就像在看一條河，有魚、有蝦、石頭和植物，也許看到源頭的成品也是美，但是從只聽水聲到看到水中浮游生物的驚喜，是一重重的感動。」下午約略寫了《蒴桐最後的望族》自序，名為「從寶島版說起……」。

10月18日

晨政大經濟學系副教授黃紹恆與地政學系研究生張怡敏至新店住處看《蒴桐最後的望族》相關史料。

10月22日

至中國時報文化新聞麻煩湯碧雲湯姐，翻箱倒櫃找出昔日寶島版重要的文案及企畫案。夜接凌拂「風中的傳說」，看《蒴桐最後的望族》有感。只要是朋友的隻字片語都珍惜。

10月23日

日記裡寫：只要是人，不免有限制，而總有無限可能。晨接政大歷史系博士班學生陳鴻圖來電指正《蒴》的工作日誌，日誌年份打錯。謝謝。並邀下學期至其輔大歷史系課上談談《蒴》。

10月24日

日記裡寫：凡事不要太直接的好，當然也無須太婉轉曲折，最好是自自然然。於人於事，平和近人、簡易可喜。接國立臺灣科技大學共同科李南海教授傳真，希望寄贈《蒴》一冊，並說：「這本書亦將是我上課教學最好的教材。」

10月25日

接黃紹恆先生寄來一冊「圖書與資訊學刊」第二十一期，內容是關於已受損檔案之修復的二項原則：一、不改變檔案的原貌。二、修復需具有可逆性。

10月28日

竹山家裡，就在馬路邊，但因為爸媽在、因為從小住，屋裡總透著一股寧適安詳的穩定與從容。三樓房內小窗口，風吹送風鈴，窗外不遠處，車聲陣陣，但小鎮還只是小鎮，永遠那麼靜好。一直在台北，便很容易忘了臺灣可愛的小鄉鎮，小鄉鎮天地寬廣平和，每次回竹山，總感鬆弛舒適，什麼事也不想做，什麼事也做不出來，一切都暫停，只是修生養息吧。帶《蒴桐最後的望族》回竹山，想好好將自序寫出來，未果。

10月30日

接許雪姬教授寄來「顧家的蒴桐人」手稿及一封信。大意為中研院臺史所希望收藏《蒴桐最後的望族》相關史料，或是借臺史所影印，以供學術上研究。電話答錄機裡，林懷民老師留言，回電話時，林老師認為《蒴》出書時，依《打開新港人的相簿》模式即可，千萬不要在出版形式上耗費太多時間與金錢，趕快進行下一計畫才是真的。還打趣說：「我還想買個除濕機，提過去給你。」林老師認為我該實在點，存些錢。打電話打電話給嘉展兄，請教出書事宜，他仍熱心提供建議，要我不要虧待自己，該怎麼樣就怎麼樣。生活因為有朋友的關懷與熱心，即使在寒冬也很溫暖，冷颼颼的台北，也很適人居，也有人情。努力是不歇息的一看奚淞的日子有感。

報紙上刊載侯吉諒寫的一篇文章「美術館的黃昏」，裡頭提到江兆申先生的作品，「是一輩子的努力，加上絕代的才華與學問，才成就了這樣的局面，那麼多令人讚嘆的作品，其實都是他一個人寫好、畫完的。那樣的安靜是一種力量。我終於明白一個有文化的城市為什麼一定要有好的美術館，因為只有這樣的地方才能讓人相信，有許許多多比政治經濟更重要的事，唯有安靜，才能完成。」

11月5日

接銓居傳真《說保寶》一文。

11月6日

至漢聲雜誌，同奚淞先生聊聊。臨走時向他說，停寫了一個月的日記，他聽了回答：「用你的生活寫日記，也很精彩啊！」接《張老師月刊》副總編輯鄭慧卿電話，說她們想由《蒴桐最後的望族》中選看部份文章，製作成《張老師月刊》十二月號「尋根之旅」專題。

11月7日

張老師月刊總編輯林麗雲來電，討論其對《尋根之旅》專題的構想。據悉她是連夜看完《蒴桐最後的望族》。謝謝。接志生哥哥所寫—我讀《蒴桐最後的望族》。

11月8日

交《張老師月刊》所需「尋根之旅」之圖文。

11月10日

將台北一切事處理完成，帶著《蒴桐最後的望族》飛至金門，希望在金門的安靜中，能好好再仔細看一遍。

11月13日

四天金門的日子，讓我在台北的忙碌中提醒自己，那兒的純淨與安然。與世界溝通的同時，內心應是自成世界的。

11月16日

有些事是完成時即已具足，有些事是沒有也不必在意的。人最大的要求應來自自己，最大的讚賞亦當來自自己，因為只有自己真正清楚自己所思所為。接四姑婆的電話，在電話裡四姑婆唸著她寫的感想，「微微地笑著又暗暗地流淚」，讓人感動。

11月17日

「無逆於心」是大修養。

11月18日

「有智而氣和斯為大智，有才而性緩定屬大才。」弘一大師墨寶年曆上的句子，今天有感此句。接三伯父傳來《蒴》一書讀後感言。接《源》雜誌主編林枝旺傳來，有關《蒴》一書之感想。

11月19日

送補充的照片至《張老師月刊》，見十二月號張老師月刊，蒴桐最後的望族16頁專題初步列印稿，看得出他們編輯的用心。深謝之。

11月21日

凌晨接嘉展傳真「在荊棘中探路—讀林保寶著《蒴桐最後的望族》隨想」。電請科技大學李南海先生及雲林技術學院陳三郎先生，就教學觀點寫有關《蒴》。整理9月30日至今之工作日誌。有時似乎做著很多事，心頭卻浮起一句話：「但願空諸所有，慎勿形諸所無」。

11月23日

數寄屋，是二面開窗的屋子，坐擁二扇窗，有來自窗邊綠葉環抱的安寧與舒適。

11月24日

校訂《蒴桐最後的望族》初稿。

11月25日

校訂初稿。接陳三郎與陳鴻圖的贈言。晨至碧潭，碧潭寧靜之清晨、碧綠靜定之池水又可面壁觀山。

11月26日

二度電腦修正初稿並列印。

11月27日

與住在中和的「賞仔」阿姑聯絡。約下個月拜訪。賞仔阿姑小時候跟著阿媽，如今也已是阿媽級了。在台北一日後，回新店山上樹下的吊床搖搖搖，何其悠哉幸福！

11月30日

接受中廣新聞網【深情寶島】吳瑞文訪問，談及《蒴》研究調查的經過。

12月2日

瑞紅寫成「因為感動」。堅持瑞紅一定要對《蒴桐最後的望族》說幾句話，因為她是《蒴》研究調查計畫的「催生者」，若沒有其鼓勵與支持，《蒴》不知何時面世。感謝無盡。《張老師月刊》十二月號出版，摘錄《蒴桐最後的望族》製成16頁的專輯。

12月5日

晨張老師月刊總邊林麗雲，贈文「在記憶中尋找自己」。深夜凌晨接月刊副總編鄭慧卿傳真關於編輯《蒴》過程中的感想。

12月6日

沖洗《蒴》相關補充照片。

12月8日

中午出門，夜歸，溪聲淙淙，讓我好似進入溪聲裡的世界。寒流來襲的雨夜裡，數寄屋明亮溫暖的燈火，讓人心暖暖。

12月14日

計畫將《蒴》於12月25日訪問馬祖芹壁村中，向北竿村民介紹。

12月16日

至玉山社出版公司，談《蒴》出書事宜。玉山社初步決定出版，真是感謝！「笑納」、「海涵」這二個詞真美。

12月18日

打電話至文化藝術基金會，請教羅小姐，如何填寫成果報告書。在朋友的小攤子上吃臭豆腐，巧遇老朋友，其日子過得氣定神閒、從容自在。

12月19日

下午三點至三點半花蓮警廣電台【人生有夢】節目，主持人張涵來電訪談關於《蒴》的感動與過程種種。夜寫工作日誌。何太太說：「老是如你的意也不妥！」真有道理。「不為難人」是好的也是應該的。電話中與爸爸談其民國53年時，在馬祖一年的軍旅生活。

12月25日

向馬祖北竿芹壁村民介紹《蒴》。

12月30日

填寫《蒴》成果報告書。玉山社傳真關於《蒴桐最後的望族》一書出版計畫申請書。

12月31日

填寫《蒴》成果報告書、工作日誌。《蒴》最後修訂本，送影印。下午將《蒴桐最後的望族》研究調查計畫報告影印本連同成果報告及相關資料，送交財團法人國家文化藝術基金會。

感謝

《**莿桐最後的望族**》能以這樣的面貌見人，得深深感謝我的「編輯師父」奚淞先生及夏瑞紅小姐。他們在研究調查進行、撰寫教導及編輯過程中，給予我熱情鼓勵也不忘提醒、「琢磨」我。感謝他們認真地看待，使我明白自己更要努力、用心……。在我心中，他們是最了不起的編輯。

【感謝】

國家文化藝術基金會贊助研究調查及出版

【感謝下列人士勞苦功高】

美術設計：唐亞陽　影像處理：施耀宗

【感謝下列人士推薦此研究調查計畫】

奚淞・湯碧雲・廖嘉展・陳文瑛

【感謝下列人士贈言】

林枝・林英勝・林志生・夏瑞紅・奚淞・許雪姬
廖嘉展・張蒼松・凌拂・張蒼松・莊展鵬・林銓居
鄭慧卿・施叔青

【感謝下列人士提供寶貴建議】

奚淞・湯碧雲・廖嘉展・夏瑞紅・盧美杏・許雪姬
莊展鵬・黃盛璘・張蒼松・李嘉鑫・林懷民
曾志遠・陳宗仁

【感謝下列人士接受訪談拍照】

林枝・林灼・林異・廖裕堂・林有香・林巽乾
林溪川・林旺絛・林久美・林英藏・林英勝
林英治・林志生・林見能・林建誠・林志銘
林正成・林連權・林德助・林仲篪・林正吉
林春德・林來旺・林慶堂・林景松・余波・高獅
黃夢熊・黃麻・黃添寶・魏中茂・廖萬花・曾藤國
黃學枝・曾正義・黃嘉益・王平作・王登鋒
黃江忠・吳清音

【感謝下列人士提供照片】

林枝・林灼・林英藏・林英輝・林英勝・林英治
林志生・廖裕堂・魏中茂

【感謝下列單位和人士提供資料】

雲林縣政府民政課・莿桐鄉鄉公所・莿桐鄉農會
莿桐國小・莿桐教會・西螺鎮農會
雲林農田水利會・西螺區管理處・虎尾鎮鎮公所
虎尾糖廠政風課・台北中山女高・臺南師範學院
遠流出版公司・國立雲林技術學院
樹火紀念紙博物館・林英輝・林英治・林志生
林景松・許雪姬・廖秋興・劉明俊・黃嘉益
魏伯齊・卜牧師・黃李皇

【感謝排難解憂】

狗狗嗯妹

特別感謝爸爸林英治・媽媽王淑美及邵世光老師一家人的寬容與支持，使我能做自己想做的事・過自己想過的生活。

國家圖書館出版品預行編目資料

蒴桐最後的望族 — 我這樣探尋家族故事／林保寶著 . -- 第一版. --臺北市：玉山社，1998 [民 87]
面； 公分. --（影像・臺灣；20）

ISBN 957-9361-94-0（平裝）

1. 林氏 - 傳記

782.7 87011952

影像・臺灣 20

蒴桐最後的望族 — 我這樣探尋家族故事

作　者／林保寶
發 行 人／李永得
出 版 者／玉山社出版事業股份有限公司
台北市忠孝東路一段 83 號 9 樓之 3
電話／ (02) 23951966
傳真／ (02) 23951955
電子郵件地址／tipi395@ms19.hinet.net
郵撥／ 18599799　玉山社出版事業股份有限公司

總 經 銷／吳氏圖書有限公司
台北縣中和市中正路 788-1 號 5 樓
電話／ (02) 32340036 (代表號)

總 編 輯／魏淑貞
主　編／王心瑩
編　輯／蔡燕美・林含怡
美術設計／唐亞陽
印　刷／中原造像股份有限公司

定價：新台幣 450 元
第一版一刷：1998 年 9 月

【本書由財團法人國家文化藝術基金會獎助出版】